Ecos do Púlpito

FUNDAÇÃO EDITORA DA UNESP

Presidente do Conselho Curador
Herman Voorwald

Diretor-Presidente
José Castilho Marques Neto

Editor Executivo
Jézio Hernani Bomfim Gutierre

Assessor Editorial
Antonio Celso Ferreira

Conselho Editorial Acadêmico
Alberto Tsuyoshi Ikeda
Célia Aparecida Ferreira Tolentino
Eda Maria Góes
Elisabeth Criscuolo Urbinati
Ildeberto Muniz de Almeida
Luiz Gonzaga Marchezan
Nilson Ghirardello
Paulo César Corrêa Borges
Sérgio Vicente Motta
Vicente Pleitez

Editores Assistentes
Anderson Nobara
Arlete Zebber
Ligia Cosmo Cantarelli

MARIA RENATA DA CRUZ DURAN

Ecos do púlpito
Oratória sagrada no tempo de D. João VI

Este trabalho foi premiado pela Sociedade História da Independência de Portugal no Concurso Monografias 2007 e contou com o financiamento da Fapesp, em 2004.

editora unesp

© 2010 Editora UNESP

Direitos de publicação reservados à:
Fundação Editora da UNESP (FEU)
Praça da Sé, 108
01001-900 – São Paulo – SP
Tel.: (0xx11) 3242-7171
Fax: (0xx11) 3242-7172
www.editoraunesp.com.br
feu@editora.unesp.br

CIP – Brasil. Catalogação na fonte
Sindicato Nacional dos Editores de Livros, RJ

D952e

Duran, Maria Renata da Cruz
Ecos do púlpito : oratória sagrada no tempo de D. João VI / Maria Renata da Cruz Duran. São Paulo : Ed. UNESP, 2010.
il.
Inclui bibliografia
ISBN 978-85-393-0008-2

1. Oratória – Brasil. 2. Oradores – Brasil. 3. Brasil – Vida intelectual – Séc. XIX. 4. Intelectuais – Brasil. 5. Cultura – História. 6. Brasil – História – João VI, 1808-1821. I. Título.

10-1192   CDD: 808.510981
                                           CDU: 808.51(09)(81)

Este livro é publicado pelo projeto Edição de Textos de Docentes e Pós-Graduados da UNESP – Pró-Reitoria de Pós-Graduação da UNESP (PROPG) / Fundação Editora da UNESP (FEU)

Editora afiliada:

Asociación de Editoriales Universitarias
de América Latina y el Caribe

Associação Brasileira de
Editoras Universitárias

*"A verdade nem veio, nem se foi.
O erro mudou."
(Fernando Pessoa)*

AGRADECIMENTOS

À Universidade Estadual Paulista, *campus* de Franca, à Fundação de Amparo à Pesquisa do Estado de São Paulo (Fapesp) e à Sociedade História da Independência de Portugal (especialmente aos senhores Jorge Pereira Sampaio e José Ângelo do Amaral Lobo), pelo espaço, respaldo, inspiração e respeito.

Aos freis Piva e Sandro Roberto da Costa, do Instituto Teológico Franciscano de Petrópolis (RJ), ao frei Severino (hoje, bispo), à senhora Sônia, do Convento São Francisco de Assis (SP), e ao Museu Histórico de Petrópolis (RJ), pela troca de documentos aqui imprescindíveis e pelas cessão das imagens expostas nesse livro; e, ainda, às professoras Leila Mezan Algranti (Unicamp), Márcia Regina Naxara e Marisa Saenz Leme (ambas da Unesp), pelas contribuições nas bancas de qualificação e defesa desta dissertação de mestrado.

À toda a minha família e aos amigos Alberto Aggio, Altair Alves de Freiras, Camila Côndilo, Carolina Carvalho, Claudia Bovo, Daniela Dourado, Daniela Teixeira, Dora Ostronoff, Fábio Lanza, Franceli Guaraldo, Karina Anhezini, Julio Bentivoglio, Liliane Carneiro, Líria Maria Betiol, Luis Fábio Soriani Júnior (*in memoriam*), Luis Henrique de Souza Faloni, Maraiza Bonatini, Márcia Pereira, Maria Raquel da Cruz Duran, Mariana Negri, Marcos Sorrilha Pinheiro, Marina de Lorenzo, Miguel Nogueira, Natalie Lethouzè, Nelson Schapochnik,

Rafael Loureiro Tanaka, Renata Alves Pereira, Ricardo Alexandre Ferreira, Roberto Acízelo de Souza, Roberto de Oliveira Brandão, Rodrigo Touso, Silvia Maria Conrado Jacintho, Samuel Fernando de Souza, Susana Sampaio, Suzani Lemos França, Thales Ulisses Galhardo (*in memoriam*) e Tatiane Michelon, por todo o apoio!

Aos meus pais Ângela Aparecida da Cruz Duran e José Estevão Duran, pelo exemplo e pelo afeto.

A Jean Marcel Carvalho França por ter me ensinado o que significa orientar-se no pensamento pela língua e para o mundo. Por ter acreditado e investido na minha capacidade de pesquisa e por ter esperado o tempo necessário para que eu me localizasse.

Sumário

Prefácio 11
Apresentação 13

1 D. João VI e a reinvenção do cotidiano no Rio de Janeiro 19
2 A importância dos pregadores do rei D. João VI no Rio de Janeiro 75
3 A sermonística e a construção de uma identidade brasileira 127

Considerações finais 189
Referências bibliográficas 193

Prefácio
Da importância do púlpito

Em 1867, o estudioso da cultura brasileira Ramiz Galvão (1926), ao analisar o período áureo da sermonística no Brasil, as três primeiras décadas do século XIX, traçou o seguinte comentário sobre o seu expoente de maior relevo, frei Francisco do Monte Alverne:

[...] foi por muitos anos para os brasileiros o primeiro homem de seu país; o povo em massa corria ansioso para o ouvir nos púlpitos, como a um enviado do Céu; no auditório que o ia admirar encontravam-se sempre as mais altas ilustrações brasileiras; a mocidade, a mocidade ardente de saber e de glórias, a mocidade admiradora entusiasta, quase fanática de seu talento, esta entoava-lhe os mais lisonjeiros hinos de apoteose, aplaudia-o até com frenesi e venerava-o como a um apóstolo.

Malgrado a notável importância de Monte Alverne e da sermonística para os homens de letras do início do século XIX – o gênero é um dos embriões da cultura que começava a se autointitular de brasileira –, ambos nunca suscitaram muita atenção da historiografia dedicada ao período. Infelizmente, poucos e acanhados são os estudos que encontramos nas bibliotecas do país inteiramente dedicados ao púlpito e a esse seu representante emblemático, um dos grandes mentores da geração que introduziu e divulgou no Brasil a estética romântica.

Daí a enorme importância deste *Ecos do púlpito. A oratória sagrada nos tempos de D. João VI,* de Maria Renata da Cruz Duran. Fruto de árdua e detalhada pesquisa, este livro, embora conduzido a partir do personagem de Monte Alverne, vai muito além de um mero estudo de caso, trazendo para o leitor um instrutivo e esclarecedor panorama desse período ímpar da cultura brasileira, que o crítico Antonio Candido oportunamente denominou *período de formação.*

Cruz Duran, à partida, oferece ao leitor uma sucinta, mas fecunda descrição da vida cultural do Rio de Janeiro durante o período joanino, destacando as principais mudanças na produção e no consumo dos artigos de cultura que tiveram lugar depois da trasladação da Corte portuguesa, em 1808. O núcleo de sua exposição, no entanto, encontra-se na segunda parte do estudo, quando a pesquisadora mapeia primorosamente o lugar em que o púlpito e a sermonística ocuparam no cenário intelectual carioca do início do Oitocentos e, em seguida, traça o perfil dos principais expoentes desse gênero tão caro aos coetâneos: Sousa Caldas, São Carlos, Sampaio, Januário da Cunha Barboza e, sobretudo, Monte Alverne. Uma vez descritos o cenário, a trama e seus personagens, Cruz Duran parte para a análise do conteúdo dos sermões de Monte Alverne, dando especial atenção – e isto é fundamental – ao papel que os conceitos aí vinculados pelo renomado franciscano tiveram na construção de uma ideia de Brasil e de povo brasileiro. Trata-se, como se vê, de um estudo de história da cultura – distante de uma análise do tipo literário ou biográfico –, um estudo interessado em detectar o lugar que a sociedade brasileira das três décadas iniciais do Oitocentos conferiu à sermonística e aos sermonistas.

É sempre temerário e criticável, no domínio da história, asseverar que um determinado estudo é original ou inovador. Apesar do risco, atrevo-me a dizer que há uma visada singular neste despretensioso *Ecos do púlpito* e que o leitor encontrará matéria para compreender melhor alguns aspectos importantes do processo de construção daquela cultura que, gradativamente, os homens de letras do século XIX passaram a denominar brasileira.

Jean Marcel Carvalho França

Apresentação

A sermonística foi tratada com menos entusiasmo que seus personagens. São muito poucos os trabalhos a respeito desse gênero no Brasil. Embora muitos historiadores se dediquem ao entendimento de figuras como o padre Antonio Vieira e alguns ao estudo de Januário da Cunha Barboza, poucos se preocuparam com as características que pudessem unir os oradores sacros em sua atividade comum: a sermonística. Esta forma de expressão teve alguns momentos de maior impulso e outros de menor, como, aliás, todas as formas de expressão. O primeiro quartel do Oitocentos abrigou a maior quantidade de oradores sacros, bem como a mais efetiva representatividade destes junto à sociedade vigente. O apoio de D. João VI, apreciador do gênero, contribuiu muito para o desenvolvimento do espaço e da importância ocupados pela sermonística no Brasil oitocentista, o que fez com que, nesse período, pudéssemos contar com vários nomes atuando no campo: frei São Carlos, frei Sousa Caldas, frei Sampaio, padre Januário da Cunha Barboza e frei Francisco do Monte Alverne. Embora alguns dos sermões desses oradores tenham sido publicados em jornais da época, apenas Monte Alverne publicou uma obra com a reunião de seus sermões, seja por causa do apoio de Gonçalves de Magalhães, seja pelo fato de que, na época, destacava-se mais com sua eloquência. De qualquer maneira, a oratória sagrada no Brasil oitocentista tinha um papel peculiar. Se pensarmos no fato de que o Brasil era um espaço onde havia poucos leitores, pois a maior parte da população era analfabeta, e que nossos leitores não liam português, pois havia muitos estrangeiros, a palavra falada veiculava a maior parte do subsídio às discussões locais. Com uma Corte recém-chegada e um sistema administrativo ainda em formação, não é difícil imaginar que um dos poucos espaços que reuniam a população no Brasil era a Igreja. Ao lado da residência de um príncipe regente que fora criado para ser religioso, ficava a Capela Real, onde, aos domingos, aconteciam os sermões. Eram muitos os pregadores reais, entre eles frei Francisco do Monte Alverne.

Frei Francisco do Monte Alverne nasceu em 1783, no Rio de Janeiro. Estudou teologia no Convento São Francisco de Assis, em São Paulo, onde se tornou pregador passante e professor de filosofia. Alcançou o posto de pregador real em 1816, quando se mudou para o Rio de Janeiro. Lecionou retórica e outras disciplinas no Colégio São José, no Rio de Janeiro. Recolheu-se da cena pública quando foi tomado pela cegueira, em 1836. Morreu em 1858, na casa de amigos, em Niterói. Foi apontado por Gonçalves de Magalhães como precursor das ideias românticas no Brasil. Como essas ideias consistiam, no dizer de autores como Antonio Candido, Silvio Romero e Sérgio Buarque de Holanda, nas letras de fundação da identidade nacional e, ao fim e ao cabo, na invenção de uma intelectualidade brasileira, acreditamos que desenvolver um estudo a respeito da contribuição da sermonística para a construção de uma *identidade brasileira* seja propor um olhar acerca do tema, do discurso e do perfil do pensador que colaborou para que essa identidade iniciasse seu processo de formação. Afinal, Monte Alverne era um homem de seu tempo e, ao destacá-lo, destacamos o ordinário; o estudo de sua relevância na sermonística oitocentista e desta como uma das *letras de fundação* da nacionalidade brasileira, justifica-se, portanto, na medida em que se mostra como mais uma das possíveis interpretações que, no período, construíram o pacto social pelo qual o Brasil teve seus primeiros aspectos de identidade definidos publicamente.

O primeiro capítulo foi destinado a apresentar o espaço em que se deu a formação da literatura nacional, assim como localizar, nesse quadro, o *lugar social* da cultura no Rio de Janeiro do primeiro quartel do século XIX. A dinâmica desse capítulo seguiu três passos: um primeiro, em que é apresentada a capital carioca no momento da chegada da Corte; um segundo, dedicado a mapear as transformações no âmbito da cultura, promovidas pelo encontro entre reinóis e habitantes da colônia; e um terceiro, no qual propomos uma análise do cotidiano e do lugar da cultura no Rio de Janeiro joanino, a partir de uma apresentação do espaço ocupado pelas belas-letras e pela sermonística.

No segundo capítulo, procuramos localizar a sermonística como uma expressão do pensamento oitocentista, descrevendo, em momento posterior, os sermões e perfis de seus principais ícones no Rio de Janeiro joanino: Sousa Caldas, São Carlos, Sampaio, Januário da Cunha Barboza e Monte Alverne. O objetivo dessa primeira etapa foi apresentar a sermonística como um gênero cujas temáticas e representantes fizeram parte de um movimento comum. Na segunda etapa, focalizamos a importância de Monte Alverne como um dos principais representantes da sermonística, localizando, assim, um dos mais importantes atores sociais do gênero nos primeiros 25 anos do Oitocentos no Rio de Janeiro.

Com o terceiro capítulo adensamos a apresentação de Monte Alverne, destacando alguns dos termos dos discursos, sermões e demais escritos do frei. Tal apresentação foi acompanhada de uma discussão dos termos, eixos e objetivos que foram propostos e/ou seguidos por Alverne ao longo de sua carreira como sermonista.

Uma palavra ainda nos resta: Monte Alverne acreditava que tinha uma missão, a de revelar ao povo brasileiro seu patriotismo. Cansado e cego, no fim de sua vida, o *capuchinho encarnado*, escrevia para D. Pedro II: "Empreguei na carreira do púlpito 26 anos... não fui inútil à Pátria".[1] É a respeito dessa ideia de pátria e de utilidade que as linhas a seguir foram escritas.

---

1   Carta de Frei Francisco do Monte Alverne a D. Pedro II, datada de agosto de 1854, cedida pelo Museu Imperial, Petrópolis (RJ).

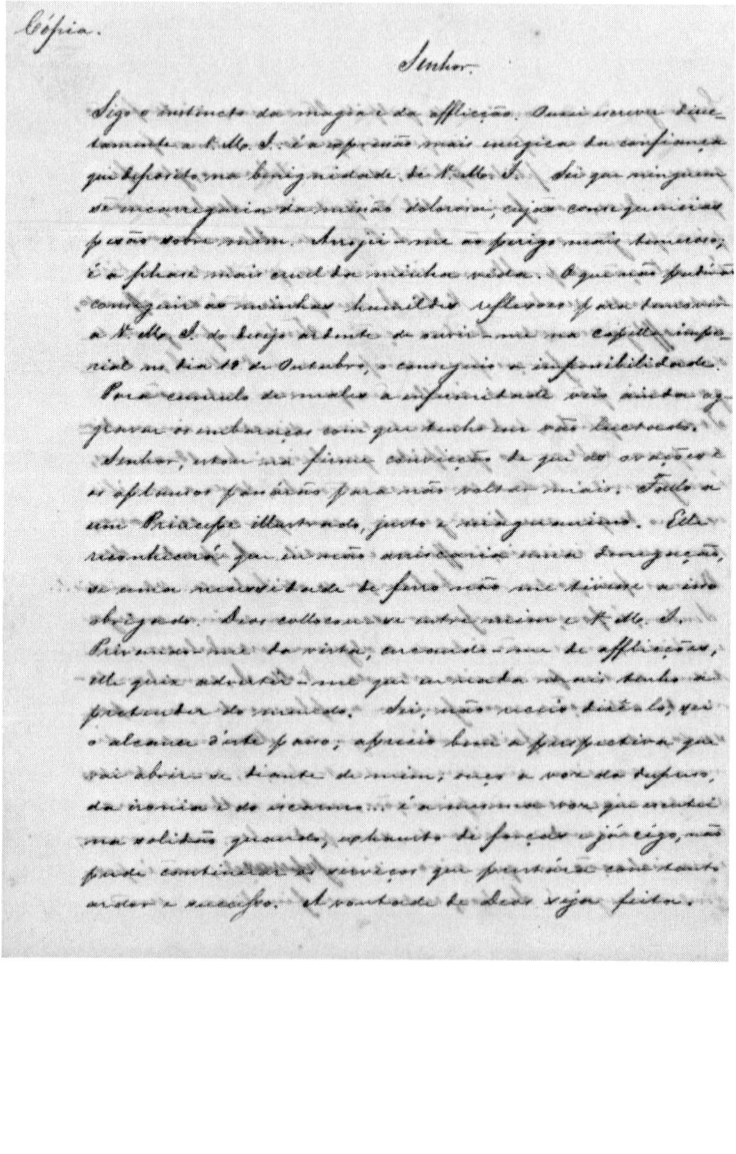
Cópia.
Senhor.

Empreguei na carreira do pulpito 26 annos; vinte forão consumidos na Capella imperial; quatorze annos forão gastos no ensino philosophico; servi o Soberano, glorifiquei a Deos, não fui inutil á patria. Senhor, não posso pregar o sermão de S. Pedro de Alcantara: eis a solução do problema intrincado que tentei indiscretamente resolver. V. M. I. me perdoará se o offendo, se o afflijo com esta declaração. Tenho empregado todos os meios e esforços para comprazer a V. M. I.; a [illegible] pôr termo ás illusões que me restavão. Todo o empenho, toda a tentativa directa e immediata para voltar ao pulpito que deixei ha 12 annos, é impossivel: todo o concurso estranho, todo o auxilio externo de que me lisongeava, e com que eu contava, tornou-se irrisorio, inefficaz e inutil. A espada de Brenus foi posta na balança do atribulado... Væ victis. Senhor, é forçoso confessar: sou uma ruina antiga e [illegible], mas não é dado a alguem restabelecer e restituir ao seu primeiro estado. V. M. I., cumulando-me de attenções, recompensou amplamente o meu passado, estou satisfeito, e até vingado. Mas marchar de novo á carreira, renovar tantas tradições, vencer tantas resistencias, crear inspirações, nutrir enthusiasmo com uma [illegible] vacilante, sem poder ler, nem escrever, na isolação em que vivo... é impraticavel; não é possivel conseguil-o. Senhor, custa-me finalisar: uma

1
D. João VI e a reinvenção do cotidiano no Rio de Janeiro

"Tudo o que abraça o mar, tudo o que alumia o sol, tudo o que cobre e rodeia a terra será sujeito a este Quinto Império."
(Padre Antonio Vieira, "Sermão quaresmal", 1642)

Ao alcance dos olhos, uma terra em que se podiam ver algumas poucas casas caiadas de branco, baixas e com telhados de um marrom avermelhado.[1] Abraçando essas casas, suaves colinas de um verde protuberante e variado, para mais, o som dos pássaros, o cheiro da terra.

---

1 Em meados de 1750, a Marinha havia conseguido o direito sobre as terras marítimas e as vendeu para que não tivesse custos na construção de muros de proteção. Esse território foi vendido para pessoas de maiores posses no Rio de Janeiro. Entretanto, essa prática, no entender das Cortes portuguesas, expôs o território da colônia a perigos como aquele oferecido, anos antes, por Duguay Trouen. Dom José mandou então que fossem demolidas essas casas, em 1767. Após uma reclamação da colônia, as casas que já haviam sido construídas conseguiram manter-se e apenas novas construções foram proibidas. Como a colônia sentiu-se usurpada de seu poder territorial, a Coroa afirmou que as terras marinhas eram dela porque representavam uma questão de segurança nacional, e, segundo autores como Bicalho (2003), essa resolução desencadeou um processo de interiorização da metrópole, formação urbana encontrada e acentuada quando da chegada da Corte portuguesa ao Brasil.

Essa visão, conforme o juízo de John Luccock,[2] causava certa alegria após uma viagem de cerca de 80 dias, pois representava o fim da maresia. Tal paisagem, contudo, também podia suscitar linhas como as escritas por Ernest Ebel (1972, p.12), para quem "[...] estranha é a sensação do desembarque. Ao invés de brancos, só vi negros, seminus, a fazerem um barulho infernal e a exalarem um cheiro altamente ofensivo ao olfato. Além do mais, era intenso o calor [...]".[3]

Ao desembarcar no Rio de Janeiro, em 7 de março de 1808, D. João VI, *para render graças por sua feliz chegada* (Denis, 1980, p.112), dirigiu-se à catedral, então sediada na Igreja do Rosário e de São Benedito. Não instalou a Corte, não recebeu os brasileiros, não foi reconhecer sua terra, quis, antes de tudo isso, pisar solo sagrado. Príncipe regente desde 1796, pouco depois de ser constatada a loucura de sua mãe, a rainha D. Maria I,[4] D. João VI, apreciador que era de sermões e canto religioso, guardava consigo, se não profundo respeito, um forte vínculo com a Igreja Católica. O caminho que percorreu até a catedral certamente lhe ofereceu uma boa ideia da situação da terra que o acolhera.

A cidade, sede do vice-reinado desde 1763,[5] possuía 46 ruas, 4

---

2   John Luccock era um comerciante inglês que, em 29 de junho de 1808, participou da fundação da "Sociedade de negociantes ingleses que traficam para o Brasil". Luccock veio para o Brasil com o intuito de conhecer a terra com a qual fazia negócios, para melhor desenvolvê-los. Assim, suas atividades e observações a respeito desta terra foram feitas sob os auspícios das relações humanas que poderiam originar lucros. As anotações a respeito do Rio de Janeiro foram feitas em dois momentos, o que nos propicia certa comparação, em meados de 1808 e 1818.

3   Esse provável agente da Liga Hanseática propôs um trabalho despretensioso elaborado com base nas cartas escritas a um amigo. Sua chegada foi em 28 de fevereiro de 1824 e ele esteve no Brasil apenas durante esse ano.

4   Acredita-se que a loucura de D. Maria I, comum à melancólica Casa de Bragança, explodira durante um espetáculo no Paço de Salvaterra, em 2 de fevereiro de 1792, quando frei Inácio de São Caetano, seu confessor, morreu no palco (Hamilton, 1989).

5   No Rio de Janeiro, sede do vice-reinado, ficou estabelecido: "[...] a) a manutenção do modelo de organização político administrativo baseado num conglomerado de capitanias, cuja inter-relação não interessava à metrópole com um governador à frente de cada uma delas, investido de poderes limitados e submetido às decisões superiores da Corte [...]; b) introdução da figura do vice-rei, cuja finalidade formal, mais do que efetiva, era representar mais proximamente o

travessas, 6 becos, 19 campos e/ou largos e 75 logradouros públicos (Renault, 1969). À frente do monarca, a Rua do Porto dos padres da Companhia, onde os primeiros jesuítas haviam desembarcado. Dessa rua, Mello Moraes (1879)[6] afirmou que, em meados de 1800, havia cerca de 20 casas do lado direito e 10 casas do lado esquerdo, alguns becos, como o dos ferreiros e o do açougue. A movimentada rua que fazia parte do trajeto D. João contava, ao final, com o Largo da Batalha, onde brasileiros haviam defendido suas terras dos franceses durante o Setecentos. Esse largo possuía umas 6 casas e o oratório de Nossa Senhora da Batalha em sua esquina; perto dele, o Beco do Quartel do Moura, onde ficava o quartel do Regimento do Moura do lado esquerdo e mais 5 casas à direita. Algumas quadras adentro, poder-se-ia avistar a Rua do Calabouço, com 6 casas, 1 quartel à sua direita e 2 casas de oficiais à sua esquerda. Deste ponto, já seria possível localizar, por causa da altura dessas construções, o Convento do Carmo a sudoeste, a Igreja de São José a nordeste e o Convento de Santo Antonio a noroeste.

O quarteirão mais largo desse caminho era aquele da Rua dos Ourives, no sentido do aqueduto que ligava o Morro de Santo Antonio ao Morro de Santa Teresa desde 1755. No sentido inverso, a cidade parecia estreitar suas construções até chegar ao Morro de São Bento. A essa altura, a Rua Sucu-sarará[7] já era conhecida como Rua da Quitanda do Marisco, mais tarde seria chamada apenas de Rua da Quitanda. Ela contava um número de mais ou menos 200

---

monarca, sem contudo gozar do mesmo poder decisório concedido aos vice-reis das colônias americanas da Espanha; c) total dependência do comércio colonial à metrópole com proibição de compra e venda de produtos a países estrangeiros; d) forte restrição às indústrias manufatureiras [...]; e) diversificação do setor agrícola para atender à necessidade da substituição de importações de Portugal [...]; f) proibição da abertura de universidades no Brasil" (Cavalcanti, 2004, p. 75).

6   Mello Moraes (1879) elaborou um mapeamento das ruas, dos bairros e das principais instituições do Rio de Janeiro do século XVI ao XIX, descrevendo sua importância geográfica e histórica, conforme o discernimento do autor.

7   O nome Sucu-sarará foi dado por ocasião da visita de um cirurgião inglês a um doente de hemorroidas que se autodiagnosticou por meio dessa expressão. Como ela foi considerada indecente, a rua teve o nome modificado pouco antes da chegada do rei.

casas, casas que talvez tenham animado D. João VI, preocupado em abrigar seus conterrâneos.[8]

Dom João VI poderia ter se encontrado com alguns seminaristas, o que, por certo, também o alentaria. Na cidade havia três colégios: os seminários São José, São Joaquim e da Lapa. Seus egressos usavam uma vestimenta parecida com as batinas dos jesuítas coetâneos, todavia sua cor ainda era branca, enquanto na Europa já era costume o uso do hábito negro. Ora, detalhes como esse ofereciam ao príncipe regente a noção das diferenças entre ser rei na Europa e na América, sobretudo porque o ensino dos meninos restringia-se às primeiras letras, que possibilitavam somente a leitura de textos elementares, a escrita das frases mais usadas em latim e o conhecimento das quatro operações matemáticas. O ensino das meninas limitava-se ao reconhecimento de algumas palavras e afazeres domésticos, à soma e à subtração. Nessa época, aprender uma profissão significava tornar-se um artífice muito próximo de um *artifex polifex*[9] ou estudar nas instituições religiosas ou, ainda, participar das aulas régias – regulamentadas desde 30 de junho de 1759.

Próximo ao Seminário da Lapa, havia umas poucas casas, pois, apenas em 1741, o Convento de Santo Antonio cedeu parte do seu espaço – 20 braças do terreno que ficava à sua frente, no Largo da Carioca, e cerca de 200 braças de fundo – para que a Ordem Terceira de São Francisco construísse seu hospital. Como a Ordem não utilizou todo o espaço, alguns terrenos foram cedidos ou vendidos para a população. Em 1742, na mesma rua, os barbonos, padres da Ordem Terceira, já haviam construído sua morada, o hospital – ou hospício – e sua capela. Os cuidados com a saúde no Brasil, até então, eram de

---

8   Isso porque "Uma das ordens baixadas após a chegada do príncipe dispôs que ninguém poderia ter simultaneamente duas casas, e alguns dos que gozavam de pouca influência na Corte viram-se em dificuldades mesmo para manter uma. Essa ordenação era extensiva a armazéns e lojas, determinando que eles tinham que ser entregues não só aos imigrantes necessitados da mãe pátria, como também a comerciantes aventureiros de toda parte" (Luccock, 197-, p.68).

9   No sentido renascentista, um artesão apto à criação da extração de matéria-prima até a venda do produto, após vincular-se a um mestre com quem iria conviver e aprender (Burke, 2000).

responsabilidade dos padres, dos barbeiros e de alguns curandeiros. O tratamento consistia numa alimentação mais reforçada, numa higiene mais bem especificada ou em procedimentos aprendidos com os mais velhos e no contato com alguns manuais que circulavam na época. A esses padres, barbeiros e curandeiros, cabiam responsabilidades como a extração dentária, o tratamento com sanguessugas (que, ao sugarem o sangue do paciente, retiravam também a doença de dentro dele, equilibrando suas forças) e a elaboração de alguns emplastros, tudo isso combinado informalmente e pago pelo requisitante.

Nas imediações da Lapa ficava a Rua das Marrecas, onde estava o Chafariz das Marrecas. A importância dos chafarizes nesse período jazia, além do ornamento, no fornecimento de água para a população. O primeiro chafariz, da Carioca, foi construído durante a gestão de Aires de Saldanha no Largo Santo Antonio, em 1723. Possuía 36 bicas para barris e 4 para pipas, sua capacidade era de 29.970 barris diários. Até 1726, no governo de Luís Vaía Monteiro, o *onça*, pagava-se um alto preço pela água do Rio Carioca recebida em casa. Incômodo suspenso pela canalização desse rio que propiciou, até 1808, a construção de outros chafarizes na cidade: o do Largo do Paço, no Largo do Paço, durante a gestão do conde de Bobadela; o da Glória, no Caminho da Glória, mandado edificar pelo marquês de Lavradio; o da Fonte dos Amores, no Passeio Público, desenhado pelo mestre Valentin e levantado, como o das Marrecas e o do Lagarto, no alto da Lagoa da Sentinela, durante o governo de Luis de Vasconcelos e Souza; o do Largo do Moura, em largo homônimo, que, como o Chafariz do Largo do Capim, foi construído pelo conde de Resende; o do Campo de Santana, utilizado pelas lavadeiras para seus serviços; e o Pocinho da Glória, no Largo da Glória, considerado uma "obra antiga".

A preocupação com o abastecimento de água foi tema do "Encontro sobre as condições topográficas do Rio de Janeiro", realizado em 1798. Embora nenhuma grande modificação tenha sido implementada no fornecimento de água, 5 aterros foram terminados à guisa de resolver o problema da falta de espaço e salubridade. Os aterros foram realizados sob as 5 principais lagoas da área urbana: Boqueirão, Desterro, Pavuna, Santo Antonio e Sentinela. A conclusão do último aterro, na Lagoa do Boqueirão, aconteceu ainda durante o governo do *onça*. Sob esse aterro, mestre Valentim projetou o primeiro jardim público da cidade, inaugurado em 1783. Mestre Valentim também arquitetou o Chafariz das Marrecas, atendendo mais amiúde às 30 casas da Rua das Marrecas, 20 à direita e 10 à esquerda. Um pouco antes desse caminho, se guiados pelo norte, D. João VI e seus acompanhantes poderiam alcançar a Rua do Passeio e o Jardim do Passeio Público, os dois com umas 10 ou 15 casas, construídos sob o aterro da Lagoa Boqueirão. A distância em relação ao centro fazia do Passeio Público um espaço pouco visitado até a chegada da Corte ao Brasil, quando houve um maior incentivo ao uso desse espaço.

Não se pôde saber se esse trajeto foi percorrido pelos próprios pés desses portugueses recém-chegados, mas se pode dizer que seus passos eram observados por aqueles que viviam no Rio de Janeiro. Das janelas, guardadas pelas gelosias de madeira,[10] os habitantes dessa terra estranha podiam ver sem serem vistos e mais. Após a construção de um alpendre suspenso no segundo andar da Casa dos Contos, em 1741, Serqueira e Melo inaugurou uma forma de controle que se tornou modelo: observava os trabalhos de seus subordinados da sacada, sem sair de casa nem se aproximar destes. Até 1808, era costume local sediar as repartições públicas nas casas de seus oficiais. Assim como a *loja* ficava na frente ou no andar térreo das residências dos comerciantes, de um território privado é que os oficiais cuidavam dos negócios públicos.

---

10 "Entre os objetos que atraíam a atenção de um estrangeiro, nas ruas do Rio, achava-se a proeminência das janelas de cima, chamada gelosia. Em cada janela, e do mesmo nível que o assoalho do cômodo, havia uma espécie de plataforma de pedra, de cerca de 2 pés e meio de balanço, que servia de base ao balcão, não apenas tão alto quanto o peito, mas erguendo-se até o cimo da janela. Era feito de treliça, em geral de modelo caprichoso e dividido em painéis ou compartimentos, alguns deles munidos de dobradiças na parte de cima de maneira a formar uma espécie de alçapão que, quando aberto, por pouco que fosse, permitia as pessoas do balcão olharem para baixo a rua, sem que elas próprias fossem vistas. Os interstícios da treliça servem a um fim de grande uso neste clima quente a saber, a introdução de ar na casa. Emprestavam essas gelosias às fachadas das casas uma aparência carregada e suspicaz, tornando as ruas sombrias e indicando que seus habitantes eram pouco sociáveis; essa, pelo menos, era a impressão causada sobre o espírito desacostumado delas" (Luccock, 197-, p.25).

Quando a Corte chegou, muitos saíram às ruas, muitos vieram de longe prestar suas homenagens, mas alguns espreitavam das gelosias das casas, dos seus alpendres, das sombras tão mais contrastantes num país de sol a pino. Alcançando o seu destino, o que pôde ver esse príncipe europeu? Luccock (197-, p.37), pela mesma época, descreveu a catedral nos seguintes termos:

[...] constitui, no tocante à categoria dos edifícios religiosos do Rio, o principal deles acha-se situado sobre uma colina elevada e risonha, ao sul da cidade. Ocupa um local célebre na história do Brasil, sendo com grande propriedade consagrada a São Sebastião. O templo, que parece ter sido erguido em duas épocas sucessivas, consiste numa edificação baixa, singela, com dois pequeninos torreões, mas sem janelas. A entrada fica à leste, fronteira no altar. Dentro, as paredes são caiadas, sem ornamentação e sujas. O altar, por sua vez, é tão simples quanto à Igreja, revelando o conjunto que muito pouco aproveitou de qualquer das predileções dos grandes ou dos ricos. A orquestra fica na extremidade sul, desajeitadamente pregada rente ao forro. Em redor vêem-se os sinais de muitos alicerces, muitos deles crescidos de matos.

Em um dos bancos dessa igreja, o nobre religioso pode ter agradecido pela chegada. Ao longo do caminho, as diferenças podem não ter parecido tão severas, pois o olhar não esteve muito tempo solto pela paisagem, mas a memória talvez tenha lhe sido dura nesse momento. Na suspeita de sonegação de impostos do ouro brasileiro, D. José I havia promulgado as Leis Pragmáticas ou Extravagantes[11] em 24 de maio de 1749, segundo as quais os residentes do Brasil foram

---

11 "A evidência de que parte do ouro produzido nas minas brasileiras não declarada e a comprovação da prática do contrabando no Brasil, somadas ao déficit crescente da balança de pagamento de Portugal – que em 1705 - 1715 chegou a 389 mil libras esterlinas, em 1716 - 1730 cresceu para 441 mil e em 1731-1750 pulou para 769 mil – levaram o monarca a promulgar em 24 de maio de 1749 as Leis Extravagantes, denominada 'Pragmática', já usada por seus antecessores. Essa lei tratou, em seus 31 capítulos, do luxo dos adornos, dos vestuários, das 'carruagens, móveis e leitos, o uso das espadas por pessoas de baixa condição, e outros diversos abusos'" (Cavalcanti, 2004, p.91).

proibidos de ostentar sua riqueza por meio da arquitetura de suas casas, da posse e do ornamento de seus carros ou ainda da qualidade de suas vestes. Submetido às Leis Extravagantes, o Rio de Janeiro não tinha a graça e a sofisticação que a riqueza poderia ter comprado; a Corte, por sua vez, sofreu com a falta do conforto a que estava acostumada. Príncipe regente em uma cidade reconstruída havia menos de um século, haja vista a reforma implementada pelo marquês de Pombal em meados de 1750, D. João VI provavelmente guardava as imagens de um Convento de Mafra, de altares como aquele da Sé Velha, em Coimbra, ou da nave central da igreja do Mosteiro de Alcobaça.[12] A grandeza arquitetônica, na velha Europa, significava, entre outras coisas, a ostentação de um poder que se queria grande e sólido. Sendo assim, como confiar nas potencialidades de um país cujas construções não possuíam imponência ou mesmo majestade? O que significava o poder numa terra em que nem mesmo a Igreja possuía grandeza?

Feita a visita, D. João VI participou do cortejo em sua homenagem e de sua família. Mesmo que as condições de sua transferência não fossem as mais desejáveis, já que consistiam numa opção forçada, a recepção que a colônia preparou não deixou de lado os *vivas*. O governador D. Marcos de Noronha e Brito, oitavo conde dos Arcos, alojou a família real e os funcionários mais próximos nas 5 casas do Largo do Carmo, que constituíam a Casa do Governador, a partir de então Largo do Paço. A saída mais acessível do Paço era pela Rua Direita, em direção à Casa de Misericórdia, que tinha 68 casas à sua direita e 60 à esquerda. A Rua Direita era a mais movimentada da cidade, e, se não fossem os sucessivos aterros, em 1808 ela ainda estaria à beira-mar. Por sua largueza, a via era a ligação mais curta entre a catedral

---

12 O Convento de Mafra foi construído entre 1717 e 1750 pelo arquiteto alemão Ludwing, ocupa uma área de 4.000 metros quadrados e contém cerca de 1.300 dependências. Esse convento serviu como modelo de engenharia e arquitetura durante as reformas pombalinas em Lisboa. O altar da Sé Velha em Coimbra foi construído por artistas flamengos no início do século XVI. O Mosteiro de Alcobaça, cuja construção teve início em 1178, dirigida por arquitetos franceses, pretendia ser uma reprodução da igreja da Abadia de Claraval/Lisboa.

e o paço em que D. João VI e a Corte deveriam ficar, paço acerca do qual o joalheiro John Mawe (1978, p.81)[13] noticiou:

> O palácio real confina com o mar e se destaca desde o ancoradouro principal, a sessenta jardas de suas portas. Embora pequeno é a residência do Príncipe Regente e da família real: a casa da moeda e a capela real fazem parte da sua estrutura.

Todavia, como lembrou Denis (1980, p.111), "o estabelecimento da família real, por pouco suntuoso que a princípio tenha sido, requeria certas despesas às quais o tesouro se achava sem condições de prover".[14] Os 80 milhões de cruzados, equivalentes a 160 milhões de réis, trazidos pelo rei apenas remediavam a situação. O segundo pavimento acrescentado pelo conde de Resende, em 1808, à Casa dos Governadores, depois Paço, construída por Gomes Freire de Andrade, e a remodelação do Largo do Paço, que foi calçado nove anos antes da chegada da Corte, também amenizavam as necessidades dos reinóis. O chafariz do Largo do Carmo, construído inicialmente em 1750, era feito de pedra-lioz, vinda de Portugal, e abastecido por um cano que vinha direto do Largo da Carioca. O caminho desse cano foi depois conhecido como Rua do Cano. As obras que deram origem ao Paço foram iniciadas em 1743 e inauguraram o uso da verga curvilínea nas portas e janelas. Enfim, o Paço era uma das construções mais formosas dessa cidade da colônia.

A condição de colônia, no entanto, havia feito do Brasil um lugar onde a riqueza não tinha residência. Até a chegada de D. João VI, não havia, por exemplo, um local para que as rendas fossem guardadas, fato

---

13 John Mawe nasceu em Derbyshire, em 1764, e faleceu em Londres, em 1829. Comerciante como Luccock, chegou ao Brasil em 1809 e voltou para Londres em 1811. Sua permanência no Brasil privilegiou a província de Minas Gerais, e, ao voltar para a Inglaterra, ele abriu uma loja de pedras às margens o Rio Tâmisa.

14 Ferdinand Denis, francês que esteve no Brasil a partir de meados de 1823, inicia seu texto com uma descrição da chegada de Pedro Álvares Cabral, o que denota seu interesse em compor um livro de memórias mais próximo de uma obra literária – ou historiográfica – que de um diário de impressões, como era costume nessa época de naturalistas e viajantes.

que se deduz da leitura do diário de Thomas Lindley (198-, p.118), escrito em meados de 1803, no qual vem registrado:

> 26 [de março] Recebi uma insignificante ordem de pagamento contra o Banco ou Tesouro Real, que apresentei para pagamento. Embora fosse de apenas 16 libras, aproximadamente, foi postergada para outro dia. Critiquei o fato na ocasião, com certa surpresa, sendo informado de que não haveria, absolutamente, fundos no banco até a semana seguinte. Verifiquei não ser isso, de modo algum, fato excepcional, pois, logo que o dinheiro é recebido, é oficialmente designado o dia para a sua saída; o total é então geralmente gasto, muitos credores ficam frequentemente sobrando e têm que aguardar outra oportunidade.[15]

Se o lucro obtido com o Brasil não podia ser gasto com luxos, nem ser guardado deste lado do Atlântico, então a elite local tinha poucas formas de ostentação de sua riqueza. A chegada da Corte proporcionou para a elite local alguma esperança de mudar isso, mas o desejo de nobreza não se concretizou durante o período joanino. Fazer parte de uma nobreza, de qualquer modo, seduzia muito, conforme notaram Spix & Martius (1967, p.45) em meados de 1817:

> O Brasil não tinha, propriamente, uma nobreza sua; os religiosos, os funcionários e as famílias abastadas do interior, isto é, fazendeiros e donos de minas, possuíam todos antes da vinda do rei, por assim dizer, os privilégios e distinções de nobreza. A concessão de títulos e cargos doados pelo rei atraía uma parte deles à capital, e daí, tomando gosto pelo luxo e modo de vida do europeu, começaram a exercer uma influência muito diferente da anterior nas outras classes do povo.[16]

---

15 Acusado de contrabando, o inglês Thomas Lindley foi preso ao desembarcar com sua esposa e tripulação na Bahia. Embora não tenhamos conferido a veracidade dessa acusação, pareceu-nos importante – por ser um dos únicos que se referem ao período anterior à chegada da Corte ao Brasil – tomar contato com esse curioso relato que se apresenta na forma de um diário de 13 de junho de 1802 a agosto de 1803.

16 O botânico Martius e o zoólogo Spix chegaram, respectivamente, ao país com 23 e 36 anos e ficaram no país entre 1817 e 1820. O primeiro teve sua viagem financiada por D. José I e o segundo pela Academia Real de Ciências de Munique, ambos escreveram seus relatos em forma de diário.

Deslocados, o rei e sua corte mantiveram a lógica de prestígio que assegurava seu poder, e essa atitude provocou, após algumas tentativas de inserção, a mudança de muitos dos habitantes desta terra para o interior da capital do Brasil, para que pudessem *reservar* suas posses dos interesses da Corte, meramente financeiros. A distância dos reinóis foi entendida como arrogância. Para John Luccock (197-, p.69), entretanto, "outros que permaneceram no Rio e continuaram fazendo sua corte no Paço, em meio a vexames, invejas e altercações, pareciam ter adotado uma maneira diferente de sentir. Esta situação contribuiu para uma separação gradativa entre a Corte e a elite local, entre os portugueses e os brasileiros. De um lado, como assinalou João Maurício Rugendas (1940, p.56),[17] a desconfiança do brasileiro em relação ao estrangeiro, "[...] que quer apenas enriquecer no país", e, de outro, como avaliou Sérgio Buarque de Holanda (1991, p.110), o jeito do português "[...] que aceita a vida, em suma, como a vida é, sem cerimônia, sem ilusões, sem impaciência, sem malícia e muitas vezes sem alegria". Dessa separação, ver-se-iam configurados dois grupos de interesses: de um lado, aqueles que entendiam Portugal como a sede intransferível do poder lusitano e até mesmo, como bradou Antonio Vieira em inúmeros sermões, sede do Quinto Império; de outro, um grupo que havia acumulado riquezas na colônia e que não estava disposto a submeter a liberdade de mando com que se acostumara aos interesses de ilustres desconhecidos. Somada a ambos, uma terceira vertente que entendia a urgência por autonomia, tanto quanto as vantagens de uma relação mais íntima com Portugal e que, ao fim e ao cabo, reuniu maiores poderes em suas mãos.[18]

---

17 O livro de Rugendas narra sua viagem junto à missão Langsdorf, embora tenha se desligado desta. Seu roteiro de escrita era composto de divisões entre paisagens, tipos e costumes e outros temas que lhe interessavam como naturalista. João Maurício Rugendas nasceu em Ausburg, em 1802, e morreu em Weilheim, em 1858.

18 Essa discussão mereceu muita atenção da historiografia brasileira, sobretudo a partir de 1980 quando foram escritas as teses de doutorado de Cecília Helena Sales de Oliveira (1986), Gladys Ribeiro (2002), entre outras presentes nas referências bibliográficas deste livro (Souza, 1999; Neves, 2003; Lyra, 1994; Bandecchi e Amaral, 1976; Silva, 1998; Berbel, 1999).

De qualquer maneira, Jean Baptiste Debret (1975, p.7) observou uma mudança essencial no espírito da elite local: "Sob o império, os governadores brasileiros dedicaram-se mais particularmente aos progressos da civilização [...]",[19] pois, para tirar partido da demanda por quadros administrativos da nova sede do império, era necessário ter melhor formação e interesse pelos assuntos tidos como públicos. Como avaliou, entre outros, João Maurício Rugendas (1940, p.149):

> As revoluções políticas e os acontecimentos que desde alguns anos se veem sucedendo no Brasil, e de que o Rio de Janeiro foi quase sempre o teatro, tiveram resultados muito interessantes. Um dos mais importantes, talvez o que mais impressione o observador, é o interesse sempre crescente dos habitantes do país por todas as questões cuja solução pode ser de alguma influência tanto na vida interna como na vida externa do Brasil.

Um desses "assuntos públicos" era a segurança. O Rio de Janeiro era uma cidade povoada por negros e que, desde os acontecimentos de São Domingos, padecia com o medo desses três quartos de população. Daí a violência cotidiana, ao lado do comércio e do fisco, ter colaborado em muito para organizar o espaço urbano. A ordem desse espaço foi garantida por certos meios de punição como o pelourinho, no qual o sofrimento dos presos servia também de espetáculo moralizante,[20] e o calabouço, conhecido como "cala boca", perto

---

19   Após a morte do filho, Jean Baptiste Debret foi convidado a duas expedições: uma para a Rússia e outra para o Brasil. Optou pela expedição para o Brasil organizada por Le Breton e foi uma das principais figuras da missão francesa requerida por D. João VI. Com 48 anos, chegou ao país em 1816 e só foi embora em 1831.
20   "[1º.6.1824] Acabo de assistir a uma cena verdadeiramente horripilante: a execução de um criminoso. Vinham circulando há tempos falsas notas de bancos, conseguindo afinal as autoridades prender os responsáveis, que eram 5 portugueses. Foram todos condenados à morte, contudo o Imperador comutou-lhes a pena, mas o Banco interpôs-se incorporado, fazendo ver que não haveria mais segurança no futuro se este caso não servisse de exemplo, de modo que D. Pedro I manteve-a unicamente para o chefe do bando e sentenciou os demais a trabalhos forçados nas Minas" (Ebel, 1972, p.181). O referido condenado sofreu sua pena em praça pública e foi levado a confessar-se arrependido perante maus-tratos

do Forte São Tiago.[21] Além dessas duas formas de castigo, havia o degredo, que era uma saída mais barata e prática de afastar possíveis perigos para o Estado.

A prisão dos negros causava prejuízo aos seus senhores, assim sendo, eles se acostumaram a castigar os negros cada um à sua maneira. Nas prisões, ficavam os estrangeiros desprovidos, os brasileiros mestiços, enfim, os brancos cuja tonalidade não indicava a inocência[22] ou cuja nacionalidade não oferecesse amizade. No "cala boca", os presos eram reclusos até que seus crimes fossem esquecidos, e as janelas de suas celas, rentes às ruas, ficavam abertas. A comunicação entre presos e transeuntes era permitida, mas com quem poderiam conversar? Provavelmente apenas com os negros, porque eram eles os que perambulavam pelas "valas pavimentadas" do Rio de Janeiro. Até a chegada de D. João VI e sua corte, não havia o costume de transitar à vista de todos no Brasil, apenas os negros andavam de um lado para o outro a carregar coisas e a desenvolver um comércio paralelo ao dos vendeiros, oferecendo mercadorias nas casas. Essa restrição se dava seja por causa do estado das ruas, seja pela condição do trabalho a ser feito. As ruas, a propósito, eram um canal que comportava toda sorte de dejetos, o que assustava alguns europeus como George Gardner (1975, p.21):

> Além de estreitas e sujas, as ruas são também de mau calçamento e pior pavimentação, embora a cidade seja circundada de perto por montanhas do mais belo granito. As casas, edificadas solidamente e na maior parte das vezes de pedra, são em geral só de dois ou três andares.[23]

---

21 Os primeiros responsáveis pelas prisões e pelas rondas das ruas do Rio de Janeiro eram, segundo dizem, "indolentes", negros aquilombados, índios e vadios juntados à força nos arrabaldes da cidade (Bicalho, 2003). Um de seus trabalhos oferecia captura e corretivo dos criminosos no referido calabouço.

22 Conforme anotou Gilberto Freyre (2003), o reconhecimento da cor negra ou branca no Brasil dependia da posição daquele que seria reconhecido. Rugendas (1940) contou um caso curioso em que um negro, ao ser indicado para alto posto na milícia, teve sua cor questionada e imediatamente o oficial responsável teria respondido: "Ele é branco".

23 George Gardner era escocês, nasceu em 1812 e morreu em 1849, esteve no Brasil entre 1836 e 1841. Médico, escreveu suas impressões a respeito do Brasil em um diário, e sua viagem foi financiada pelo vice-presidente da Sociedade de Linnus.

A população tinha o costume de construir calhas que inundavam as ruas de sujeira quando ocorriam fortes chuvas e de aproveitar essas *correntezas* para desovar as fezes e demais dejetos que atravancavam o funcionamento interno das casas. A ideia era de que essas águas chegariam ao mar, lugar para onde os negros carregavam, na hora da Ave Maria, barris de madeira onde eram depositados os dejetos das casas. Como não era raro que esses barris se abrissem, a sujeira causada por eles na pele dos negros manchava seu couro de muitas cores, e, por isso, esses escravos rajados de dejetos ficaram conhecidos como tigres.

Pode-se perceber que as ruas não eram um espaço de circulação agradável, sobretudo para os brancos, pois cerca de dois terços da população era negra, e praticamente metade da população negra circulava pelas ruas ocupada com seus afazeres. O canto era a distração dessa *turba variegada de negros* que, vestidos com o que menos custasse aos seus senhores – apenas calções, calças, vestidos, camisas e saias de tecido de algodão grosso –, sofriam o calor do sol nas costas e do pavimento de pedra nos pés descalços.

O refresco da água podia ser encontrado nos chafarizes da cidade, eles estavam distribuídos para que atendessem a população de maneira mais ou menos uniforme, e, até então, não havia dificuldade para que as negras responsáveis conseguissem seu balde cheio para carregar na cabeça até o sobrado de seu senhor, entretanto esse serviço era geralmente feito ao cair da noite. No Campo de Santana, as lavadeiras desempenhavam seu ofício, aproveitando o espaço como um varal a céu aberto. Ocupavam o chafariz desse lugar com as roupas de seus donos e, cantando, marcavam o ritmo das atividades e do tempo que passava: "O certo é que suas canções davam às ruas uma alegria que por outra forma lhes faltaria [...]" (Luccock, 197-, p.74).

Diferentemente das negras, as mulheres brancas da cidade mal podiam ser vistas, pois quase nunca saíam de casa, salvo pelas ocasiões religiosas, em que sua presença era permitida.

Conforme assinalou Miriam Moreira Leite (1997), tais ocasiões não eram isoladas, pois eram acompanhadas por uma série de atividades preparatórias: as flores e os andores. Tudo era feito pelas mulheres. A igreja representava menos um lugar para a oração que um centro de convívio familiar e social. A educação dessas mulheres, entretanto, não tinha muitos espaços na igreja. Apenas alguns conventos e recolhimentos ofereciam seus préstimos escolares às garotas. Dos poucos recolhimentos que aceitavam garotas, a maioria recebia dotes ou um numerário referente ao sustento das meninas. Seu aprendizado ainda se restringia às orações e aos cuidados com a casa – agora de Deus. Algumas moças recebiam lições de preceptores, mas a maioria aprendia com as negras encarregadas dos serviços domésticos aquilo que era possível: culinária, a feitura de adornos para si e para a casa, um pouco de sensualidade. Brancas e gordas, essas mulheres esforçavam-se para parecer ociosas, pois o ócio era sinal de riqueza no Rio de Janeiro do início do século XIX, e a ausência de trabalhos manuais em seu cotidiano assinalava o alcance de sua nobreza. Para isso, as damas brasileiras escondiam os bordados e a feitura de quitutes para a venda, que era empreendida por escravos. Estes eram oferecidos pelo dote como escravos de ganho, que ajudariam a sustentá-las a partir do casamento. Havia ainda os recolhimentos que aceitavam mulheres cuja conduta não era aceita pelo marido. Em vez de serem presas, essas mulheres eram enviadas para conventos, como o de Nossa Senhora da Ajuda e o de Santa Teresa.

Pode-se dizer que as dificuldades encontradas no Rio de Janeiro do final do Setecentos e início do Oitocentos não tornavam a vida das mulheres exatamente fácil ou ociosa. As aventuras desbravadoras dos homens faziam da mulher uma presa fácil para quaisquer intenções, como a bigamia. Por causa da assimetria legal, na qual os homens tinham mais direitos de punição e as mulheres mais deveres junto aos seus familiares, estas estavam sujeitas também a toda sorte de perdas ou castigos. De tal modo, a mulher não passava pelos primeiros meses do casamento sem entender que o seu papel social não se restringia ao cuidado da casa e à reprodução. Para Maria Beatriz Nizza da Silva (1993, p.118), a mulher do primeiro quartel do século XIX aceitava antes as infidelidades do marido do que a instabilidade econômica ou a perda de seu patrimônio. A ideia que se fazia dessas mulheres foi exemplarmente relatada por John Luccock (197-, p.79):

Que é que se pode esperar das mulheres desta terra quando transformadas em mães? Por felicidade, neste clima tão quente, não se exige do desvelo das mães que se ocupe desde cedo com as roupas das crianças, pois que, tanto meninos como meninas, vivem a trançar nus pela casa, até que atinjam cerca dos 5 anos, e durante 3 a 4 ainda, após essa idade, nada mais usam do que a roupa de baixo.

A propósito das crianças, era-lhes permitido acompanhar a vida de seus pais, ou dos adultos responsáveis, dos 3 aos 7 anos de idade. Antes disso, elas eram alimentadas por amas e não recebiam outro tratamento especial. A partir dos 7 anos, separavam-se os meninos das meninas, e àqueles eram ensinadas as primeiras letras. Quando órfãos, eram enviados às instituições religiosas destinadas ao cuidado deles. Os internos saíam dessas casas aos 7 anos quando eram trocados por uma *soldada* – quantia de dinheiro estipulada pelo juiz de paz – com os interessados pela criança. Os avós dessas crianças tinham a preferência nesse momento, sobretudo se fossem idosos, porque se entendia que precisavam mais de um trabalhador de confiança em sua casa do que uma pessoa mais jovem. Tal tutela duraria até os 25 anos de idade ou até o casamento do órfão. Caso os tutores resolvessem emancipá-lo, estaria liberto aos 18, quando homem, e aos 20 anos, quando mulher. Tornavam-se homens aqueles garotos de 10 a 18 anos, e consideravam-se mulheres as meninas cujas primeiras regras já haviam descido. As vestimentas demonstravam a maturidade: véus, calças compridas, mãos dadas em casamento, rendimentos oferecidos aos pais. Sim, a infância era muito curta, e, dada a falta de direitos concedida aos pequenos, esperava-se a idade adulta com certa ansiedade.

Mello Moraes (1879) acreditava que, no momento da chegada da Corte ao Brasil, a cidade tivesse 7 olarias, 5 curtumes e 9 engenhos. Embora não fosse murada, São Sebastião do Rio de Janeiro podia ser considerada uma cidade bem fortificada, pois possuía quartéis em locais estratégicos, dos quais, como afirmou John Luccock (197-), aquele que seria o principal palácio do príncipe regente.

Das 57 igrejas, capelas ou ermidas construídas até 1879, aproximadamente 35 já existiam em 1808. Algumas delas em lugares interessantes, como a igreja de São Jorge, situada em cima de um bordel. O convento São Francisco de Paula e sua igreja contígua, de São Francisco da Penitência, eram dos mais ricos do Brasil – com esculturas de madeira totalmente recobertas por ouro. Outras igrejas eram bem antigas, como a Ermida de Nossa Senhora do Ó, de 1590. Entre elas, o Convento de São Bento tinha certa importância, pois era uma das maiores construções da cidade e uma das únicas a guardar uma biblioteca em seus cômodos. Muitas dessas capelas, como a de Nossa Senhora do Parto, no final da Rua do Ourives, guardavam em sua arquitetura a representação da pobreza em que o país se encontrava no momento. Nas janelas dessa capela, eram deixados os corpos das crianças que morriam por vários motivos e que não podiam ser enterradas por seus pais por falta de recursos – as taxas para o enterro totalizavam cerca de 600 réis e os salários diários das pessoas pobres não passavam de 80 réis. Aí os corpos esperavam até que alguma *boa alma* se responsabilizasse pelo enterro ou até que fosse deixada a quantia equivalente ao enterro do corpo do morto. Em resumo, como assinalou Ebel (1972, p.93):

> É grande o número de igrejas, algumas ainda por terminar, mas já caindo em ruínas. Arquitetonicamente não tem mérito particular. Para nelas entrar há que subir uns poucos degraus que dão acesso a pequeno adro murado. As torres são baixas e providas de uma, às vezes duas balaustradas. As principais são a Candelária, São Francisco de Paula, o Rosário, a Capela Real e umas poucas conventuais. Nenhuma delas é especialmente grande, e a mais vistosa, a de São Francisco de Paula, está situada na mais bela praça do mesmo nome. Repostuos de damasco guarnecem-lhe as portas, mas o interior é antes muito pobre; só o altar-mor e alguns laterais são ornamentados com flores artificiais e banquetas douradas. Comumente, acendem quantidade de velas. Enquanto quadros e esculturas, nada há que chame a atenção. Como não tem bancos, fica-se ajoelhado, ou de pé, o tempo todo, mais frequentemente na primeira posição e, nessa, mostram as mulheres uma habilidade especial sem amarrotar os vestidos, muitas vezes elegantes.

A partir de 1808, o sentimento de religiosidade que embalava a ausência de outras opções que preenchessem os anseios sociais dos cariocas foi acentuado pela fé de D. João VI. E, como anotou Debret (1975, p.140):

> Em geral, o domingo no Rio de Janeiro é rigorosamente observado, e algumas famílias se prezam de cumprir seus deveres de piedade com alguma espécie de decoro. Chegado este dia, vê-se desde a manhã uma longa fila de indivíduos compondo muitas vezes uma só família, dirigindo-se à paróquia da vizinhança. Cada um tem o rosário, ou o livro de horas, caminha com uma gravidade, que indica bem a santidade do dever que vai cumprir.

Algumas referências, entretanto, foram redimensionadas com a chegada da Corte. Se até então se podia falar de Deus e ver os padres – alguns indígenas acreditavam inclusive que os padres eram Deus[24] –, a partir de 1808, falava-se do rei e beijava-lhe a mão. Criou-se uma materialidade no âmbito do poder que tornou certas necessidades mais imediatas. Destarte, a geografia do espaço urbano do Rio de Janeiro passou a ter um traçado em que podia ser observado *o primado da cruz e da espada, da Fé e do império* (Bicalho, 2003, p.236).

O caminho percorrido por D. João VI até a catedral do Rio de Janeiro foi, para encerrarmos, composto de diversidade e adversidade. Suas primeiras referências podem ter sido justamente as de um cotidiano marcado pela religiosidade e pelo império que ele próprio representava. Em seu caminho: arquitetura, comércio, ensino, saúde, violência, mulheres, crianças, negros, quartéis, igrejas e, ao mesmo tempo, uma falta imensa de tudo isso. Em seus primeiros mandos: a abertura dos portos, a permissão de tipografias no Brasil, a instalação de um banco, de uma biblioteca, de um museu, o convite a pesquisadores estrangeiros para o estudo do Brasil, o fomento a estudantes locais para buscarem saber no exterior; enfim, a formação de um aparato cultural e administrativo no

---

24 Eram poucos os indígenas que podiam ser vistos na cidade, a maioria havia embrenhado-se pelo interior do país a fim de afirmar a própria liberdade, sobretudo após as seguidas tentativas de escravização. O viajante inglês Thomas Lindley (198-, p.71), ao constatar a situação dos índios em Salvador, anotou: "Ninguém sofre qualquer humilhação, exceto o servo e paciente trabalhador: o índio".

Brasil por meio de atitudes administrativas que possibilitassem ao Rio de Janeiro ser sede de um império. Foi preciso reinventar o cotidiano no Brasil[25] para inventar uma cultura brasileira, e é nesse sentido que pretendemos dar continuidade ao presente capítulo.

O Rio que a Coroa criou

"[...] dos dois lados havia uma questão de pátria, foi ela que prevaleceu."
(Denis, 1980, p.114)

Entre março de 1808 e abril de 1821, D. João VI esteve no Rio de Janeiro, inicialmente como príncipe regente de Portugal e suas colônias, e, após 1814, como imperador do Reino Unido de Portugal, Brasil e Algarve. A Revolução Liberal do Porto, em Lisboa, que começou em 1820, levou D. João VI de volta à Europa em 26 de abril de 1821. Uma de suas primeiras atitudes ao chegar ao Brasil foi a revogação do alvará de 1785, que proibia a fabricação de manufaturas na então colônia. Em 1810, firmou os tratados de Amizade e Aliança e ainda de Comércio e Navegação com a Inglaterra, que ficara responsável pela segurança portuguesa no outro lado do Atlântico. Ao longo desse período, o príncipe regente promoveu uma série de adaptações e mudanças no país, em que, a partir de 12 de outubro de 1822, reinaria seu filho, D. Pedro I. Mas quais foram e o que significaram essas transformações? De que maneira elas contribuiriam para que nesta terra fosse inventada uma cultura *brasileira*?

Dom João VI não se mudou sozinho para o Brasil, trouxe consigo milhares de pessoas que iriam colaborar para diversificar as atividades urbanas e rurais no país. Segundo o "Almanaque do Rio de Janeiro para o ano de 1816" (Instituto Histórico e Geográfico Brasileiro, 1965), havia, no Rio de Janeiro, 38 casas de titulares vindos de

---

25 Conforme assinalou Gladys Ribeiro (2002, p.43): "[...] em nosso país, o tempo inicial serve de instituição, mais que de inspiração".

Portugal em 1808. A média por família era de 20 indivíduos cada, o que totalizava cerca de 760 reinóis de importância oficial. O núcleo mínimo da família real somava a rainha, o príncipe regente, sua esposa e nove filhos. Os servidores do paço eram 235 funcionários e incluíam camareiras, confessores, porteiros, tesoureiros e outros. O clero era composto por um número equivalente, e o Exército duplicava essa quantidade de funcionários, porém metade dessa adição entre clérigos e militares era de uma população nascida no Rio de Janeiro. Muitos se revezavam em várias funções, como o português Silvestre Pinheiro Ferreira, que ocupava os cargos de oficial da Secretaria de Estado dos Negócios Estrangeiros e da Guerra, deputado da Real Junta do Comércio, Agricultura, Fábricas e Navegação e diretor da Junta da Impressão Régia e da Fábrica das Cartas de Jogar;[26] o também português Francisco de Borja Garção Stockler foi marechal de campo do Corpo Militar, deputado da Academia Real Militar e censor da Mesa do Desembargo do Paço; e Antonio José Radmaker, preceptor de D. Pedro I, segundo escriturário da Intendência de Armazéns e diretor da Junta do Arsenal Real do Exército. Não houve tempo ou espaço para que cada antigo meirinho, contínuo, viador ou açafata pudesse embarcar. Aliás, a falta de mão de obra apropriada fazia que a organização administrativa do império dependesse daqueles que estavam acostumados a ela, tanto para desenvolvê-la nos primeiros anos quanto para ensiná-la a outros anos depois.[27]

26 Um Silvestre Ferreira aparece ainda nos almanaques de 1816 e 1824, entretanto, enquanto este residia na Rua do Castelo, Silvestre Pinheiro Ferreira, em todos os demais cargos, aparece como residente da Rua dos Ciganos.
27 A historiografia a respeito convencionou um número de 16.000 pessoas. Existem controvérsias a respeito deste, mas preferimos privilegiá-lo. Conforme indicou Nireu Cavalcanti (2004, p.96) em profícua análise: "Somando as diversas listas desses passageiros cheguei ao total de 211 pessoas para o ano de 1808 e 233 para 1809, sendo 132 passageiros que vieram no navio inglês Almirante Nelson, e os demais em vários navios portugueses. Portanto, minhas anotações apontam para 444 pessoas, entre as quais 60 membros da família real e da alta nobreza portuguesa que chegaram ao Rio de Janeiro nos dois anos em questão". Os números dessas listas são: na fragata Minerva, 78 passageiros; no bergantim Voador, 39; no navio Princesa do Brasil e na fragata Andorinha, documentos; na nau Conceição, 19; nau Santo Antonio, 19; navio Don Henrique, 16; bergantim Lebre, 40; nau

ECOS DO PÚLPITO 39

Estes, todavia, não foram os únicos imigrantes que o Brasil recebeu até que o fim da expansão napoleônica fosse definitivo, em 1821. Muitos franceses, fugidos das mudanças políticas que assolavam seu país, desembarcaram em nossas terras. Também vieram ingleses e alemães, convidados pelas possibilidades comerciais. A agitação provocada por Junot em Portugal fez que outros lusitanos também viessem para a terra irmã, e cerca de mil chineses foram trazidos para o desenvolvimento da cultura do chá no Rio de Janeiro e instalados nas imediações da Lagoa Rodrigo de Freitas – onde seria edificada, por decreto de 13 de maio de 1808, a Real Fábrica de Pólvora.

Os números da população residente no Rio de Janeiro no primeiro quartel do século XIX sempre foram controversos. O "Mapa da população da corte e província do Rio de Janeiro em 1821", publicado pela *Revista do Instituto Histórico e Geográfico Brasileiro* em 1870, informava que havia 10.151 forros, 43.139 habitantes livres e 36.182 escravos, num total de 79.321 habitantes. De acordo com esse periódico, havia até 1808 de 40 mil a 50 mil habitantes. Embora outros censos tenham sido realizados a mando de D. João VI e servido de base para as indicações de proporção parlamentar nas constituintes de 1822, em Lisboa, os cálculos não se mostraram seguros.[28] Em 1808, ao contar o número de casas do Rio de Janeiro, John Luccock (197-) supôs haver 4 mil residências habitadas, cada uma, por aproximadamente 15 moradores, perfazendo uma população de 60 mil habitantes. Somados a estes, 16 mil estrangeiros, dos quais 10 mil permaneciam sobre as águas e 6

Rainha de Portugal, as filhas de D. João – Maria Benedita, Maria Isabel, Maria Teresa, Maria Francisca e Isabel Maria, Maria Assunção e Ana de Jesus Maria nasceriam no Brasil – e mais duas tias; nau Afonso de Albuquerque, D. Carlota e 4 infantas; nau Príncipe do Brasil, D. Maria I, D. João VI, Pedro de Alcântara e Miguel – e mais um filho que não pudemos avaliar quem seja. O que, dada a disparidade cultural e mesmo a quantidade – posta que essa transferência foi simultânea e imediata –, já seria suficiente para o impacto que a historiografia e os relatos de época narram. Todavia, apenas a conferência desses dados possibilitaria uma afirmação segura de sua plausibilidade.

28 Os dados foram publicados por Hipólito José da Costa no Correio Braziliense, cujo cálculo diminuía o número de escravos e duplicava o número de índios. Esses números foram questionados pela imprensa do período (Silva, 1978).

mil não tinham a intenção de fixar residência no Brasil, não podendo, portanto, ser arrolados como habitantes desta terra.[29] Essa população, para Luccock (197-, p.29), estava organizada desta forma:

1.000 relacionados por várias formas com a Corte. 1.000 funcionários públicos. 1.000 que em geral residiam na cidade, mas tiravam seu sustento das terras da vizinhança e de navios. 700 padres residentes. 500 advogados. 200 que praticavam a medicina. 40 negociantes regulares. 2.000 retalhistas de várias espécies. 4.000 caixeiros, aprendizes e criados de lojas. 1.250 mecânicos. 100 taberneiros, vulgarmente chamados de vendeiros. 300 pescadores. 1.000 soldados de linha. 1.000 marinheiros pertencentes ao porto. 1.000 negros forros. 12.000 escravos e 4.000 mulheres como chefes de família.

Há de se notar ainda que o tráfico de negros vindos da África foi intensificado, haja vista a previsão da proibição desse tráfico – que de certo modo acelerou as importações – e o crescimento da demanda, causado pelo aumento populacional. Os negros, mercadoria desse tráfico, não compunham, todavia, um quadro homogêneo. Eram várias as suas territorialidades e, consequentemente, de ordens diversas a sua influência na formação de uma cultura brasileira. Debret (1975, p.175) foi um dos poucos viajantes, da primeira metade do Oitocentos, preocupados em documentar o crescimento desse contingente da população, as suas diferenças internas e a brutalidade envolvida no seu trato:

---

29 "O estudo da média dos moradores por fogos registrada em 4 anos cronologicamente sequenciais revela que o tamanho médio da família era de 5/6 pessoas em 1760; 5/8 em 1780; 6/6 em 1779-1880 e 6/4 em 1800. Se, num exercício de aproximação, aplicarmos a média por 'fogo' de 6/5, então a população do Rio de Janeiro em 1808-1809 seria de 56.863 indivíduos. Se a esse subtotal também foram acrescidos os 2.500 militares residentes nos quartéis e fortalezas e os 800 religiosos reclusos em seus conventos, apontados por monsenhor Pizarro, a população subiria para 60.163 habitantes, número bastante próximo dos cálculos feitos pelo pe. Luis Gonçalves dos Santos (o padre Perereca), que dizia ter a cidade de São Sebastião do Rio de Janeiro, no final do 1º decênio do século XIX, 60 mil moradores" (Cavalcanti, 2004, p.256).

Em 1816, a cupidez dos traficantes fazia embarcarem cerca de 1.500 negros a bordo de um pequeno navio. Por isso, poucos dias depois da partida, a falta de ar, a tristeza, a insuficiência de uma alimentação sadia, provocavam febres e disenterias; um contágio maligno dizimava diariamente essas infelizes vítimas, acorrentadas no fundo do porão, arquejantes de sede e respirando um ar pervertido pelas dejeções infectas que emporcalhavam mortos e vivos, e o navio negreiro, que embarcava 1.500 escravos na costa da África, após uma travessia de dois meses, desembarcava 300 a 400 negros, escapados dessa horrível mortandade.[30]

Os negros eram exibidos para venda no Mercado do Valongo e, como nos navios, levados a dançar para demonstrar sua saúde e felicidade, garantia de que não se suicidariam, causando prejuízo ao comprador.[31] Se, para alguns viajantes, como João Maurício Rugendas (1940), essa variedade étnica proporcionada pelo desembarque contínuo de estrangeiros no Rio de Janeiro desde 1808 *caracterizava ao observador o panorama mais interessante que as sociedades humanas podiam oferecer*, para o habitante do Brasil definir-se como *brasileiro* não devia ser uma tarefa fácil nesse momento. Mas quem era o brasileiro do primeiro quartel do Oitocentos? O pintor histórico Jean Baptiste Debret (1975, p.87) informou o seguinte:

---

30 Embora tal problema, para a maior parte dos viajantes ou brancos desse período, não existisse efetivamente, já que o negro escravo era visto, até meados de 1850, apenas como mercadoria lucrativa, conforme a anotação – mais corriqueira – de John Mawe: "O alto preço que os escravos alcançam nos mercados é forte tentação para correr o risco de importá-los. Costuma-se dizer que, se de três carregamentos um se salvar, será o bastante para cobrir todas as despesas e deixar larga margem de lucro" (Gardner, 1975, p.25).

31 Embora fossem maltratados, sobretudo pelas mulheres, como advertiu Ernest Ebel (1972), os negros possuíam a vantagem de não ter sofrido as mesmas restrições econômicas, comerciais ou políticas impostas pelo marquês de Pombal aos cristãos novos. De qualquer forma, como assinalou Laima Mesgravis (1983), essa vantagem não era de grande valia, pois dificilmente um negro conseguiria vencer barreiras criadas pelas diferenças culturais, pela condição econômica e pela própria cor. Mas isso não significa que os negros não tentassem de várias formas obter autonomia. Os pretos mina da Nação Manguim, por exemplo, reunidos na Capela de Santa Efigênia, fundaram a Irmandade dos Remédios em 1788, que recolhia verbas para a compra de alforrias.

O governo português estabeleceu, por meio de 11 denominações usadas na linguagem comum, a classificação geral da população brasileira pelo seu grau de civilização: 1 – Português da Europa, português legítimo ou filho do Reino. 2 – Português nascido no Brasil, de ascendência mais ou menos longínqua, brasileiro. 3 – Mulato, mestiço de branco com negra. 4 – Mameluco, mestiço das raças branca e índia. 5 – Índio civilizado, caboclo, índio manso. 7 – Índio selvagem, no estado primitivo, gentil tapuia, bugre. 8 – Negro da África, negro de nação; moleque, negrinho. 9 – Negro nascido no Brasil, crioulo. 10 – Bode, mestiço com mulato; cabra, a mulher. 11 – Curiboca, mestiço de raça negra com índio.

A distribuição dessa população no espaço urbano, como já salientamos, era motivada por um cruzamento de interesses religiosos (da Igreja Católica) e civis (do império). A cidade do Rio de Janeiro, em 1808, possuía 5 freguesias: Santa Rita, Sant'Anna, Sacramento, Candelária e São José. As freguesias mais populosas eram, em primeiro lugar, a de Sacramento, em segundo a de Santa Rita e, em terceiro, a de São José. Pode-se dizer que, em meados de 1820, já havia outros bairros no Rio de Janeiro, ainda que a maior parte da população ainda se concentrasse na parte mais baixa da cidade, na baía.

Em meados de 1815, quando os caminhos se tornaram mais convidativos e os meios de transporte mais acessíveis, os homens de posses mudaram-se para regiões mais afastadas, como Botafogo, que foi descrito por Herman Burmeister (197-),[32] em meados de 1850, como um nicho inglês. O eixo sul-Barra era conhecido como o espaço onde se concentravam as casas pobres, em contraposição ao Catete, bairro que abrigava as residências mais ricas. Os bairros suburbanos, na mesma época, eram os seguintes: Caminho Novo, Praia do Flamengo, Glória, Laranjeiras, Matacavalos, Mataporcos, Rio Comprido, Engenho Velho, Catumbi, São Cristóvão e Ponta do Caju. Alguns ciganos, desde 1760, aglomeravam-se em reduto próximo ao Rócio, e, conforme anotaram Spix & Martius (1967, p.45), *"quase não se viam indígenas*

---

32   O naturalista Herman Burmeister chegou ao Brasil com 43 anos. Seu relatório, referente aos anos de 1850 a 1852, descreve as províncias de Minas Gerais e Rio de Janeiro.

americanos" no perímetro urbano carioca desde o século XVII, quando havia uma tribo aimoré perto do Monte Moreno, como era conhecida a Montanha da Penha.[33] O transporte entre esses bairros ou mesmo entre distâncias mais longas dava-se por dois ou três meios: mulas, cavalos e escravos. As carruagens eram utilizadas apenas na cidade, pois as estradas no Brasil ofereciam poucas condições de circulação para veículos, salvo os carros de bois. Os cavalos e as mulas transportavam, sobretudo, mercadorias e homens. Água, roupas lavadas ou para lavar, enfim, como observou Ernest Ebel (1972, p.13),"tudo é transportado à cabeça, no que os negros demonstram tal habilidade que nenhuma gota derramam dos líquidos, isso sem ajuda das mãos ou qualquer outro e sempre a cantar ou a berrar". Os escravos eram ainda os encarregados do transporte das damas, por meio de uma "cadeirinha".[34] Luccock (197-) atestava a possibilidade de avaliar o atraso da cultura na Corte por seus meios de transporte e respaldava essa afirmação com a narração de um dos aniversários da rainha D. Maria I, no qual apenas seis carros, e todos abertos, apareceram para as comemorações. Para o comerciante inglês, a parca quantidade de carros demonstrava que a população não possuía requinte em suas maneiras e tampouco grandes posses. Contudo, uma estampa do marechal de campo D. Miguel Ângelo Blasco, realizada por ordem do conde de Bobadela, retratou, já em meados de 1750, a existência de uma carruagem puxada por três parelhas de cavalos, com suporte de proteção do sol – veículo sofisticado para o período.[35]

Como os transportes, as casas do Rio de Janeiro também não enchiam os olhos dos estrangeiros. Se o principal arquiteto da colônia

---

33 Tribo essa que, segundo Schubert (1978), foi catequizada por franciscanos do Convento da Penha.

34 Essa "cadeira" ou palanquim era suspensa por uma haste pregada em seu topo e sustentada em sua base. A dama era levada por dois escravos – um na frente e outro atrás. Alguns modelos possuíam assentos mais bem elaborados e com tecidos que as protegiam do sol, e a maioria funcionava por aluguel. Alguns homens também utilizavam esse tipo de transporte.

35 A casa dos governadores, estampa da Coleção do Patrimônio do Exército (Ferrez, 1981).

foi o engenheiro militar Jacques Funch e o do império era Montigny, pertencente à Missão Artística Francesa contratada por D. João VI em meados de 1816, podemos dizer que, além dos edifícios públicos, como o paço, projetado em 1743 pelo arquiteto José Fernandes Alpoim, foram poucas as casas que utilizaram os serviços dos arquitetos disponíveis. A maioria das casas tinha a planta traçada pelo proprietário. Com a chegada da Corte, esse problema foi remediado pela Intendência Geral da Polícia, que tinha como conselheiro Paulo Fernandes Vianna, responsável pela uniformidade e segurança das construções urbanas. Até 1816, portanto, as construções já possuiriam um Real Corpo de Engenheiros, com 35 membros, e, em meados de 1850, as casas já tinham a uniformidade advertida pelo viajante Burmeister (197-, p.47):

> A porta principal dá para a escada que leva ao primeiro andar, onde se encontram os escritórios dos comerciantes e a sala de jantar, nos fundos. Nas casas de família, a sala da frente é a de recepção. No segundo andar ficam os quartos de dormir e de estar. Por meio de uma galeria, ao lado do pátio, que leva para os fundos, a sala de jantar é ligada à cozinha, debaixo da qual há um recinto para guardar mantimentos. Ainda ao lado da cozinha estão os quartos para a criadagem. Tal é a disposição de quase todas as casas que visitei nas ruas principais.

A propósito das casas, Debret (1975), em 1816, assinalou que a maioria não possuía chaminés e que as telhas eram apenas encostadas umas às outras, sem o auxílio da argamassa. Distinguia-se uma casa de ricos de uma casa de pobres pelo número de janelas que possuía e pela construção de cômodos específicos ao uso dos mais abastados, como a cocheira e a cavalariça. Os materiais mais recorrentes na construção de janelas eram os caixilhos de vidro e as rótulas com engradados de madeira. Os sobrados tinham paredes laterais e fachadas de pedra-cal, e suas sacadas eram feitas de cantaria. No andar de cima, em geral, havia uma sala de recepção, a alcova, uma sala interior e o sótão, que continha outra sala, outra alcova e a cozinha. O andar de baixo era, geralmente, ocupado por uma casa de vender, de um único cômodo. Algumas vezes, podiam-se encontrar nas casas mais nobres paredes forradas de papel.

As paredes internas, como adiantou Burmeister (197-), eram feitas de tábuas revestidas de madeira e argila. Burmeister acrescentou ainda que as janelas e portas das casas ficavam sempre abertas.

Em meados de 1809, segundo John Mawe (1978), em consequência da falta de material de alvenaria e construção em geral, o aluguel das casas era tão caro quanto em Londres.³⁶ Outro viajante que também se espantou com os preços do mercado imobiliário brasileiro foi Ernest Ebel (1972) quando alugou, em 1824, o andar de uma casa recém-construída no centro do Rio pelo custo mensal de 18 mil réis.³⁷ Todo o andar alugado por Ebel tinha uma sala contígua a uma alcova com três sacadas, parte era destinada ao escritório e a outra aos seus aposentos. Como Ebel, a maioria dos negociantes estrangeiros que desembarcavam no Brasil sem as famílias e dividiam suas moradas com possíveis sócios alugava um só espaço para sua residência e escritório. Esse era o caso de Luccock, que morava na Rua do Ouvidor com *um agente* (cf. Instituto Histórico e Geográfico Brasileiro, 1965, p.274).

Ainda a respeito dos aluguéis, o pintor Debret (1975) ressaltou a avidez da população por residências no centro do Rio, informando que, em 1816, bastariam 24 horas para o fechamento de um negócio de aluguel. Nessa data, segundo ele, apenas uma folha colada na porta, com dados do locatário, já era o bastante para que surgissem ofertas de locação, mas, em 1808, antes da oferta dos locadores, os pretensos inquilinos já apresentavam seus lances.³⁸

---

36 Gardner (1975), entretanto, pondera que deveriam ser desenvolvidas novas técnicas de construção, pois não era coerente a péssima qualidade das construções com a quantidade de belo granito em torno da cidade.
37 Cada mil réis equivaliam, segundo Debret (1975), a 6.250 francos, e cada mil cruzados, a 2.500 francos.
38 Para Bicalho (2003), além do aumento populacional, esse problema era causado porque grande parte dos terrenos da região central do Rio de Janeiro foi concedida em foros ou sesmarias ou para a Igreja ou para a Câmara dos Vereadores. A Câmara, que, em meados de 1740, ficara responsável por fornecer terrenos aos interessados em residir no Rio de Janeiro, arrendou parte desses espaços e dividiu o restante entre seus membros, concentrando a posse dos terrenos nas mãos de poucos moradores. A Igreja valeu-se de uma mesma prática, usando essas posses como moeda de troca empenhada em seus interesses ou garantindo a propriedade, no caso das inúmeras concessões feitas aos jesuítas, expulsos em 1759, a Deus – sob

Até 1808, os móveis de uma casa eram uma mesa, com um ou dois bancos, um baú e por vezes um oratório colocado na sala de visitas ou nas varandas. Para as mulheres, havia uma marquesa, espécie de esteira disposta nos cantos das salas, onde comiam, costuravam e aconchegavam seus prediletos. Para o descanso do senhor, havia uma cama cujo estrado era feito de uma tábua inteiriça. Sobre ele repousava um colchão ou uma enxerga, que consistia num saco de algodão costurado em forma de um quadrado com cerca de três polegadas de espessura, guarnecido por capim seco ou palha de milho seca, e, para arrematar, um acolchoado de lã ou novamente um saco de algodão mais fino, preenchido de paina, sobre o qual se estendia uma esteira de Angola ou uma colcha de retalhos. Na cozinha, outra mesa, dessa vez maior, e alguns bancos de feitio mais grosseiro. Nessa mesma cozinha, havia uma prateleira ou tábuas suspensas que guardavam algumas tigelas e panelas de gesso, barro e metais de menor custo, e um pote de água no qual se mergulhava uma caneca, que repousava sob ele, para refrescar-se do calor. Os negros não possuíam camas, dormiam no chão, por vezes com algum pedaço de pano grosso. Não se tem notícia, até a chegada da Corte, da posse ou do uso de objetos de maior requinte, como travesseiros, almofadas, bibelôs de vidro ou enfeites de parede, salvo alguns quadros representando santos e umas poucas flores artificiais.

Assim como havia escassez de móveis, havia igualmente escassez de utensílios domésticos, como aqueles utilizados na alimentação. Até meados de 1810, apenas os homens usavam facas e sentavam-se à mesa para o almoço e jantar. As mulheres e as crianças comiam sentadas na marquesa sob o chão, pegando a comida aos bocados com as mãos. Sua postura para a alimentação era de pernas dobradas à moda oriental. Só nas casas de maiores posses ostentava-se um banco para a principal

---

a guarda do Vaticano. Prática que resultou em um número de 2.668 proprietários para 7.548 imóveis, até 1808. Em 1821, a especulação imobiliária perdeu forças com o retorno de 4.000 portugueses para Lisboa. E, como muitos vieram no rastro de D. João VI, muitos também voltaram. Observaram-se uma redução na concentração populacional e uma reconfiguração nas posses dos parcos espaços da região central do Rio de Janeiro.

senhora do lar. As negras de casa também comiam nesse espaço, porém em pé ou de cócoras, espalhadas pela sala.

Comiam-se, sobretudo, a farinha de mandioca, o feijão, a carne-seca, o toucinho e a banana. Poucas pessoas comiam carne de carneiro antes de 1808. Outra novidade foi o sorvete, pois, até a chegada da Corte, costumava-se beber refrescos como o aluá, feito de água de arroz fermentado, comprado nas bancas das negras quitandeiras.

Debret (1975) descreveu dois jantares no Brasil: do homem abastado e do pequeno negociante. O primeiro tinha em seu jantar três séries de alimentos. Inicialmente, as entradas, com uma sopa de pão e um caldo gordo, ou caldo de substância e um cozido, que consistia em uma mistura de vários legumes cozidos. Logo depois, os pratos principais: um escaldado, flor de farinha de mandioca com caldo de carne ou camarões e tomates crus; galinha com arroz e verduras, temperados com muita pimenta; e, finalmente, uma salada de alfaces ou tomates recoberta de cebolas cruas com azeitonas escuras. Das sobremesas participavam: arroz-doce com canela, queijos de minas, laranjas, ananases, maracujás, pitangas, melancias, jambos, jabuticabas, mangas, cajás, frutas-do-conde e cajus. Entre um prato e outro, para acalmar a boca queimada de pimentas, laranjas cortadas em quartos e, para ajudar a descer a mistura, vinhos da Ilha da Madeira ou do Porto e água.

A família do pequeno negociante comia carne-seca, feijões, farinha e caldo de mandioca. O homem acrescentava à sua alimentação um pedaço de lombo assado ou um peixe cozido com salsa, um quarto de cebola e três ou quatro tomates. O molho de pimentas acompanhava todos os alimentos e, geralmente, consistia numa tigela de pimentas amassadas e mergulhadas no vinagre. A sobremesa dessa família era composta por algumas bananas ou laranjas. Em ambas as famílias, porém, mesmo após a chegada da Corte, a quantidade de comida era o que demarcava sua riqueza e não o requinte nos hábitos de comer ou de servir. Quitutes faziam parte do tradicional café da tarde, para o qual cada dama costumava preparar um bolo de sua especialidade.

A comida do pobre, segundo Debret (1975), custava um ou dois réis e incluía: um vintém de feijão preto, um vintém de toucinho, dois vinténs de farinha de mandioca, ovos das galinhas que se tratavam em casa e milho da plantação do fundo dos mucambos. Quando faminto, o negro ou o pobre que andava pelas ruas podia comprar com apenas um vintém o conhecido "angu", que era uma mistura feita com os restos de comida dos sobrados, vendida pelos escravos de ganho.

Quanto aos horários dessa alimentação, dispomos das informações de Debret (1975, p.137):

> Subordinada às exigências da vida, a hora do jantar variava, no Rio de Janeiro, de acordo com a profissão do dono da casa. O empregado jantava às 2 horas, depois da saída do escritório; o negociante inglês deixava a sua loja na cidade e ali pelas 5 horas da tarde, para não mais voltar, montava a cavalo e, chegando à sua residência num dos arrabaldes mais arejados da cidade, jantava às 6 horas da tarde. O brasileiro de outrora sempre jantou ao meio-dia e o negociante de hoje à 1 hora.

A europeização das formas de alimentação foi intensa nos primeiros anos da estada dos reinóis no Rio de Janeiro, mas o brasileiro não deixou de se alimentar do que tinha à disposição. O carioca, ao menos, tinha a seu dispor um comércio variado que havia tempos servia de porto de entrada para as mercadorias destinadas a outras províncias vizinhas, como advertiu John Mawe (1978, p.82):

> Esta cidade é o empório do Brasil e, em particular, das províncias de Minas Gerais, São Paulo, Goiás, Cuiabá e Curitiba. Os distritos de mineração sendo mais populosos exigem a maior parte dos produtos de consumo e, em retribuição, enviam artigos de comércio mais valiosos, daí as inúmeras tropas de mulas que viajam continuamente para este e dele partem, a carga usual é de 3cw+ cada uma carregada, por distâncias quase inacreditáveis, de 1.500 a 2.000 milhas. O frete de retorno consiste, principalmente, de sal para o consumo do gado e ferro para o trabalho das minas.

O comércio avícola ficava na Praia D. Manuel, mas, como os demais produtos da cidade, não dispunha de um dia de mercado e os preços mudavam constantemente. Com a chegada de tantos estrangeiros, esse pressuposto acabou sendo modificado, afinal os estrangeiros tinham outras necessidades e visões de mercado que acabaram uniformizando as vendas no Rio de Janeiro.[39] O costume de oferecer produtos nas casas, por meio dos escravos de ganho, permaneceu. Vendia-se de tudo nas portas das casas, mas, depois de 1808, já havia algumas ruas especializadas neste ou naquele produto, como a Rua da Quitanda, com mariscos, a Rua da Ourivesaria, com pedras preciosas e ouro, e a Rua do Ouvidor, a respeito da qual Ernest Ebel (1972, p.71) comentou:

> Não só ali se consegue os tecidos mais finos e as mil miudezas do luxo e da moda, como estas atraem os transeuntes pelo bom gosto e pelo brilho da apresentação. Por trás de uma mesa bem polida, senta-se *madame* ou *mademoiselle* elegantemente posta, ocupando meia dúzia de negrinhas, vestidas com esmero e escolhidas pelo físico, ocupadas a costurar (e como já está escuro) à luz de numerosas lâmpadas argânticas, que, refletindo-se em grandes espelhos, duplicam a claridade. Aí vendem de tudo o que mais exigente *petit-maitre*, a dama mais elegante possam desejar; naturalmente por bom dinheiro.

Da mesma forma que as ruas mudaram, após a chegada da Corte, a mesa da sala de jantar aumentou e os bancos e cadeiras se multiplicaram. Em 1820, os talheres já ocupavam as mãos de todos que sentavam à mesa, e os negros passaram a comer em separado, salvo os pequeninos, que serviam como bibelôs das senhoras. Móveis como

---

39 O negociante estrangeiro, sobretudo o inglês, pode inserir-se de maneira mais profunda no mercado brasileiro a partir dos tratados realizados entre Portugal e Inglaterra. No entanto, os homens de negócios brasileiros já estavam estabelecidos e eram divididos em comerciantes miúdos ou retalhistas, capitalistas que viviam de renda e negociantes de grosso trato, com transações de maior vulto. A riqueza promovida pelo ciclo aurífero, não apenas oriunda da mineração, como de todo o mercado que ela proporcionou, contribuiu para o fortalecimento dessa camada social. O decreto de 6 de dezembro de 1755, que proibia "os comissários volantes" no país, também os favoreceu. Além disso, como enumerou Mawe (1978), no início do século XIX, o Rio de Janeiro era responsável pelo escoamento de 20% da produção de café e pela exportação de algodão, açúcar, aguardente, madeira, peles, banha e anil de todo o Brasil. Conquanto, esse viajante, que construiu uma loja às margens do Rio Tâmisa com as pedras preciosas do Brasil, ainda destacou o papel de entreposto comercial do Rio de Janeiro na exportação de ouro, topázios e ametistas.

mesas de canto, namoradeiras e cômodas se disseminaram. Passaram a ser difundidos também os adornos para as mulheres cariocas. Na Rua do Ouvidor, cortavam-se os cabelos das senhoras brasileiras, modelando-os ao estilo francês. Embora a moda tenha cedido às cores e aos tecidos usados pelas portuguesas chegadas do reino em 1808 e, do mesmo modo, mantida a inspiração oriental, outrora prevalecente no país, a crescente inserção dos franceses nesse mercado transferiu de Portugal para a França os modelos a serem seguidos.[40] Apesar disso, conforme anotou Ferdinand Denis (1980), mesmo após a chegada da Corte, as senhoras continuaram usando mantilhas, vestidos sem espartilho, cabelos pouco presos e sapatos feitos de cetim verde, azul, rosa e, a partir de então, amarelo. Os sapatos feitos de tecido fino custavam muito caro aos pais e maridos, pois eram frágeis e duravam pouco; apesar disso, faziam imenso sucesso entre contemporâneos, como José de Alencar (1995, p.98), que escreveu em meados de 1850, lembrando-se dos tempos de sua *tenra juventude*:

> Tocava a valsa, e a flor se transformava em sílfide [...] em fada ligeira que deslizava docemente, roçando apenas a terra com a ponta de um pezinho mimoso, calçado com o mais feiticeiro dos sapatinhos de cetim branco. Um bonito pé é o verdadeiro condão de uma bela mulher. Nem me falem em mão, em olhos, em cabelos, à vista de um lindo pezinho que brinca sob a orla de um elegante vestido, que coqueteia voluptuosamente, ora escondendo-se, ora mostrando-se a furto.

A cultura de salão trazida pela Corte solicitou das mulheres do Brasil uma postura social mais ativa e frequente. Essas necessidades foram atendidas quando a mulher teve acesso à educação e pôde ter

---

40   A moda francesa já era utilizada no Brasil antes da chegada da Corte, o que foi observado pelo padre Courté de la Blanchardière, que viajou para o Brasil em 1748, chegando ao Rio de Janeiro durante o governo de Gomes Freire de Andrada. Blanchardière escreveu: "As pessoas de posses vestem-se bem e à moda francesa. As mulheres só são vistas nas igrejas e usam como em Cádis, um véu de tafetá preto que é atado por trás da cintura e recai sobre a cabeça cobrindo o rosto, exceto um olho, o que lhes permite ver sem serem vistas; dizem que em casa estão decente e ricamente vestidas" (Blanchardière apud Ferrez, 1964, p.162).

contato com a moda, sobretudo a francesa. Nos primeiros jornais do século XIX no Rio de Janeiro, já podiam ser lidas ofertas de serviços de professoras francesas, inglesas e alemãs, que lecionavam conhecimentos gerais, etiqueta, bordados, contas, dança e, como veremos adiante, línguas. Das damas, foi exigida uma nova postura social: em vez do silêncio, pedia-se agora uma esposa que apoiasse as ações do marido, que criasse o ambiente indispensável para os negócios e a posição do cônjuge na sociedade da Corte, e que falasse. A sociabilidade que a Corte implantou no Brasil estendeu suas exigências também aos pretendentes dessas damas; mais do que ter posses ou contar com um casamento arranjado, era preciso que os moços casadoiros cortejassem suas amadas. É claro que a mulher não conquistou autonomia nos primeiros 25 anos do Oitocentos, mas, em razão da nova sociabilidade trazida pela Corte, ela passou a ter uma importância que não tinha antes de 1808.

Se novas eram as mulheres, novas deveriam ser as ruas, que deixaram de ser um espaço a ser evitado para transformarem-se num espaço a ser procurado. As mocinhas, por exemplo, passaram a *ter algum tipo de interesse* pelas ruas e, nas do Hospício, do Sabão e da Alfândega, poderiam mesmo exibir as suas graças. No entanto, a rua ainda era um território essencialmente masculino. John Mawe (1978) comentou em seu diário que havia poucas confeitarias e cafés no Rio de Janeiro do primeiro quartel do Oitocentos e que a frequência se limitava a poucas horas de jovem presença masculina. No início do século XIX, alguns lampiões e três ou quatro soldados de ronda foram dispostos em cada rua, de modo que elas se tornassem seguras para o trânsito da Corte. Tal mudança aumentou o fluxo noturno de toda a população e modificou o horário de sono de alguns habitantes da colônia. Em ruas como a do Ouvidor, as lâmpadas eram argânticas, em vez de produzidas por querosene, e colocavam-se espelhos embaixo delas para aumentar a claridade.

O policiamento melhorou igualmente, com o que a sociabilidade noturna do Rio de Janeiro lucrou muito. O Exército teve suas milícias reavaliadas e foi criada uma Guarda Nacional. A profissionalização dos militares, que já acontecia desde 1750, foi intensificada pela Academia

Militar. Em 1821, a saída de D. João VI provocou a necessidade de redução de gastos, o que também se refletiu no efetivo da segurança do país. Com esse tema preocupava-se D. Pedro I, em carta enviada ao pai no dia 7 de julho de 1821, na qual escreveu: "[...] comecei a fazer severas economias [...] as despesas de Estado elevaram-se o ano passado a 20 milhões de cruzados. Julgo que este ano não excedam a 14 ou 15 milhões [...]. Os 1.200 cavalos ocupados foram reduzidos a 156".[41]

As festas também se beneficiaram com a estada da Corte no Brasil.[42] Até 1808, quatro festas anuais eram realizadas obrigatoriamente, quais sejam: São Sebastião, Santa Isabel, Corpo de Deus e Anjo Custódio. Em 1816, o carioca participava de dez dias de gala da Corte e 27 de simples gala, além das festas já citadas. O que significava nove vezes mais reuniões sociais que no período anterior, isso sem contar o acréscimo de pompas trazido por essas reuniões.

Novos impostos, como dos Direitos de Chancelaria, Impostos sobre Contratos e Doações, Peagem dos Rios, Cruzados do Sal, Dízimo dos Produtos da Terra, Sisa e Meia Sisa, Direitos do Selo, das Carnes Vermelhas, Décima Urbana, entre outros, cuja instauração concentrou-se entre 1808 e 1813, permitiram todos os gastos e investimentos extras na cidade em que residia a Corte. Esses impostos também eram cobrados nas demais províncias do Brasil, e suas rendas confluíam para a sede do império. Quando a Corte voltou para Lisboa, o Rio de Janeiro tornou-se um peso fiscal que foi negado pelas

---

41 Eugênio Egas (1916) reuniu as cartas de D. Pedro I para D. João VI entre 1821 e 1822. Elas foram publicadas em São Paulo pela Tipografia Brasil, de Rothschild & Cia. O livro contém ainda uma resposta de D. João VI e os manifestos assinados por D. Pedro I, referentes ao período.

42 A Intendência da Polícia era responsável pelas festas e contava com 28 funcionários, dos quais 6 sob a condição de supranumerários – sem vencimento de ordenado. Havia ainda o oficial maior Nicolau Viegas de Proença, encarregado dos teatros e divertimentos públicos, dos alvarás para a mendicidade do expediente da Corte e províncias, da conservação do passeio público e do encanamento das águas do Rio Maracanã; o oficial Luiz José dos Santos Marques, encarregado da iluminação da cidade e dos alvarás de licenças, além de exercer a função de escrivão do tesoureiro e pagador da polícia; e o oficial João Antonio dos Santos, encarregado do expediente dos passaportes, da legitimação de estrangeiros, do registro e da expedição da Casa da Correção dos escravos.

demais províncias. Para Francisco Sierra y Mariscal (apud Lyra, 1994, p.165), por volta de 1830, "não entra em dúvida que o Rio de Janeiro veio ser o parasita do Império [...] atraindo-se por isto o ódio de todas as províncias". A despeito das demais províncias, as condições em que se encontrava o Rio de Janeiro ao longo da estada de D. João VI no Brasil foram excepcionais. Todavia, a estada da Corte serviu para homogeneizar a administração de todas as províncias, atividade para a qual serviu o número de funcionários do Rio. Acerca de tal assunto, atentava Saint-Hilaire (1903, p.100):

> Nenhuma homogeneidade existia, outrora, entre as diferentes províncias do Brasil, as quais, muito dificilmente, se comunicavam entre si, constituindo o único laço de união entre elas em igual respeito pelo mesmo soberano – o rei de Portugal. Todas, no entanto, com pequenas diferenças, tinham uma administração muito semelhante.

O maior acesso a produtos de toda sorte incluiu jornais e revistas que significaram muito para o incremento de uma vida social no Rio de Janeiro e nas demais províncias brasileiras. Embora os brasileiros não "impressionassem" os estrangeiros, a conversa já era, segundo as palavras de Saint-Hilaire (1938, p.86), mais animada:

> Da sociedade do Rio de Janeiro, o que tenho a observar difere um pouco da descrição já feita dos paulistas. Os mesmos hábitos e maneiras predominam em ambos os lugares, com ligeiras modificações, motivadas pela grande afluência de estrangeiros à capital. Os portugueses são, em geral, escrupulosos e reservados em admitir estrangeiros à suas reuniões familiares; mas, recebendo-os uma vez, mostram-se francos e hospitaleiros. As senhoras são afáveis e corteses para com os estrangeiros, excessivamente vaidosas, porém, menos orgulhosas do que as das outras nações. Nas reuniões mistas, requintadas por aquela extrema delicadeza que em geral caracteriza os portugueses, reina a maior alegria. A palestra dos homens educados, contudo, é mais animada do que instrutiva, pois a educação aqui está em baixo nível, compreendendo um curso limitado de literatura e ciência. É justo acrescentar que, desde a chegada da corte, foram adotadas medidas para efetuar uma reforma completa nos seminá-

rios e outras instituições de instrução pública; e que o Príncipe Regente, na sua solicitude pelo bem-estar de seus súditos, zelosamente patrocinou todos os seus empreendimentos, para neles desenvolver o gosto pelos conhecimentos úteis. Sob seus auspícios, o colégio São Joaquim sofreu melhoramentos consideráveis.

Essas e outras transformações que o Rio de Janeiro sofreu ao longo do primeiro quartel do século XIX foram analisadas por Spix & Martius (1967) como supérfluas, pois lidavam essencialmente com a forma de relacionar-se do brasileiro. Para esses viajantes, com a vinda da Corte, o brasileiro afeiçoou-se mais ao luxo do que criou um *amor pelas artes e pelas ciências em seu verdadeiro sentido*. Procedendo desse modo, segundo os austríacos, o brasileiro perdeu a grande oportunidade de desenvolver uma indústria próspera, de criar uma consciência política e de sedimentar um sistema de ensino de qualidade. Contudo, essas pequenas mudanças assinaladas cá e lá representavam para os brasileiros desse tempo uma grande modificação nas suas relações sociais e na sua cultura. Para outros viajantes, tais mudanças fizeram que o país saísse de sua *letargia moral*, como disse Ferdinand Denis (1980), para quem a educação passaria a ter aqui um papel preponderante. John Luccock (197-, p.379), atento a tais transformações, observou o seguinte:

> A promoção do Brasil a Reino foi acompanhada de um fato mais benéfico que todos quanto foram até agora mencionados. Quando os comerciantes do Rio se reuniram para felicitar seu soberano, subscreveram eles considerável quantia em dinheiro a fim de formar um fundo, cujas rendas deveriam ser dedicadas à educação geral; e ele [D. João VI] baixou um decreto a fim de o efetivar e garantir.

Além do aumento e da diversificação populacional e da sofisticação dos costumes no cotidiano carioca, D. João VI implementou no Rio de Janeiro uma burocratização administrativa que valorizava a educação. O apoio à educação e o desenvolvimento de uma nova sociabilidade propiciaram a criação de um novo espaço para a cultura no Rio de Janeiro no primeiro quartel do século XIX. Nesse Rio de Janeiro criado pela Coroa, a rua ganhou importância; o comerciante, dinheiro; o funcionário, educação; e o educador, prestígio. O brasileiro da época, acostumado a realizar muitas atividades ao mesmo tempo, buscou destacar-se em todos esses espaços, fiando-se no comércio para enriquecer, no Estado para estudar e no estudo para enobrecer. Ao deixar o Brasil em 26 de abril de 1821, pelo porto do Rio de Janeiro, D. João VI não voltou à catedral que visitara em 1808. Chegando a Lisboa, também não recebeu as homenagens que haviam sido preparadas. Por sua vez, D. Pedro I ficaria num Rio de Janeiro muito diferente daquele que havia encontrado. Em meio a tudo isso, a literatura dos primeiros 25 anos do século XIX no Brasil acompanhava um dos principais problemas da época: demarcar uma ideia de Brasil e de brasileiros. Ao caminho percorrido pelas letras no sentido de solucionar tal impasse, dedicaremos o próximo e último tópico deste primeiro capítulo.

O endereço da cultura para o carioca joanino

> *"Ora, se os brasileiros têm seu caráter nacional, também devem possuir uma literatura pátria."*
> (Santiago Nunes Ribeiro. Minerva Brasiliense, 1834)

As mudanças sofridas pelo Rio de Janeiro do primeiro quartel do século XIX incrementaram a formação de uma literatura brasileira que, a princípio, ainda era reconhecida como parte da literatura lusitana. Segundo Almeida Garret, a razão dessa denominação consistia em três pressupostos: a língua os unia, essa união era também eletiva e não obrigatória, e as diferenças estavam nos temas, nas imagens e referências (Amora, 1918). Herdeira de uma *tradição ibérica*, a peculiaridade que fez da literatura produzida no Brasil uma literatura brasileira foi a busca por uma *cor local* e a definição de um estilo próprio de expressão. A criação de uma singularidade para essa literatura, produzida no Rio de Janeiro a partir de 1808, será o tema dos próximos parágrafos.

Para Candido & Castello (1982a), o denominado arcadismo,[43] preponderante na segunda metade do Setecentos, havia contribuído para trazer ao Brasil um debate existente na Europa ocidental. Naquele momento, a construção de uma nação passava também pela construção literária de um nacionalismo.[44] Debate importado da Europa ocidental, sobretudo da França, serviu o nacionalismo como tema para que as belas-letras desenvolvessem suas primeiras ideias de Brasil. O processo de independência contribuiu nesse sentido,[45] mas, nas ruas do Rio de Janeiro, já ecoava um pensamento que se entendia como brasileiro

---

43 Os textos árcades apresentavam conflito de paixões e motes diferentes, mas conseguiram certa uniformidade nos temas e nas formas. Voltado para um diálogo com o outro, o arcadismo propôs uma linguagem universal, entretanto destinada às elites. Nesse sentido, as citações e referências serviam como uma amostra estilística ou um guia de leituras por meio do qual o beletrista se vinculava a uma corrente de pensamento. O estabelecimento de um vínculo que articulasse as ideias foi desenvolvido por academias ou agremiações como a Junta da Providência Literária, criada por José Bonifácio em 1770, ou a Academia dos Esquecidos, fundada na Bahia em 1724, a Academia dos Felizes, fundada no Rio de Janeiro em 1736, a Academia dos Seletos, também do Rio desde 1752, e a dos Renascidos, na Bahia, em 1759. Como parâmetros para o entendimento do arcadismo brasileiro, que os críticos literários situam até 1836, costuma-se citar Tomás Antonio Gonzaga, Cláudio Manuel da Costa ou Basílio da Gama. Todavia, as condições que lhes forneceram temas, entre elas o ciclo do ouro em Minas Gerais, não compõem um quadro uniforme se comparadas com a realidade vivida no Rio de Janeiro a partir de 1808. De qualquer maneira, o arcadismo nos importa como uma das expressões que o movimento de ilustração teve no Brasil.

44 De acordo com Hobsbawm (apud Berbel, 1999, p.19): "As nações não formam os Estados e os nacionalismos, e sim o contrário".

45 "A Independência importa de maneira decisiva no desenvolvimento da ideia romântica, para a qual contribuiu pelo menos com três elementos que se podem considerar como redefinição de posições análogas do Arcadismo: (a) o desejo de exprimir uma nova ordem de sentimentos, agora reputados em 1º plano, como o orgulho patriótico, extensão do antigo nativismo; (b) desejo de criar uma literatura independente, diversa, não apenas uma literatura, de vez que, aparecendo o classicismo como manifestação do passado colonial, o nacionalismo literário e a busca de modelos novos, nem clássicos nem portugueses, davam um sentimento de libertação relativamente à mãe-pátria; finalmente (c) a noção já referida de atividade intelectual não mais apenas como prova de valor do brasileiro e esclarecimento do mental do país, mas tarefa patriótica na construção nacional" (Candido, 1969, p.11).

desde 1808. Arte que deveria ser útil, as belas-letras trataram de construir uma soma de qualidades que pudessem identificar no Brasil sua *brasilidade*. Para Gonçalves de Magalhães (1978, p.156), essa discussão teve como eixo a ideia de pátria:

> No século XIX, com as mudanças e reformas políticas que tem o Brasil experimentado, uma nova face literária se apresenta. Uma só ideia absorve todos os pensamentos, uma nova ideia até ali desconhecida: é a ideia de Pátria; ela domina tudo, tudo se faz por ela, ou em seu nome.

As belas-letras desse período possuíam uma missão coletiva, pois, como Theóphilo Braga (1896, p.161), autor de *Teoria da história da literatura portugueza*, acreditava-se que:

> Quanto mais profundo for o sentimento de PÁTRIA, mais intensa é a consciência da NACIONALIDADE, para resistir aos acidentes das idades. É esta relação afetiva que faz com que a arte e a literatura sejam a estampa do caráter nacional.

Cabia aos *beletristas* disseminar esse sentimento de pátria por meio de uma literatura informativa, pedagógica. As informações contidas nessa literatura serviriam para educar a população que tinha pouco acesso ao saber.[46] Além de criar uma literatura que era *prova do valor brasileiro*, tratava-se de sustentar uma *tarefa patriótica de construção nacional*, que havia *adquirido categoria estética*[47] e referências próprias, pois, como afirmou Lopes Gama (1846, v. 2, p.288):

---

46 "O mais frequente? Posição semelhante à que externa Pierre Plancher em *O espelho diamantino*. Tratava-se de tentar, em alguma medida, sugerir as deficiências de instrução de um público que *não se tendo podido educar em país estrangeiro achava estabelecimentos de instrução incompletos*. Tratava-se, pois, de resolver, na literatura, a falta de uma viagem de formação e as deficiências do ensino no país. Daí o papel de enciclopédia de pequeno porte assumido pela literatura de ficção brasileira nesse período de formação" (grifos do autor, Süsskind, 1990, p.90).

47 A ideia de uma literatura que tinha uma tarefa é de Antonio Candido (2000), e a de uma dupla influência, cujo resultado foi uma literatura de conhecimento que depois adquiriu senso estético, é de Afrânio Coutinho (1975).

Enquanto uma língua é escrava da autoridade, não se pode esperar que engrosse muito seus tesouros. Que progresso, que perfeição, que riqueza poderia ter uma língua, que nunca discrepasse nem um ápice das autoridades de um ou outro século? Os escritores de primeira ordem, esses engenhos raros, que aparecem de século em século, são os que ampliam os apertados limites da analogia, e como legisladores se elevam acima do uso e da autoridade.

Uma das principais contribuições de D. João VI, da Corte portuguesa e dos estrangeiros que o seguiram foi, portanto, a ampliação, se não a criação, de um espaço para as belas-letras. Mas que espaço era esse? Que elementos ele incluía? Como ele contribuiu para a formação de um público e, assim, de uma literatura *brasileira*?

A literatura e a educação no Brasil, pelo menos até a primeira metade do século XIX, estiveram relacionadas ao poder da Igreja, à ação do Estado e às posses de seus interessados. A Companhia de Jesus foi responsável, até a segunda metade do século XVIII, pela educação daqueles que residiam no país; sua colaboração foi enfática na homogeneização de uma língua falada no Brasil. O Estado contribuiu sustentando parte das atividades da Igreja no país e, após a expulsão dos jesuítas, criando as aulas régias e fomentando a circulação de estrangeiros no país. E se, no sentido da formação de uma *intelligentsia brasileira*, esses subsídios foram exíguos, foram praticamente os únicos até meados de 1808.

Em 1760, havia três instituições destinadas ao ensino no Rio de Janeiro: os seminários São José, São Joaquim e da Lapa, que atendiam a um conjunto de 95 seminaristas. Além dessas instituições, havia doze mestres particulares que atendiam 309 alunos leigos. Alguns professores atendiam ainda em suas casas, e a quantidade de alunos desses professores não pôde ser calculada por falta de referências a eles. Entre seminaristas e leigos, o Rio de Janeiro possuía 404 dos 700 alunos do Brasil, o que representa mais de 50% do total de alunos matriculados nas aulas régias e instituições religiosas de ensino do Brasil.

Desde a emissão do alvará de 30 de junho de 1759, as aulas régias foram instituídas para substituir o sistema de ensino criado pelos jesuítas, pois a Companhia seria expulsa por D. José I, com o alvará de 3 de setembro de 1759. A finalidade dessa expulsão era justificada pela necessidade de libertação do ensino nos domínios portugueses. Tal libertação estava cunhada pelos ideais iluministas que ocupavam os pensamentos dos europeus no século XVIII. Em 1772, eram 479 os mestres régios nos domínios lusitanos, 440 deles em Portugal e 24 nos domínios ultramarinos, dos quais 15 nas ilhas e 7 no Rio de Janeiro. Desse número de 7, 2 destinavam-se ao ensino básico, 2 à gramática latina, 1 ao grego, 1 à retórica e 1 à filosofia. O salário desses professores era de 450 réis anuais e equivalia a 20 vezes menos que o salário mais alto da capitania, o que fazia desta a última profissão escolhida pelos instruídos da cidade ou a transformava numa atividade secundária. Além de custear as instalações das aulas, que geralmente eram dadas na própria casa do professor, os mestres régios deveriam arcar com os gastos de sua instrução e com o material a ser utilizado pelos seus alunos. Desse modo, a maioria dos professores régios não tinha na atividade de ensino a sua principal ocupação, deixando muito a desejar no que tange à instrução daqueles poucos que conseguiam suas vagas.

E as questões econômicas não se restringiam ao salário do professor. O alvará de 6 de novembro de 1772 determinava que a educação deveria pautar-se pela origem social do aluno. Afinal, aos *braços e às mãos do corpo político* bastaria que *tivessem as instruções dos párocos* (cf. Cavalcanti, 2004, p.60).

Com a vinda da Corte e a imigração impulsionada por ela, muitos estrangeiros tentaram se estabelecer no Rio de Janeiro dando aulas particulares de suas línguas maternas. A educação do povo carioca deveria incluir, segundo esses estrangeiros que geralmente ofereciam seus serviços em jornais como o do *Jornal do Comércio*, boas maneiras, bordados, contas, estilo e todo tipo de curiosidade de que se sentiam aptos a falar. Essa perspectiva de que o estrangeiro possuía um conhecimento sempre maior e mais confiável do que o autóctone prejudicou, em certa medida, a educação do período, pois, muitas vezes, os professores eram desqualificados. Atentos a essa possível lacuna, em anúncio na *Gazeta do Rio de Janeiro* de 7 de abril de 1813, exigia-se do mestre a ser contratado: "vastos conhecimentos, retidão de costumes, pureza de religião e avançada idade [...]. Pronúncia da língua que ensina na sua maior pureza e também que saiba a língua portuguesa, circunstância muito atendível para este fim" (Renault, 1969, p.19). Entretanto, essas precauções, seja com os estrangeiros que estavam tentando se estabelecer, seja com os cariocas mal qualificados pelo salário oferecido, parecem não ter surtido o efeito desejado, pois, em 4 de setembro de 1825, frei Miguel do Sacramento Lopes, numa carta ao governo pernambucano em que avaliava o ensino em todo o país, escrevia:

> As aulas de primeiras letras, tão necessárias à Mocidade, estão comumente em lamentável atraso. Os professores pela maior parte ignoram os primeiros rudimentos da gramática da língua; e daqui os rapazes sem a mais leve ideia da construção e regência da oração, e nenhum conhecimento da ortografia, e prosódia da língua; daqui os barbarismos, os solecismos, os neologismos, e infinitos erros, a que desde os tenros anos se vai habituando a mocidade. (apud Araújo, 1999, p.170)

Em termos de instituição de ensino na capital do Brasil, o estudo já possuía, entre 1808 e 1820, alguns endereços, conforme anotaram Spix & Martius (1967, p.48):

> Para a instrução da juventude, dispõe a capital de diversas boas instituições de ensino. Pessoas abastadas tomam professores particulares a fim de prepararem os filhos para a Universidade de Coimbra, o que obriga a grandes sacrifícios visto que são raros os professores competentes. No Seminário de São Joaquim, aprendem-se os rudimentos de latim e do cantochão. Mas o melhor colégio é o Liceu ou Seminário São José, onde, além do latim, do grego, das línguas francesa e inglesa, retórica, geografia e matemática, também se leciona filosofia e teologia. A maioria dos professores é do clero, o qual, entretanto, exerce atualmente muito menor influência no ensino do povo do que antigamente, sobretudo no tempo dos jesuítas. Uma instituição muito útil aos novos tempos é a Aula de Cirurgia, que foi fundada para se formarem médicos práticos, pessoal de que há absoluta falta de interior. Ao cabo de cinco anos de estudo, podem os jovens diplomar-se aqui, como mestres de cirurgia. Segue-se aí severo programa, e cuida-se da aquisição de conhecimentos positivos na clínica do Real Hospital Militar vizinho.

ECOS DO PÚLPITO 61

As condições oferecidas por esses colégios, todavia, eram diferentes. Tais diferenças implicavam a qualidade e a finalidade dos estudos. Luccock (197-, p.49) ressaltou essas particularidades descrevendo os seminários São José e São Joaquim:

> Dos colégios, o de São José é o mais antigo e o mais afamado. Foi provavelmente fundado logo após a Igreja de São Sebastião, encontrando-se ao pé do morro que traz seu nome, perto da Rua da Ajuda. Na frente há um portão, mais que sólido, degenerando já para o pesado estilo brasileiro. Passando por debaixo desse portão, os visitantes atingem uma área aberta, coberta de grama, em cujo fundo encontram um só lance de edifício com janelas de rótulas pintadas de vermelho. A aparência externa oferecia sinais palpáveis de negligência, e exames ulteriores confirmavam as primeiras impressões. Os quartos eram suficientemente numerosos, mas pareciam incômodos, estando alguns desocupados. Avistamos uns poucos colegiais que se achavam por ali passeando, de beca vermelha; alguns já tonsurados, mas a maior parte ainda muito jovem. Não apresentavam nenhuma elasticidade de espírito, nenhuma curiosidade sagaz [...]. Um outro colégio, mais respeitável quanto à aparência e direção que o anterior, encontra-se na estreita e suja Rua de São Joaquim, tendo o mesmo nome que ela. Ali os letrados fazem praça de educar os jovens para funções de estado e de lhes ensinar muito especialmente os conhecimentos próprios para este fim. Mas, embora o governo empreste seu patrocínio à instituição, o número de estudantes é pequeno e, na realidade, a casa não está em condições de os receber em grande quantidade.

De qualquer maneira, para ele, em 1813, "a educação dada nos colégios visa quase que unicamente o sacerdócio ou os cargos dos leigos nas Igrejas e, embora reduzida a esses objetivos especiais, acha-se em extrema decadência" (ibidem, p.86). Opinião compartilhada por muitos que, como o conselheiro de Estado Estêvão Rezende, acreditavam que essa "falta de educação" do Brasil impedia o desenvolvimento de uma democracia que incluísse certos pressupostos, como o voto direto:

> Eu sustentarei que a degradação da educação e, por conseguinte, do conhecimento em que tem estado o Brasil até hoje me fará sempre pro-

pender para votar pelas nomeações indiretas, com um misto e aparência das diretas; visto que estou convencido de que as diretas em toda a sua extensão serão nas primeiras épocas do Brasil sempre tumultuosas, ou pelo menos sujeitas a transmitirem-se dos Representantes da Nação a ignorância dos votantes, que mal sabendo avaliar os funestos resultados de sua má escolha, não podem antecipar uma escolha imparcial e que seja profícua ao fim. (apud Bandecchi & Amaral, 1976, p.47)

Até que a fundação dos cursos jurídicos de São Paulo e Olinda fosse efetivada em 1828, D. João VI já havia planejado a instituição de outras faculdades no Brasil. Entre essas iniciativas, destacamos a de José Manuel de Souza França, interessado em fundar uma escola agrícola no país, escola que só seria criada depois de 1830, e a de um intendente de polícia que atuava na cidade em 1781, que enviou para a rainha D. Maria I a proposta de uma "Casa de Educação" para ambos os sexos, mas que também não se efetivaria até 1823, quando o método *lancasteriano* seria introduzido por meio da Escola do Ensino Mútuo, anunciada pelo "Almanaque para o Rio de Janeiro de 1824":

> Criada por Decreto de 13 de abril de 1823. Admite-se gratuitamente até 270 meninos da idade de 7 anos para cima, fornecendo-lhes papel, penas e mais aprestes para ensino. Diretores: O tenente-coronel José Saturnino da Costa Pereira [...] O tenente-coronel João Paulo dos Santos [...] O doutor João da Silveira Caldeira [...]. Professor Francisco Joaquim Nogueira Neves. (Instituto Histórico e Geográfico Brasileiro, 1968, p.268)

Segundo o "Almanaque do Rio de Janeiro para o ano de 1816" (Instituto Histórico e Geográfico Brasileiro, 1965, p.325), também serviam como instituições de ensino a Academia Real Militar, criada em dezembro de 1810, a Academia Real dos Guardas Marinhos, criada em abril de 1796, e a Academia Médico-Cirúrgica. A primeira possuía 25 oficiais, entre deputados, lentes, substitutos, ditos de desenho, secretário, professores, porteiros e dito do gabinete de mineralogia. A segunda possuía 15 funcionários: diretor, lente de matemática e substituto, professor de desenho e substituto, lente do aparelho, oficiais, secretário, porteiro, guardas e varredores. A terceira possuía um diretor, um professor para cada um dos cinco anos – dois para o terceiro –, um secretário, um porteiro da aula de anatomia e o lente de botânica, frei Leandro do Sacramento. Os professores régios de gramática latina eram: Luís Antonio de Souza, Manoel Marques e Luiz Gonçalves; seus substitutos eram: João Batista, João Alves e Domingos Lopes Guimarães. João Marques Pinto ensinava a língua grega; João José Vaía, retórica, na Rua dos Latoeiros; Januário da Cunha Barboza, filosofia, na Rua dos Quartéis; e, por fim, Manoel Dias de Oliveira ensinava desenho e figura, na Rua do Rosário. Entre 1808 e 1824, esses cargos tiveram diferentes funcionários.

O ensino era acompanhado por apostilas ou compêndios escritos pelos próprios professores, à moda de tratados. Até a permissão de tipografias, em 1808, importavam-se esses compêndios ou mesmo copiava-se à mão cada um deles, que não eram muitos nem muito extensos, dependendo dos honorários do estudante para o pagamento de diferentes professores. Esses compêndios eram resumos ou livres interpretações daquilo que os professores entendiam como conhecimento necessário ao aluno. A originalidade, portanto, não era essencial. Bastava que eles conseguissem aglutinar as partes mais importantes do pensamento europeu até o momento, conforme explicou Fernandes Pinheiro em 1823:

> A gente instruída conhecerá bem os autores que temos seguido sobre cada matéria, e dos quais temos frequentemente fundido nesta obra, não somente ideias, mas as mesmas expressões. A *mania* de querer dizer melhor que os outros não é demasiadas vezes que o modo de exprimir-se mal, e de falta, sobretudo, em matéria de ciência, ao fim que se deve tender. Como nós não escrevemos que para ser útil pouco nos importa que se diga que uma definição, que uma regra, que um exemplo, que uma passagem, etc. são tirados de tal ou tal autor. O essencial é que eles sejam bons, claros e trazidos ao propósito. (apud Acízelo de Souza, 1999, p.40)

Quando nem os compêndios, nem a Igreja, nem o Estado saciavam a avidez por saber dos brasileiros, a iniciativa pessoal, munida de recursos, levava nossos estudantes para o estrangeiro. Ao habitante do Brasil, seria necessário mudar-se para o Velho Mundo a fim de adquirir maiores conhecimentos além das primeiras letras,[48] dos cálculos e do curso de retórica – pré-requisito ao ingresso na Universidade de Coimbra. Até o século XVIII, 1.875 estudantes brasileiros haviam se formado na Universidade de Coimbra. Entre 1810 e 1820, o governo financiou um intercâmbio cultural representado, sobretudo, pela missão francesa no Brasil. Essa missão consistiu na vinda de uma série de artistas – pintores, desenhistas e arquitetos – franceses para o Brasil, chefiados por Lebreton. Esses profissionais deveriam participar da fundação de um curso superior de artes. O curso foi criado por Porto Alegre, discípulo de Debret, após a partida da missão, mas a presença desses artistas no Brasil contribuiu, e muito, para a renovação da ideia de arte e de conhecimento no país. Complementarmente, o jornal *Le Courrier Français* noticiou haver, em meados de 1827, cerca de 30 estudantes brasileiros na Europa, custeados pelo governo brasileiro.[49] Não raro, o governo concedeu verbas e dispensas do serviço do paço para que brasileiros estudassem na Europa. Segundo o referido almanaque, Francisco Gomes de Campos, oficial de registro do Registro Geral das Mercês, era um deles que, com licença desde 1809, estavam frequentando a Universidade de Coimbra para *melhor servir à pátria*.

Caso o estudante não tivesse conseguido nem ir para o exterior, nem estudar nas instituições locais, nem frequentar as aulas régias, então ele deveria recorrer à literatura disponível no país. A Biblioteca Nacional e o Museu Nacional faziam parte do espaço criado por D. João VI para as belas-letras no Brasil, assim como a Escola Real de

---

48 "Observava [Suzannet], por exemplo, que, entre os poucos brasileiros que frequentavam os colégios, a maior parte não ia além do curso primário; que, segundo os dados, que colhera, numa população de *400 mil almas* apenas pouco mais de mil frequentavam essas escolas na Corte; ou, passando pela Bahia, que a Escola de Medicina de Salvador estava em estado *deplorável*" (Süsskind, 1990, p.86).

49 Entre eles, estavam Gonçalves de Magalhães, Araújo Porto Alegre e Salles Torres Homem, que seriam responsáveis, em 1836, pela revista Niterói, um dos trabalhos que marcaram mais acentuadamente a ideia de pátria desenvolvida pelas belas-letras oitocentistas (Prado Jr., 1999).

Comércio, Artes, Ciências e Ofícios, estabelecida já em meados de 1816. Segundo observou John Luccock (197-, p.106):

> Como instituições científicas, possui o Rio uma biblioteca e um museu. A primeira está instalada no Largo do Paço em edifício adaptado para o fim, de 3 andares, e contém cerca de 60.000 volumes, na maior parte antigos. Seu diretor foi amabilíssimo, prontificando-se a mostrar-me tudo. No primeiro andar está a grande sala de leituras, franqueada ao público pela manhã; lá encontrei meia dúzia de leitores. Para o museu, fez o último Rei construir belo edifício próprio na Praça da Aclamação, o qual guarda, numa série de salas e peças menores, notáveis coleções de história natural.

O acervo da Biblioteca Real, criada em 27 de junho de 1810, tinha contribuições da biblioteca do conde da Barca, da livraria organizada por D. José I — a Real Biblioteca da Ajuda — e da rica coleção do abade Santo Adrião de Sever, que a doara, em 1773, a D. José I. Essa biblioteca tornou-se Biblioteca Nacional em 1815. O acesso era livre e gratuito, e, segundo Ferdinand Denis (1980), havia em seu interior pinturas que imitavam aquelas feitas no Vaticano. Para incentivar a visitação à biblioteca, foram dispostos papel e tinta para a escrita, gratuitamente. John Luccock (197-), porém, notou a pouca frequência que a sala de leitura dessa instituição possuía, pelo menos até o momento em que alguns jornais estrangeiros começaram a ser colocados à disposição do público. Denis (1980) observou que *pessoas de todas as classes e cores* visitavam a biblioteca a fim de correr os olhos pelas notícias e pelos anúncios dos periódicos. Sobre o acervo dessa biblioteca, Denis (1980, p.130) comentou:

> Embora se componha, em geral, de livros modernos, pertencentes sobretudo à literatura francesa, a biblioteca do Rio de Janeiro é desprovida de curiosidades bibliográficas; destaque-se uma grande coleção de Bíblias, entre as quais convém distinguir um belo exemplar da Bíblia da Mongúcia, impressa em 1462, e que faria inveja às mais ricas bibliotecas das capitais da Europa. Entre os manuscritos, distingue-se uma obra magnificamente executada, que trata, como o seu título indica, da Flora do Rio de Janeiro.

O Museu Nacional, na avaliação de Denis, era pobre na quantidade de objetos à mostra, mas algumas caixas de ofício (caixas com minimaquetes de processos de manufatura) causavam muita curiosidade nos habitantes do Brasil. Ainda segundo esse viajante, cada uma dessas instituições, em 1823, tinha um custo mensal para governo de 4:485$000 e 4:512$000 réis, respectivamente.

Havia uma outra biblioteca no Rio de Janeiro, a do Convento São Bento, que possuía um acervo bem menos robusto e também menos diversificado; na porta que lhe dava acesso, segundo John Luccock (197-), havia a seguinte inscrição: "A sabedoria construiu uma casa para si". Entretanto, essa biblioteca não tinha o acesso livre e tampouco os atrativos daquela que descrevemos anteriormente, tais como: jornais, papéis e tinta. A biblioteca servia muito especificamente aos religiosos e, por vezes, àquelas pessoas consideradas importantes; afinal, nem todos tinham acesso a todos os livros desejados, pois, como ressaltou o censor régio[50] Francisco de Borja Garção Stockler, pensava-se que:

50 "Dos treze [censores da Mesa do Desembrago] nomeados entre 1808 e 1819, sete exerciam o sacerdócio, cinco dos quais regulares. Dois acabaram nomeados bispos: frei Antonio d'Arrábida, preceptor dos príncipes D. Pedro e D. Miguel, confessor do primeiro e futuro reitor do Imperial Colégio de Pedro II; e frei Antonio de Santa Úrsula Rodoalho, pregador régio da Capela Real e Ministro Provincial do Convento da Corte, mas que, indicado para bispo de Angola, renunciou antes de sua sagração. Outros dois foram abades, um da Ordem de São Bento e outro de São Bernardo. O último regular, frei Inocêncio Antonio das Neves Portugal, foi lente das Faculdades de Teologia de Coimbra e confessor régio. Entre os dois seculares, destaca-se João Manzoni, padre mestre e confessor da Infanta D. Mariana. Em relação aos censores leigos, todos tinham sido formados pela Universidade de Coimbra e exerceram funções administrativas, judiciais ou militares; um era tenente geral dos Reais Exércitos; dois médicos, um dos quais acabou em 1820 lente da Faculdade de Medicina da Universidade de Coimbra, desembargador do Paço, autor de inúmeras obras ligadas à situação política do Brasil, às vésperas da Independência, e Mariano José Pereira da Fonseca, enobrecido em 1825, apesar de ter sido preso por estar implicado na suposta Conjuração Carioca de 1794. Outros dois também receberam título de nobreza e todos foram agraciados com honras e grandezas, como as mercês das ordens militares. Do conjunto, três censores foram sócios da Academia Real de Ciências de Lisboa, e um do Instituto Histórico e Geográfico Brasileiro, deixando mais de dois terços deles escritos no mundo das letras" (Neves, 1999, p.674).

[...] as nações são como indivíduos, têm sua infância, sua puerícia, sua adolescência, sua idade madura, sua velhice... e desgraçadamente também sua morte [...] portanto, se os alimentos não podiam ser consumidos indistintamente por todas as idades [...] também as mesmas leituras e os mesmos meios de instrução não se acomodam perfeitamente a todos os estados e circunstâncias das Nações. (apud Algranti, 1999, p.647).

O cuidado com o teor das obras lidas levou as autoridades lusitanas a restringir, em meados de 1810, os livros que chegariam ao Brasil. A propósito, o mesmo censor explicou:

Ora, os livros são prejudiciais porque atacam a religião, ou porque ofendem a moral, ou porque contradizem os princípios políticos e a legislação civil do Estado, ou finalmente porque, confundindo os primeiros princípios da razão, com sutilezas e paradoxos, evitam aos leitores os progressos do entendimento no sentido das ciências úteis. (ibidem, p.646)

A própria falta de interesse dos habitantes do Brasil parecia, no entanto, impedir a circulação de algumas obras, o que pode ser constatado por meio da carta de Antonio Manoel de Mello Castro e Mendonça, enviada a D. Rodrigo de Souza Coutinho, em 1801, na qual se lia:

Ano de 1801, n° 19. Sobre a recepção de livros de artes e ciências. Ilmo. e Exmo. Sr. – Acompanhada do Aviso n° 26 de 22 de 8bro. de 1800, recebo a relação dos impressos que em um caixote me foram entregues com a importância de 165$120 rs com ordem de a fazer vender pelos preços indicados na mesma relação, e de remeter o seu produto ao Oficial Maior da Secretaria, na forma do costume.

Eu já ponderei a V. Exa. nos ofícios n° 13 e 15 a pouca extração que atualmente tem nesta capitania os ditos impressos pelo nenhum gosto que há de se aplicarem ao Estudo das Artes e Ciências, de tal maneira que com muita dificuldade se pode conseguir que os estudantes que se destinam à vida eclesiástica frequentem os Estudos de Filosofia e Retórica.

Ora, se esses estudos tão essencialmente necessários a que se destina o semelhante estado não demovem aos candidatos a adquiri-los, que se poderá conjeturar a respeito da Lição de Livros que bem que interessantes entram, contudo, na classe dos úteis e curiosos, que só tem lugar na Ordem dos conhecimentos depois dos necessários. [...] Nestes termos represento a V. Exa. se digne não enviar para esta capitania mais remessa de livros [...] que tenho todos expressados e na que tenho de dirigir a Real Presença, mandando uma relação dos que necessariamente se devem enviar para esta capitania, ou sejam compostos de novo ou feitos vulgares pelas traduções ou pelas reimpressões; comprometendo-me contudo a ver se posso dar saída aos que se acham por aqueles meios que me parecem mais próprios e mais adequados a excitar a curiosidade dos compradores, e tendo-o assim praticado imediatamente mandarei entregar ao mencionado Oficial Maior da Secretaria de Estado a soma total do seu produto, na forma que V. Exa. me recomenda. D.S.G.E. a V. Exa. S. M. Paulo 22 de janeiro de 1801 – Ilmo. e Exmo. Sr. D. Rodrigo de Souza Coutinho – Antonio Manoel de Mello Castro e Mendonça. (apud Araújo, 1999, p.151)

Não obstante, os livros mais bem digeridos e mais comprados pela população local ou eram traduções, feitas à guisa de resumos, ou eram obras clássicas, que tampouco garantiam a sua leitura no país.

Com a vinda da Corte para o Brasil e a revogação do alvará de 1785, que proibia a confecção de manufaturas no país, a impressão foi permitida e impulsionada pelo fim da censura prévia em 1821, o que incentivou a leitura no país. Conhecida como Junta da Impressão Régia e da Fábrica das Cartas de Jogar e depois como Impressão Nacional, uma tipografia destinada à impressão de papéis oficiais foi criada logo em maio de 1808. A partir de então, o país passou a ter também produções de gráficas locais, o que barateou o seu custo de circulação[51]. Para a leitura, havia, nos idos de 1820 – além de alguns títulos, como *Assunção*, de frei São Carlos (1819); *Salmos de Davi* (1820); *Poesias*, de José da Natividade Saldanha (1822); *Poesias avulsas de Américo Elísio*, de José Bonifácio de Andrada e Silva (1825); *Poesias oferecidas às senhoras brasileiras por um bahiano*, de

---

51 Embora o trabalho de Hallewell (1985) ateste que Garnier enviava seus livros para serem editados em Paris porque o custo dessa impressão ficava mais barato, pequenos folhetos de material muitas vezes "repreensível" aos olhos do governo tinham um custo menor se fossem impressos em terras brasileiras.

Domingos Borges de Barros (1825); entre outros[52] –, folhas volantes com notícias avulsas, algumas delas suspensas em 15 de janeiro de 1822, quando se proibiu a publicação de textos anônimos.[53] Havia também os jornais: *A Gazeta do Rio de Janeiro* (1808-1822), *A Idade do Ouro no Brasil* (1811-1823), *As Variedades* ou *Ensaios de Literatura* – nossa primeira revista literária (Araújo, 1999), com apenas dois números (1812), *O Patriota* (1813- 1814), *Correio Braziliense* (1808-1822), *Aurora Pernambucana* (1821), *O Paraense* (1822), *O Conciliador do Maranhão* (1821-1823), *Conciliador do Reino Unido* (1821), *O Seminário Cívico* (1821-1823), *Diário Constitucional Fluminense* (1821-1822), *Despertador Fluminense* (1821), *O Marimbondo* (1822), *O Correio do Rio de Janeiro* (1822-1823), *O Tamoio* (1823), *A Sentinela da Liberdade na Guarita de Pernambuco* (1823-1824), *Typhis Pernambuco* (1823-1824), *Diário de Pernambuco* (1825) e *Aurora Fluminense* (1827-1835). E ainda *o Despertador Brasiliense*, de Francisco de França Miranda; o *Bem da Ordem*, de Francisco Vieira Goulart; o *Revérbero Constitucional*, de Joaquim Gonçalves Ledo e Januário da Cunha Barboza; a *Sabatina Familiar*, de José da Silva Lisboa; *A Malagueta*, de Luís Augusto May; *O Amigo do Rei e da Nação*, de Custódio Saraiva de C. e Silva; o *Diário do Rio de Janeiro*, de Zeferino Vito de Meirelles; o *Regulador Brasílico-Luso*, de Antonio José da Silva Loureiro; o *Compilador Constitucional*, de José Joaquim G. do Nascimento e João Batista Queiroz; *O Papagaio*, de José Moutinho Lima A. e Silva; e, por fim, *O Macaco Brasileiro*, de Manuel Inácio Ramos Zuzarte.

---

52   Neves (2003, p.35) apresenta as quantidades: jurisprudência (50), ciências e artes (127), belas-letras (397), história (206), teologia (35), periódicos (38) e documentos oficiais (347), num total de 1.200 obras.
53   Segundo Gladys Ribeiro (2002), esses folhetos eram responsáveis por uma disputa entre portugueses e brasileiros. A depreciação dos brasileiros, por meio das ofensas de que o Brasil era uma "terra de macacos, pretos e serpentes" e, em contrapartida, de que Portugal era "uma terra de lobos, galegos e raposas", começou com o decreto de 28 de agosto de 1821, que abolia a censura prévia, e cessou com o de 15 de janeiro de 1822.

O jornal de maior circulação entre os cariocas, segundo Thomas Ewbank (1976),[54] era o *Jornal do Comércio*, cuja periodicidade era diária, salvo os dias santos. O tamanho de suas folhas era de 73 x 55 cm, e, no momento de sua chegada, em 1845, Ewbank constatou que o jornal citado já circulava havia 21 anos. O custo da assinatura anual era de 20 mil réis na cidade e 24 mil no campo. Dada sua circulação, possuía um número maior de anúncios de toda qualidade. Embora Thomas Ewbank (1976) tenha notado o pouco interesse do brasileiro pela leitura, Ferdinand Denis (1980) documentou sua surpresa quanto ao crescimento da imprensa no Brasil entre 1808 e 1823, sobretudo no Rio de Janeiro. Segundo Denis (1980, p.113): "é quase impossível acreditar que há vinte anos somente nenhum jornal existia em uma nação em que mais de trinta periódicos hoje circulam livremente e são lidos em uma só cidade".

Estes, porém, não eram os únicos títulos a circular no Rio de Janeiro do primeiro quartel oitocentista. Pelas mãos dos cariocas do período joanino, também passavam alguns jornais britânicos, franceses e alemães. Seu acesso, entretanto, era menos corrente; dependia de uma encomenda ou de uma sala de leitura, como a Sala Bernie, na Rua Direita. A maioria dos assinantes dessa sala, segundo a informação de Ernest Ebel (1972), era de ingleses e ali podiam ser encontrados *quase todos os diários ingleses e um par de franceses*, além do *Correspondent*, de Hamburgo.

As principais livrarias ou editoras[55] eram: a loja do Diário, na Rua

---

54 Thomas Ewbank deixou Nova York com destino ao Brasil em 2 de dezembro de 1845. Para Ewbank (1976, p.18), o mais importante detalhe da vida pública e privada que aí temos foi assim anotado: "No Brasil, por toda parte encontra-se a religião ou o que receba tal nome".

55 "No entanto, o mais afortunado dos editores brasileiros no primeiro quartel do século XIX, aquele que combina os ofícios de impresso, livreiro e divulgador do livro, é mesmo Manuel Antonio da Silva Serva, português de Vila Real de Trás-os-Montes, instalado na Bahia desde 1797, vendendo móveis e posteriormente livros importados da Europa. Em 1809, Silva Serva consegue licença para trazer uma impressora de Londres, graças aos esforços do Conde dos Arcos. Começa a editar em 1811, com o Plano para o estabelecimento de uma biblioteca pública na cidade de S. Salvador, em 4p., mais um prospecto para jornal e uma Oração gratulatória do Príncipe Regente, por Inácio José de Macedo, em 11 páginas. Daí Silva Serva salta para o jornalismo periódico com A Idade d'Ouro do Brasil e As Variedades ou En-

da Quitanda; a da tipografia dos Anais Fluminenses, na Praça da Constituição; e a da Imprensa Nacional, no acesso ao Passeio Público. Identificadas com seus donos, havia: a loja de Paulo Martim, que ficava na Rua da Quitanda; a de Francisco Saturnino Veiga, na Rua da Alfândega; a de Manuel Joaquim da Silva Porto, na Rua da Quitanda; a de Antonio José da Silva, na Rua Direita; a de Jerônimo G. Guimarães, na Rua do Sabão; a de Francisco Nicolau Mantillo, na Rua da Quitanda; a de João Batista dos Santos, na Rua da Cadeia; a de Joaquim Antonio de Oliveira, na Rua da Quitanda; e a de Antonio Joaquim da Silva Garcez, na Rua dos Pescadores. Outros estabelecimentos aproveitavam o espaço existente para oferecer as publicações do dia, como Costa Guimarães, na loja de papel de Campos Bello e Porto, J. Lopes Coelho Coutinho, a loja de ferragens de José Bernardo de Sá, a botica de David Pamplona e o Armazém Francês. O Hospício de Nossa Senhora do Patrocínio oferecia, na Rua das Marrecas, literatura religiosa (Neves, 2003). Esses espaços serviam, além de pontos de venda de livros e periódicos, como lugares de encontro da população e de certa troca de ideias, como, aliás, assinalou Antonio Augusto da Costa Aguiar[56] em 1862:

---

saios de Literatura, desenvolvendo, em termos particulares, a mais produtiva trincheira de popularização da leitura no Brasil Oitocentista" (Araújo, 1999, p.194).

56 Na introdução de seu texto, Antonio Augusto da Costa Aguiar sugere o mote de seu livro descrevendo o seguinte trecho do Jornal do Commércio, de 5 de agosto de 1862: "Em 9 de junho demos fundo no porto de Cherbourg; no dia seguinte fomos visitados pelo prefeito marítimo, com todo o seu estado maior, e no dia 12 por mais de 800 parisienses, que, amantes como são da variedade, vieram passar o dia em Cherbourg. Sobre a ideia que fizeram da corveta, nada te posso dizer, julgo porém que é muito triste, a que fazem de nós brasileiros, porque, mostrando-se o retrato do nosso Monarca a um grupo de homens e senhoras, pareceram admirar-se muito do seu garbo e bonita figura; e depois de falarem entre si baixinho, como se duvidassem de alguma coisa, uma das moças dirigiu-se ao oficial que acompanhava, perguntando-lhe com a maior sans fuçon. Mais, Monsieur, est il blane?... Esta pergunta indiscreta, que tanto nos indignou, não nos devia causar admiração, porque a nossa guarnição composta em grande parte de negros já em Lisboa excitara a curiosidade de alguns visitantes que nos perguntaram se eram escravos" (Aguiar, 1862, p.22) . Escritas em uma carta de Cherbourg, por um dos oficiais da corveta baiana, essas palavras dão notícia da ignorância e dos preconceitos dos europeus do século XIX em relação ao Brasil. A fim de melhor definir o Brasil e seus moradores, Aguiar escreveu *O Brasil e os brasileiros*.

Vedes naquela loja aquele grupo de homens? O que fazem eles aí? Nada; palestram e matam o tempo em conversações banais e fúteis, quando não se entretém em falar da vida alheia, e todos os dias ali se reúnem na mesmíssima ocupação, e a nenhum deles ocorreu ainda a ideia de que poderia empregar mais utilmente o tempo na leitura de algum livro; e o que se observa nesta loja é o mesmo que se observa em todas elas. Na verdade parece que os brasileiros imaginam que os conhecimentos úteis se adquirem como as ostras adquirem a pérola pela inação e abrindo a boca. (p. 83)

Para compor o perfil dos poucos leitores brasileiros desse primeiro quartel do século XIX, devem-se incluir negociantes, boticários, cirurgiões, padres, médicos e bacharéis. Os livros a que esses leitores tinham acesso possuíam, em sua maioria, dois formatos: in-oitavo, com 16,5 x 10,5 cm; e o mais vendido, longo in-doze, com 17,5 x 11,0 cm. As edições continham um número máximo de 500 exemplares de cada título. Uma tiragem maior representava o risco de uma mercadoria encalhada, pois, mesmo após a reinvenção promovida no cotidiano do Rio de Janeiro com a chegada da Corte, a literatura ainda não possuía um público substancial na cidade.

A formação de um público para a incipiente literatura produzida no Rio de Janeiro do primeiro quartel do século XIX dependia da educação e dos costumes locais. A dificuldade de acesso à leitura, decorrente da ausência de espaços e meios pelos quais o conhecimento pudesse ser disseminado em vias impressas, resultou na completa falta do hábito da leitura. Embora o Rio de Janeiro apresentasse condições de acesso ao saber muito melhores do que em outras províncias e a transferência da Corte tenha significado uma reinvenção de seu cotidiano, propiciando mais acesso à informação, a maior parte de sua população ainda era de poucos estudos, se não de analfabetos. Destarte, a população teve de se "acostumar" com os espaços de cultura criados por D. João VI. Como não havia outra opção, a igreja, antigo espaço de predileção da população local, serviu como o lugar de contato com a Corte. Tal contato serviu para despertar no *brasileiro* um sentimento de distinção em relação ao estrangeiro, que propiciou um primeiro passo rumo à identificação do que era ser *brasileiro*. Ora, o único lugar que era "publicamente" frequentado por grande parte da população do Rio de Janeiro desde antes de 1808 era a igreja, o que levou Ferdinand Denis (1980, p.145) a comentar:

> São sete horas, entrai em qualquer igreja, na dos Terceiros, por exemplo, que é situada perto do palácio; vede o povo apinhar-se, a escuridão é quase completa, não distingue o coro, que largos panos ocultam. De repente, o sacerdote sobe ao púlpito e, depois de alguns instantes de recolhimento, começa seu sermão da paixão. Já se disse que *o povo brasileiro era um povo de oradores*, e, com justiça, se lhe podem aplicar estas belas palavras de um dos nossos maiores escritores, que disse que a *eloquência não está somente em quem fala, mas também em quem ouve*. Quaisquer que sejam as disposições com que no templo se entre, impossível é não sentir emoção a cada uma dessas palavras, que disputam na alma a lembrança de um sacrifício, e que convidam ao arrependimento, mas, quando, depois de haver feito a enumeração das dores de Cristo e suas ignomínias, o sacerdote de repente exclama: Eis aqui o vosso Senhor, que haveis matado – deixando cair a grande cortina, em que Jesus aparece deitado no túmulo rodeado de seus discípulos, e guardado pelo soldado romano, é impossível não se sentir emocionado pelo frêmito religioso que percorre a assembleia e somente então se compreende o que deviam ser esses grandes dramas religiosos da Idade Média, que se dirigiam a povos crentes, e que consagravam de qualquer modo o dia em que eram executados. (grifos nossos)

Esse "povo de oradores" tinha na figura do sermonista um modelo a ser seguido e um tema a ser debatido, pois sua presença e sua fala serviam como mote para as primeiras discussões acerca dos acontecimentos que afligiam a população. Nesse sentido, o pregador falava e ouvia as preocupações da população que habitava o Rio de Janeiro no primeiro quartel do Oitocentos. A sermonística foi, portanto, um ramo das belas-letras no Brasil oitocentista que contribuiu para a invenção da *identidade nacional* porque propiciou, entre outras coisas: a criação de uma vida social, a uniformização da linguagem e a afirmação de um público acostumado a ouvir escritos mais elaborados. Para mais, um modelo de postura intelectual e um tema, a pátria, para as discussões locais. Em síntese, "a inteligência local deve à atividade dos púlpitos nada menos que a demarcação inicial do lugar que a literatura e o literato ocupariam no meio social carioca do Oitocentos" (França, 1999, p.110). Destarte, a figura do sermonista estaria abrindo precedência para uma atividade que ainda não existia de forma sistemática no Brasil: o pensamento acerca do próprio Brasil. A sermonística criou a opinião pública com que dialogariam os literatos.

Neste capítulo, procuramos demonstrar como o cotidiano do Rio de Janeiro foi modificado ao longo do primeiro quartel do Oitocentos, a partir da chegada da Corte ao Rio de Janeiro. Esforçamo-nos também por localizar, no Rio de Janeiro joanino, o lugar social da cultura e, especificamente, das belas-letras na invenção de uma cultura brasileira que, mais tarde, serviria para compor uma *identidade brasileira* – ainda que sempre provisória. Nessa trilha, deparamos com a preponderância da sermonística como prática articuladora de ideias e fomentadora de um tema, a pátria. No próximo capítulo, pretendemos esmiuçar o papel da sermonística na formação da identidade brasileira por meio de um estudo mais detalhado dos atores que desenvolveram essa trama.

2
A IMPORTÂNCIA DOS PREGADORES DO REI D. JOÃO VI NO RIO DE JANEIRO

"Já se disse que o povo brasileiro é um povo de oradores, e, com justiça, se lhe podem aplicar estas belas palavras de um dos nossos maiores escritores que disse que a eloquência não está somente em quem fala, mas também em quem ouve."
(Denis, 1980, p.143)

A reinvenção do cotidiano carioca, suscitada pela transferência da Corte, dinamizou um processo de procura por aquilo que começava a ser então denominado identidade brasileira. Antes que algumas medidas de D. João VI e da população carioca colaborassem para ampliar o espaço social da cultura, o púlpito fazia às vezes de produtor e aglutinador de opiniões. A sermonística do início do século XIX, no Rio de Janeiro, reunia dois dos mais tradicionais costumes da população carioca: falar e ir à missa.[1] Na ausência de lugares e de meios para a

---

1 Para Sérgio Buarque de Holanda (1991), as falas do púlpito somavam importância na invenção de uma identidade nacional, à medida que formalizaram um discurso que seria adotado como parâmetro pela literatura produzida no Rio de Janeiro de então e que, ao fornecer uma opinião pública para essa literatura, também garantia a dualidade específica do Rio de Janeiro do início do Oitocentos, marcada pela ambiguidade das heranças da metrópole e das vontades da colônia. A invenção

circulação de ideias, a oratória sagrada acabou por ser decisiva tanto para a definição de um universo literário compartilhado quanto para a formação de um público para a literatura nacional.

A missa era frequentada uma vez por semana, geralmente aos domingos, mas a Igreja marcava sua presença diariamente, como anotava, em 1824, o viajante Ernest Ebel (1972, p.98):

> Bem cedo, às 5 horas, começa o espetáculo. Primeiro, um retumbante tiro de canhão da Ilha das Cobras estremece as janelas e obriga-me a despertar, conquanto a escuridão seja ainda total. Às 5 e meia, um corneta da guarda polícia, vizinha, soa a alvorada, e de que maneira dissonante! Logo a seguir badalam os sinos das igrejas por toda a cidade, especialmente os da Candelária, justo ao lado, tão ruidosa e demoradamente como se quisessem acordar os mortos. Nos dias santos, soltam, ainda por cima, rojões às dúzias, para que os fiéis não durmam a primeira missa. Às 6 em ponto, passam os presos a buscar água, rangendo as correntes. Os papagaios, de que a redondeza está saturada, soltam seus gritos estridentes e, antes mesmo das 7, a ralé dos cangueiros e vendilhões já está a pé a tagarelar e a berrar. Saio normalmente, então, para tomar o meu café à Rua da Alfândega, onde servem o melhor.

Amanhecia na primeira metade do Oitocentos e as opções para a missa eram muitas, entretanto nem todas iguais: diferiam as igrejas, as companhias e os sermões. O inglês Lindley (198-, p.68), por exemplo, em meados de 1802, acompanhava o serviço religioso numa capela da prisão:

> 17 [de outubro] O capitão do forte manda celebrar missa regularmente, todos os domingos e dias santificados, num oratório para esse fim destinado. Um franciscano desempenha a missa à razão de 2 xelins por missa, é

---

de uma cor local, para o autor, seria moldada pela eloquência e pelo patriotismo dos pregadores do rei D. João VI. Esse aspecto também foi observado por Antonio Cândido (2000, p.74): "Ainda hoje, a COR LOCAL, a exibição afirmativa, o pitoresco descritivo e a eloquência são requisitos mais ou menos prementes, mostrando que o homem de letras foi aceito como cidadão, disposto a FALAR aos grupos; e como amante da terra, pronto a celebrá-la com arroubo, para edificação de quantos, mesmo sem o ler, estavam dispostos a ouvi-lo. Condições todas, como se vê, favorecendo o desenvolvimento, a penetração coletiva de uma literatura sem leitores, como foi e é em parte a nossa".

um parente. Permanece por aqui algumas horas após o serviço religioso, para repousar, mas é obrigado a regressar ao convento antes das vésperas, sob a pena de expulsão, exceto quando obtém licença do superior.

Thomas Ewbank (1976, p.57), em 1850, avalia nos seguintes termos o culto que se viu obrigado a acompanhar:

> Dia 8 – Fui forçado a assistir a uma missa numa capela próxima, onde o oficiante é um velho vigário, amigo íntimo e visitante diário da família. Leu o serviço religioso em latim, com voz grave e monótona. Em algumas partes somente o movimento dos lábios indicava estar lendo. Suas maneiras eram impressionantes, salvo o sinal da cruz, mesuras, reverências e beijos, que eram bastante pueris a meus olhos e não poderiam mesmo ser feitos de forma mais graciosa por um homem vestido de mulher, com espectadores às suas costas. As cerimônias terminaram antes que o cansaço ou a indiferença fizesse desejar seu fim.²

---

2   Ou ainda: "Quando o canto cessou ele começou a falar, e uma vez ou outra rompia em longos lamentos de 'Madona', 'Nossa Senhora', 'Sangue', 'Misericórdia', 'Feridas', etc., ocasionalmente voltando-se e apontando para as imagens. À medida que ia se inflamando, os gestos iam ficando cada vez mais enérgicos. Inclinava-se sobre o parapeito do púlpito, tanto que as suas mãos por vezes quase roçavam os ombros dos devotos embaixo; depois, recuando, aprumava a cabeça e erguia os olhos e braços o mais que podia em direção ao teto – com o gesto que recordava o de uma ama erguendo uma criança do chão e erguendo-a, com os braços todos estendidos sobre si. Havia uma novidade em sua maneira que me tocou favoravelmente. Quando acabava um período, ele se afundava, não sem graça, em seu assento, onde permanecia ½ ou 1 minuto, até que ideias frescas despertassem nele. Dificilmente falava 5 minutos sem sentar-se; ocasionalmente proferia uma sentença nessa posição, com uma mão sobre a borda do púlpito e a outra passando um lenço pelo rosto, suado; mas no momento em que lhe ocorria um novo aspecto do assunto ou então um pensamento tocante, levanta-se e punha-o em linguagem brilhante, se pudermos tirar essa conclusão de seu entusiasmo. Imagino que a sua audiência se haja impressionado, embora não estivesse dando sinais visíveis disto. É possível que o português anódino que esses apóstolos italianos devam falar diminua o poder de suas elocuções. Começo a cansar-me e penso em sair, mas outro frade sobe ao púlpito, mais velho e atarracado que o antecessor, com uma barba mais escura e uma pele mais formosa. Sua gesticulação limitava-se principalmente à sua cabeça, combinada com um poder singular de baixar o queixo, e subitamente alçá-lo de novo. Sentado ou de pé, sua cabeça erguia-se com suas ideias e sua voz" (Ewbank, 1976 p.176).

Querendo encontrar pregadores renomados ou um público selecionado, seriam boas opções a Igreja São Francisco de Paula, a Candelária – que após 1808 passou da Igreja do Rosário e São Benedito para a Igreja do Carmo – ou, ainda, a Capela Real, assim descrita, em 1813, por Luccock (197-, p.43):

> O interior compõe-se de um só todo, espaçoso e bem iluminado, embora dividido numa nave, um transcepto pequeno e num presbítero, com um alto teto pintado. As paredes apresentam alguns belos espécimes de esculturas principalmente santos e anjos. Por cima da porta fica o coro, gentilmente gradeado pela frente e contendo um bom órgão. Por debaixo do coro, o espaço é completamente livre, sem mobiliário algum, com exceção de duas bacias de pedra para água benta e alguns confessionários. Mais para diante de cada lado da capela, até o fundo da nave, há um espaço estreito, separado por fortes grades e destinado ao uso dos homens durante a missa. O espaço do meio é reservado às mulheres, que se sentam no chão, com os pés e as pernas dobradas por debaixo de si, onde acharem lugar, sem distinção de categoria, idade ou cor. O soalho dessa parte da capela é dividido por quadros de madeira em compartimentos de seis pés por três, são sepulturas, ou melhor, catacumbas, de que as tábuas podem facilmente ser removidas, sempre que preciso. De cada lado do presbitério, que é espaçoso e coberto de tapetes, alinham-se os padres subalternos. A cátedra do bispo fica cerca do meio, à direita o altar, à esquerda e colocados a grande altura ficam os camarotes reais, se é que tal termo pode se empregar. O altar-mor é soberbo, havendo outros ainda, destinados a honrarem santos diversos e sobre os quais ardem continuamente lâmpadas. Sobre a nave fica o púlpito, projetando-se da parede e convenientemente situado acima da congregação. O conjunto é bastante próprio para impressionar os espíritos mais facilmente sensíveis ao aparato e ao cerimonial do que ao raciocínio sóbrio e aos sentimentos de devoção.

A Capela Real consistia num espaço privilegiado, tanto porque era frequentada pela Corte e por seus mais próximos súditos, quanto em razão de ter passado, a partir da emissão do alvará de 15 de junho de 1808, a concentrar maiores verbas e, portanto, melhores condições para elaborar seu cerimonial, como vem sugerido no referido alvará:

Eu, o Príncipe Regente, faço saber aos que este alvará com força de lei virem, que sendo me presente a situação precária, e incomoda em que se acham o Cabido e mais ministros da catedral desta minha cidade e Corte do Rio de Janeiro, em uma igreja alheia, e pouco decente para os ofícios divinos [...] considerando por uma parte as necessidades atuais, e vigentes do Estado, a que cumpre acudir sem demora e que me permitem continuar as obras da nova catedral [...] e por outra parte não querendo perder nunca o antiquíssimo costume de manter junto ao meu Real Palácio uma Capela Real [...]. Fica estabelecido que à Capela contígua ao Palácio caberá essa honra.[3]

E ainda:

II – Que todos os sobreditos membros do Cabido sejam desde logo, e para o futuro, reputados por ministros da Minha Capela Real, e como tais gozarão de todos os Privilégios, Imunidades e Isenções que por costumes antiquíssimos e bulas pontificais têm sido concedidos à Capela Real dos Senhores meus predecessores. [...] VII – Que assim como entre os antigos Cônegos existem alguns que sem diferença de voto e de graduação pertencem somente ao meio ordenado, ou côngrua de cento e cinquenta mil réis, da mesma sorte a respeito de cada um dos ministros em qualquer uma das duas hierarquias fica sempre reservado ao meu real arbítrio aquele ordenado e serviços for servido conceder-lhe, sem que jamais possa servir de aresta para qualquer igualdade dos ordenados à igualdade da graduação; e o mesmo se entenderá com os Capelães, e mais ministros inferiores, que possa haver na Capela. (Luccock, 197-, p.3)

Dom João VI, como se vê, reservou para si uma série de direitos: de conceder a mitra, estabelecendo sua equivalência com o grau de monsenhor ou cônego; de definir o valor da côngrua, prebenda recebida pelos religiosos para seus serviços; de controlar a organização hierárquica dentro da capela, substituindo a tradicional eleição interna da

---

3   Alvará que concede a dignidade de Capela Real à Igreja Contígua ao Palácio Real. Rio de Janeiro: 15 de junho de 1808. Registrado nesta Secretaria de Estado dos Negócios do Brasil, no livro I de Leis, Alvarás e Cartas Régias à fol. 20 vers. Rio de Janeiro, 16 de junho de 1808. p.1.

ordem pelo sistema de nomeação – feita por ele; de determinar o pároco responsável pela capela; e de reservar um espaço exclusivo nela para acomodar a família real. A fim de sustentar as demandas desse alvará, o príncipe promulgou, em 20 de agosto de 1808, outro alvará:

> Sou servido a determinar, que em todas as Igrejas das Ordens, que daqui por diante se proverem neste Estado do Brasil, e nos Domínios Ultramarinos, imponha a Mesa da Consciência e Ordens uma módica pensão arbitrada em proporção com a lotação delas, que será aplicada para a Fábrica da Minha Real Capela. (Alvará..., 1808, p.1)

Dom João VI garantiu, pois, para os padres da Capela Real um *status* diferente daquele que possuíam os demais religiosos no Brasil. Arbitrariamente ou não, ele transferiu totalmente para si o poder de mando sob a Capela Real. Como anotou Luccock (197-, p.164): "deu-se aos padres da Capela Real a mesma situação, em matéria de categoria, que aquela de que gozavam *os monsenhores* de Lisboa, permitindo-se-lhes as mesmas vestimentas" (grifo meu). A Igreja possuía importância preponderante na vida e no governo de D. João VI, e a Capela Real era o coração de tal preponderância, o que conferia aos responsáveis por esse templo um enorme prestígio junto à sociedade carioca do primeiro quartel do século XIX.

Em 1816, segundo o "Almanaque do Rio de Janeiro para o ano de 1816" (Instituto Histórico e Geográfico Brasileiro, 1965), havia 235 funcionários da Casa Real, somados a esse número, temos: no Real Corpo de Engenheiros, 35 oficiais; na Academia Real Militar, 25; entre os professores régios, 10; na Real Junta de Comércio, Agricultura, Fábricas e Navegação, 65; na Junta do Arsenal Real do Exército, 61; na Intendência Real da Polícia, 28; no Correio Geral, 15; na Repartição da Saúde, 13. Na praça havia 255 negociantes, os advogados registrados na Casa de Suplicação eram 25, entre médicos e cirurgiões calculou-se um número de 33, entre inúmeros outros funcionários e repartições. A Capela Real, sozinha, possuía 150 funcionários. Destes, 8 monsenhores, 10 cônegos presbíteros, 14 cônegos subdiáconos, 6 mestres de cerimônias, 5 confessores, 23 beneficiados capelães (dos quais 5 não eram padres), 2 ajudantes dos tesoureiros, 38 músicos, 14 ajudantes da Real Capela, um prestes com seus 2 ajudantes, 2 marceneiros e 2 faquinos, 4 varredores e um ajudante, além do mestre da capela, frei José Maurício Nunes Garcia. Os 15 pregadores eram:

O reverendo cônego Duarte Mendes de S. Paio Fidalgo, na travessa das Mangueiras; o reverendo cônego Joaquim José da Silva e Veiga, na Rua do Cano; o reverendo cônego Manuel Antonio Neto, na rua do Alecrim; o reverendo cônego Plácido Mendes Carneiro, na Rua de S. Pedro; o reverendo cônego Antonio Vieira da Soledade, ausente; o exmo. Bispo eleito de Meliapor Francisco Ferreira de Azevedo, na sua Igreja de Macacu; o reverendo Antonio Marcelino da Silva, na residência episcopal; o reverendo Francisco da Mãe dos Homens, na rua detrás do Hospício; o reverendo vigário de Jacarepaguá José Luiz da Cunha, na sua Igreja; o reverendo Januário da Cunha Barbosa, aos quartéis de Bragança; o reverendo Antonio Marques de S. Paio, a São Jorge; o reverendo D. Antonio da Anunciação Avelino, Seminário de São José; o Reverendo Mathias José da Costa Pinto e Albuquerque, ausente. (Instituto Histórico e Geográfico Brasileiro, 1965, p.205)

Em 1824, conforme o "Almanaque do Rio de Janeiro para o ano de 1824" (ibidem, 1968), essa proporção havia sofrido algumas modificações. O número de pessoas empregadas no serviço do paço diminuiu para aproximadamente 154, entre os criados particulares, apenas 46 nomes. O Tesouro Público Nacional, entretanto, contava com 120 oficiais; a Casa da Moeda, 50; o Conselho Supremo Militar e da Justiça, 30; o Conselho da Fazenda, 41. O número de professores públicos diminuiu para 8, mas havia 4 contratados pela Escola de Ensino Mútuo, criada em 13 de abril de 1823. De modo que, se o serviço do paço havia diminuído, outras atividades haviam sido criadas, praticamente triplicando o número de funcionários públicos de 1816 para 1824. Somando os 262 negociantes *brasileiros* e os 53 estrangeiros, temos 315 negociantes na praça do Rio de Janeiro, em 1824. Na Capela Imperial, entretanto, eram: 7 monsenhores, 17 cônegos, 7 mestres de cerimônia, 1 cura, 3 confessores, 22 capelães, 6 tesoureiros e 8 músicos. Eram pregadores:

> Cônego Joaquim José da Silva Veiga, Rua de São José; Cônego Manoel Antonio Neto, rua detrás do Hospício; Cônego Plácido Mendes Carneiro, Rua do Rosário; Cônego Narciso da Silva Nepomuceno, em Mata Cavalos; Vigário José Luiz da Cunha, em Jacarepaguá; Vigário Joaquim José Pereira dos Reis, no Rio Bonito; Vigário Antonio Marques de S. Paio, em Barbacena; Vigário Manoel de Santa Ana de Macedo, Ilha do Governador; Vigário Carlos dos Mártires, em São Gonçalo; José de São Tiago Mendonça, na Gamboa; Marcelino José da Ribeira Silveira Bueno, Seminário São José. (ibidem, 1968, p.248)

O que totalizava um número de 82 pessoas, cerca de 40% a menos do que o número existente em 1816; o número de pregadores decresceu, de 15 para 11. A importância da Capela Real em face do serviço do paço, em 1816, era de ordem de 60% e, em 1824, não atingia 40%. Também em relação ao número de negociantes da praça do Rio de Janeiro, os números mudaram, de 58% para 25%. Na chegada de D. João VI, em 1808, foram nomeados de uma só vez 14 pregadores imperiais e mais 6 ou 7 ao longo do mesmo ano (Ipanema, 1997). Deduz-se de tais cifras que, entre os anos de 1808 e 1824, viveu-se o período áureo dos pregadores reais, depois imperiais. Segundo Silvio Romero (apud Acízelo de Souza, 1999, p.91):

> [...] as peças oratórias eram escritas para ser recitadas, mas eram-no com verdadeiro entusiasmo. O povo, que nada lia, era ávido por ouvir os oradores mais famosos [...]. Não havia divertimentos públicos como hoje; o teatro era nulo; as festas de igreja eram concorridíssimas.

Para Ramiz Galvão (1922, p.10), que escreveu "O púlpito no Brasil" em meados de 1860, texto publicado na *Revista do Instituto Histórico e Geográfico Brasileiro* IHGB, a sermonística consistia num meio eficaz de educação moral da população:

> [...] o orador sagrado enfim combate os movimentos desordenados do espírito, para conduzi-lo, ou analisa as fraquezas humanas para destruí-las, enquanto o orador profano sopra o fogo dos sentimentos enérgicos para arrastar, ou faz alavanca das contradições do homem para persuadir.

Ramiz Galvão, que foi um dos primeiros e únicos estudiosos do púlpito no Brasil, separou a eloquência sagrada em quatro épocas. A primeira, em meados de 1600, inaugurada por Antonio Vieira, foi marcada pela noção de que o conhecimento é também uma forma de poder. Participaram dela frei Manuel de Macedo, de quem apenas uma obra foi impressa, *Política religiosa*, não havendo, portanto, material para análise mais profícua, e padre Sá, cuja qualidade, para Galvão, é muito ruim, dado o uso exagerado que este sermonista fazia do gongorismo. Segundo Ramiz Galvão (1922, p.46): "se a primeira foi de pompas, a segunda será de luto; a oração evangélica terá o destino da epopeia, a poesia sagrada acompanha a poesia profana".

Assim, para Ramiz Galvão, na segunda época as pompas foram sobrepujadas pelo luto e por um estreitamento de relações com o profano. O nacionalismo lusitano e o personalismo marcariam os trabalhos de frei Eusébio de Mattos, frei José da Natividade, frei Manuel do Desterro, padre Ângelo dos Reis, padre Bartolomeu Lourenço de Gusmão, frei Francisco Xavier de Santa Teresa, D. José Joaquim Justiniano Mascarenhas de Castelo Branco, entre outros.

A terceira época foi denominada por Galvão como um tempo de renascimento. A reforma da Universidade de Coimbra e os trabalhos de D. João V animaram uma nova retórica no púlpito brasileiro entre o final do Setecentos e o início do Oitocentos. Embora critique o recorrente uso de metáforas, Ramiz Galvão (1922, p.65) comemora a decadência dos galicismos e gongorismos na fala de freis como São Carlos, Sousa Caldas, Januário da Cunha Barboza,[4] Sampaio e Monte Alverne:

> Queriam embora alguns atribuir o renascimento das letras portuguesas a circunstâncias, aliás, importantes, como a grandeza de ânimo de D. João V, que tanto se esforçou para imitar ao soberano da França seu contemporâneo; queriam embora apresentar como causas desse fato os trabalhos da Academia Real da História Portuguesa, fundada em 1720,

---

4   Adotamos as grafias Sousa Caldas – como consta nas cartas assinadas pelo autor – e Januário da Cunha Barboza – com base na biografia escrita por seu sobrinho Antonio da Cunha Barboza, publicada em 1902. Ambas as referências estão presentes nas revistas do Instituto Histórico e Geográfico Brasileiro.

a reforma da Universidade de Coimbra, feita pelo marquês de Pombal: a nosso ver é preciso buscar em outra fonte a causa direta e verdadeira desse renascimento.

Como fonte direta desse renascimento, Ramiz Galvão enumerou a propensão do brasileiro à eloquência, à incipiente literatura do período e à procura por uma definição que, antes de negar a literatura portuguesa, procurava delimitar uma *fala* própria à identidade do brasileiro. Opinião compartilhada por Ferdinand Wolf (1955, p.134), que, em meados de 1840, escrevia: "Neste país, onde sempre a eloquência tinha sido cultivada com predileção, este elemento que, fundido com o nacional, deveria formar o romantismo moderno encontrou uma terra toda preparada".

Após esse terceiro momento de louvor da oratória sagrada, Galvão (1922) apontou um período de declínio. O estudioso assinalou, inclusive, que o período em que escrevia o seu trabalho, meados de 1860, era caracterizado pela decadência da sermonística. Essa decadência pode ser entendida em dois sentidos: pode-se admitir que o surgimento de uma literatura de caráter nacional supriu as necessidades culturais antes preenchidas pela sermonística ou que as relações entre Estado e Igreja não colaboravam para a credibilidade da Igreja junto à opinião pública, que vivia numa sociedade que não comportava mais o prestígio que D. João VI conferia aos seus pregadores. Em resumo, no segundo quartel do século XIX no Rio de Janeiro, a população tinha outros assuntos e outros espaços para compartilhar.

Até que esse declínio fosse efetivado, muitos pregadores passaram pelo púlpito da Capela Real, o púlpito mais importante do período. Desses pregadores, alguns se destacaram por sua eloquência, como anotou Salvador de Mendonça em memória escrita no fim de sua vida, que coincidia com o fim do XIX:

> No fim do século XVIII, no Rio de Janeiro, nasceu essa plêiade de grandes pregadores que fez a glória da nossa tribuna sagrada. Em 1762 nasceu Antonio Pereira de Sousa Caldas; em 1763, Frei Francisco de São

Carlos; em 1778, Frei Francisco de Santa Teresa de Jesus Sampaio; em 1785, Januário da Cunha Barboza; e um ano antes, em 1784, Frei Francisco de Monte Alverne.[5]

Vamos nos deter às contribuições de cada um desses personagens por ordem cronológica, apresentando os freis Sousa Caldas, São Carlos e Sampaio. Em seguida, anteciparemos a descrição das atividades de Januário da Cunha Barboza, para reservar nossa reflexão final àquele que foi tido como o maior sermonista do período: frei Francisco do Monte Alverne. O objetivo dessa etapa é apresentar a sermonística como um gênero cujas temáticas e representantes fizeram parte de um movimento comum de formação da *identidade brasileira*.

Os cinco embaixadores do céu no Rio

> "Com o esplendor da Religião andou sempre anexo o esplendor da Monarquia lusitana, cada cidadão é um guerreiro, cada guerreiro um herói, cada herói um benemérito português."
> (Januário da Cunha Barboza. "Sermão de Ação de Graças...", 1808)

O médico e romancista Joaquim Manuel de Macedo, certa vez, referiu-se aos oradores sacros padre Antonio Pereira de Sousa Caldas, frei Francisco de São Carlos, frei Francisco de Santa Teresa de Jesus Sampaio, cônego Januário da Cunha Barboza e frei Francisco do Monte Alverne como "os cinco embaixadores do céu", que D. João VI viria a encontrar no Brasil.[6] Outros autores do período reuniram

---

5   Salvador de Mendonça tinha aproximadamente 15 anos quando assistiu, em 1854, ao último sermão de Monte Alverne. O trecho transcrito faz parte da crônica "Um sermão de Mont'Alverne", publicada no jornal O Imparcial, em 21 de julho de 1913.
6   A referência foi encontrada no texto de Salvador de Mendonça, citado na nota anterior.

os cinco pregadores para dar-lhes destaque dentro da sermonística do primeiro quartel do século XIX no Rio de Janeiro. Mas quem foram e como atuaram esses homens que tanta proeminência tiveram entre os seus contemporâneos?

Antonio Pereira de Sousa Caldas nasceu em 24 de novembro de 1762, no Rio de Janeiro. Era filho do negociante Luiz Pereira de Sousa e de dona Ana Maria de Sousa, que, no "Almanaque do Rio de Janeiro para o ano de 1816" (Instituto Histórico e Geográfico Brasileiro, 1965), apareceu como uma das quatro negociantes da praça do Rio de Janeiro, atendendo na Rua dos Pescadores. O "Almanaque" ainda fez referência a uma outra negociante, a "Viúva Caldas, e filhos", que poderia igualmente ter sido a mãe de Antonio Pereira de Sousa Caldas, residente na Rua da Alfândega.

Sousa Caldas, ainda jovem, tomou as primeiras lições, provavelmente em aulas particulares. De família abastada, foi enviado para Portugal a fim de tratar da saúde e completar os estudos. Acerca dessa mudança, Januário da Cunha Barboza, em 1840, numa biografia destinada à *Revista do Instituto Histórico e Geográfico Brasileiro*, anotou:

> [...] sendo de mui débil compleição, chegou a deitar escarros de sangue, e conseguidas algumas melhoras, passou a Portugal, contando apenas 13 anos de vida, onde o resto de seus preparativos correu por direção de seu tio, ali vantajosamente estabelecido. (Instituto Histórico e Geográfico Brasileiro, 1840, p.127)

Sousa Caldas concluiu os primeiros estudos também muito cedo, por volta dos 15 ou 16 anos, e conseguiu uma dispensa de três anos para frequentar a Universidade de Coimbra. Nesse período, mudou-se da casa do tio, em Lisboa, para matricular-se na Faculdade das Leis. Em 1781, foi preso com o brasileiro Francisco de Melo Franco e outros colegas, acusados de heresia e naturalismo, segundo consta no livro 433 do Conselho Geral do Santo Ofício (Algranti, 1999, p.570). Essa prisão também foi registrada por Januário da Cunha Barboza:

> Preso com alguns outros colegas de seu reconhecido mérito literário, foi entregue ao Santo Ofício, e desse tribunal passou por ordem do governo,

à Congregação dos padres Catequistas de Rilhafoles, para fazer exercícios por 6 meses. (Instituto Histórico e Geográfico Brasileiro, 1840, p.127)

A acusação de subversão o perseguiria por muitos anos, já que, nesse período, o Santo Ofício era uma instituição de grande força na Espanha e em Portugal. Quando colocado em liberdade, Sousa Caldas sofreu uma profunda melancolia e, a conselho do tio, passou uma pequena temporada aos cuidados de um embaixador amigo da família, no Palácio da Embaixada Portuguesa na França, de onde publicou algumas de suas poesias. Seu retorno a Portugal foi marcado por atividades intensas e decisivas. Voltou para Coimbra e concluiu o curso de Direito. Ao formar-se, ingressou na carreira religiosa, momento em que queimou seus escritos profanos e dirigiu-se para Gênova, no intuito de agilizar o processo pelo qual iria se tornar um religioso. Sousa Caldas recebeu suas ordens sacras em Roma e passou alguns anos nessa cidade após a ordenação. De família católica e rica, como mencionamos, o *revolucionário* Caldas optou por tornar-se padre para livrar-se de uma possível condenação pelo Santo Ofício, como era recorrente no período, segundo informações de Moncorvo registradas na *Revista do Instituto Histórico e Geográfico Brasileiro*, em 1864.

A partir de 1785, Sousa Caldas não escreveu nada que o levasse a Rilhafoles novamente e negou-se a ocupar qualquer cargo além do de pregador na capela de sua família, próxima a Lisboa. Em 1801, já ordenado padre e com 26 anos, veio visitar a mãe no Brasil. Retornou para Portugal em 1805, onde, segundo Ferdinand Wolf (1955, p.137), o autor de *O Brasil literário: história da literatura brasileira*, escrito em meados de 1840, galgou sucesso entre seus ouvintes:

À volta, em Portugal, teve ocasião de provar que não foi a ambição de dominar que o fizera escolher a profissão eclesiástica, mas antes uma forte vocação interior. O ministro marquês de Ponte Lima ofereceu-lhe o bispado do Rio; e seu amigo o duque de Lafões, a rica abadia de Labrigues, que estava sob a sua jurisdição, mas Souza Caldas recusou. Preferiu ocupar-se de ciência e poesia e pôr a força de sua palavra a serviço da propagação de Deus. Pôs-se a pregar nas numerosas igrejas de Lisboa e explicava o Evangelho aos domingos na capela particular dos Caldas com uma eloquência tão arrebatadora que logo criou fama de primeiro orador sacro de Portugal.

As tropas de Junot também trouxeram Sousa Caldas para o Brasil. Quando chegou ao Rio de Janeiro em 1808, foi pregar no Templo de Santa Rita, que frequentava quando criança. No Brasil, ocupou mais cargos que em Portugal. Foi nomeado pregador real por D. João VI em 1808 e trabalhou como censor régio de 1808 a 1814 na Mesa do Desembargo do Paço – que fora criada por decreto de 27 de setembro de 1808, em substituição à Real Mesa Censória, de abril de 1768, que sucedeu a Diretoria Geral dos Estudos para o Brasil. Esses órgãos deveriam regulamentar e censurar, como a Inquisição e o Ordinário, as leituras feitas no Brasil, afinal, como assinalara Stockler, um dos censores: "Mesmo que alguns [livros] possam ser inocentes e sirvam para recreio, tais leituras desviam os mancebos das aplicações proveitosas",[7] avaliação que ele próprio já sofrera.

Sousa Caldas foi eleito para desenvolver várias atividades em sua província, mas negou-se, como em Portugal, a receber o título de bispo. Também voltou a publicar no Brasil, talvez porque estivesse mais seguro de sua liberdade no Rio de Janeiro do que nas terras de *além-mar*. Nos jornais da época, os poetas tinham grande importância e espaço, de modo que, entre 1812 e 1813, Sousa Caldas publicou as poesias "Salmos de Davi", "D'aves", "Homem selvagem" e "Noite

---

7   Mesa do Desembargo do Paço, doc. 83, 1819 (apud Algranti, 1999, p.649). Algranti (1999, p.654) ainda acrescentou que: "A importância e o significado da presença de religiosos entre os censores se justificam não apenas pelo papel que a religião representava na sociedade e na monarquia portuguesas, mas também pelo montante de obras de devoção que circulavam na época, tanto como reino como nas colônias". A distribuição das obras também ficava a cargo dessa diretoria que: "Para além da Corte, a rede de depositários e vendedores espalhava-se por todo o território reinol como pelo do restante do Império. Nos primeiros anos de existência da Diretoria, os encarregados eram, na Guarda, José de Sena, José Nunes dos Santos e o Padre José Moreira de Pena Maior; na vila de Castelo Branco, o livreiro Manuel da Costa da Fonseca; no Porto, o capitão Bernardo José de Sousa Lobo; em Lamego, o padre Manuel Monteiro das Chagas; em Coimbra, o livreiro Manuel Ferreira Jordão" (Boschi, 1999, p.609).

filosófica", além de 5 das suas 48 cartas acerca de temas que lhe afligiam de um modo geral, como a política, a religião e a poesia. A maior parte dessas cartas, infelizmente, foi perdida. Algumas delas foram oferecidas ao Instituto Histórico e Geográfico Brasileiro por Manoel Candido de Miranda, por intermédio de José Domingues de Ataíde Moncorvo, na sessão de 3 de junho de 1841. A origem dessas cartas foi assim descrita na revista:

> Declaramos que a cópia das cartas do Pe. Antonio Pereira de Souza Caldas, que temos publicado na Revista, foi extraída pelo Sr. Manoel Candido de Miranda, que a ofereceu ao Instituto por intermédio do nosso sócio o Sr. José Domingues de Ataíde Moncorvo, e que os folhetos, que no extrato da ata da sessão de 3 de junho do corrente ano se diz terem sido oferecidos pelo Sr. Bento Francisco da Costa Aguiar, foram oferecidos pelo Sr. Francisco Ignácio de Carvalho, e não pelo primeiro, como por engano se passou. (Sousa Caldas, 1841, p.564)

Destinadas a um amigo desconhecido, como era costume na época, essas cartas trazem uma ideia geral a respeito dos interesses do padre, dentre os quais se destacam a nação e a religião. Na carta de número 47, datada de 8 de dezembro de 1812 e publicada pelo Instituto Histórico e Geográfico Brasileiro em 1841, Sousa Caldas questionava a censura da imprensa, a intolerância religiosa e a escravidão dos negros. Colocava-se a favor de uma ampliação do espaço da imprensa no Brasil, da tolerância com outras religiões – como o judaísmo – e contra a escravidão, porque esta cerceava a liberdade. Propunha, em linhas gerais, uma religião para todos os povos e não restrita à localidade ou à nacionalidade: "A religião não pode ser uma religião local e nacional, deve ser para todos os povos e todas as nações; convém por isso que para o bem geral se apresente intrépida e tolerante, quero dizer, armada só de armas espirituais" (Sousa Caldas, 1841, p.145). Sousa Caldas advogava, portanto, a necessidade de separação dos interesses da Igreja em relação aos interesses do Estado e dos religiosos em relação aos "negócios do mundo", o que no Brasil era recorrente conforme já tivemos a oportunidade de notar.[8] A respeito da relação entre religião e Estado, nessas cartas, Sousa Caldas (1841, p.148) escreveria ainda que:

> [...] a igreja preenche a sua missão, e a sociedade civil preenche a sua, não consentido que esta ataque a profissão de fé civil, que lhe serve de esteio, e que abre fácil lavoura aos ministros do evangelho e mantendo ilesos os pontos fundamentais da moral sociável.

E quanto à liberdade de imprensa, que fosse "[...] permitido imprimir-se tudo, contanto que se respeite a existência de Deus, a sua providência, a mortalidade da alma, e os princípios que amparam a propriedade, a honra, a liberdade e a vida do cidadão" (ibidem).

A marca de seus escritos era, pois, a da liberdade do homem, que como cidadão possuía propriedades a serem resguardadas pelo Estado, honras a serem asseguradas pela moral e crenças a serem respeitadas pela Igreja. A pátria perpassava todas essas temáticas, como indicou Gonçalves de Magalhães, em 1836, no prefácio à obra *Suspiros poéticos e saudades*:

> Ora, tal não tem sido o fim da maior parte dos nossos poetas; e o mesmo Caldas, o primeiro dos nossos líricos, tão cheio de saber, e que pudera ter sido o reformador da nossa Poesia nos seus primores da arte, nem sempre se apoderou desta ideia. Compõe-se uma grande parte de suas

---

8   Mesa do Desembargo do Paço, doc. 83, 1819 (apud Algranti, 1999, p.649). Algranti (1999, p.654) ainda acrescentou que: "A importância e o significado da presença de religiosos entre os censores se justificam não apenas pelo papel que a religião representava na sociedade e na monarquia portuguesas, mas também pelo montante de obras de devoção que circulavam na época, tanto como reino como nas colônias". A distribuição das obras também ficava a cargo dessa diretoria que: "Para além da Corte, a rede de depositários e vendedores espalhava-se por todo o território reinol como pelo do restante do Império. Nos primeiros anos de existência da Diretoria, os encarregados eram, na Guarda, José de Sena, José Nunes dos Santos e o Padre José Moreira de Pena Maior; na vila de Castelo Branco, o livreiro Manuel da Costa da Fonseca; no Porto, o capitão Bernardo José de Sousa Lobo; em Lamego, o padre Manuel Monteiro das Chagas; em Coimbra, o livreiro Manuel Ferreira Jordão" (Boschi, 1999, p.609).

obras de traduções; e quando ele é original causa mesmo do que cantasse o homem selvagem de preferência ao homem civilizado, como se aquele a este superasse, como se a civilização não fosse obra de Deus, a que era o homem chamado pela força da inteligência, com que a Providência dos mais seres o distinguia! (apud Candido & Castello, 1982a, p.218)

Na época, a velhice masculina começava a ser atingida aos 60 anos (Silva, 1993). Portanto, Sousa Caldas morreu jovem, com apenas 52 anos, em 2 de março de 1814. Em seu epitáfio, escreveu José Eloy Otoni, o poeta dos *Provérbios de Salomão* (1815):

> Tradução de um amigo:
> Do Brasil esplendor, da Pátria glória,
> Discorrendo, ou faltando trovejava,
> O discurso, a dicção, a essência, a forma,
> Tão veloz como o raio s'inflamava.
> (Instituto Histórico e Geográfico Brasileiro, 1840, p.130)

Antonio Pereira de Sousa Caldas foi o primeiro dos sermonistas daquele que Ramiz Galvão denominou o terceiro período da sermonística no Brasil e também aquele sobre quem existem menos informações, o que, entretanto, não o diminuiu em relação aos demais sermonistas do período, como podemos inferir das seguintes palavras de Januário da Cunha Barboza: "Queiram os cios coroar os seus desvelos em tão nobre empenho, para glória de um brasileiro, que tanto nos honrava por seu saber" (Instituto Histórico e Geográfico Brasileiro, 1840, p.132). Além da publicação póstuma de seus *Poemas sacros e profanos*, em 1821, pela Imprensa Nacional, que havia sido fundada como Imprensa Régia, em 15 de maio de 1808, essa ausência de publicações, ou mesmo de uma exposição, de que foi vítima Sousa Caldas, certamente apagou as marcas do possível alcance de seus sermões. Tal desconhecimento, no entanto, não é exclusivo de Caldas, acerca de outro sermonista do terceiro período, São Carlos, também quase não existem registros.

Sousa Caldas e São Carlos foram os primeiros sermonistas no Rio de Janeiro joanino, iniciando, portanto, uma nova linhagem de trabalhos no âmbito da sermonística no Brasil. Ferdinand Wolf (1955, p.134), como outros autores do período, aproximou-os nos seguintes termos:

> Neste país, onde sempre a eloquência tinha sido cultivada com predileção, este elemento que, fundido com o nacional, deveria formar o romantismo moderno, encontrou uma terra toda preparada. Também os principais promotores deste movimento foram dois dos oradores sacros do tempo, Antonio Pereira de Souza Caldas e São Carlos.

Francisco de São Carlos nasceu em 13 de agosto de 1763. Aos 13 anos ingressou na Ordem Seráfica da Imaculada Conceição e aos 19 foi mandado para o Convento São Boaventura, na Vila de Macacu, no Rio de Janeiro. Pereira da Silva (1870, p.527), em biografia escrita para a *Revista do Instituto Histórico e Geográfico Brasileiro*, assim o descreveu:

> Era sua figura bela e vistosa, sua fisionomia elegante e expressiva, assemelhava-se à de São Basílio, como era pintado em suas antigas gravuras. Dois olhos grandes e negros patenteavam o fogo que dentro de sua alma ardia, boca rasgada e formosa deixava sair um som como que musical, que deslizava perfeito e acabado como o de um órgão.

O elegante São Carlos foi nomeado professor de eloquência de seu convento em 1801 e, em 1809, pregador real, após ter proferido um sermão na presença de D. João VI. Movido por essa ocasião, São Carlos mudou-se para o Rio de Janeiro e, segundo Ferdinand Wolf (1955), passou a lecionar eloquência no Seminário São Joaquim em 1811. Até então, São Carlos nunca havia saído do Brasil. Além dos sermões e das aulas de eloquência, não desenvolveu maiores atividades nem na igreja nem fora dela. Foi nomeado guardião do Convento de Bom Jesus da Ilha em 1801, após uma viagem a Minas Gerais, e, em 1829, guardião do Convento de Nossa Senhora do Espírito Santo. Publicou a "Oração fúnebre nas exéquias de D. Maria I", em 1816, e o "Sermão em ação de graças pelo nascimento de D. Maria da Glória",[9] em 1819, ambos nos jornais do Rio de Janeiro.

---

9   Princesa da Beira, que foi depois rainha D. Maria II.

Entre suas principais produções, como ressaltou Pereira da Silva (1978), está o poema "A assunção da Santíssima Virgem", sua obra de maior valor literário e impacto junto ao público.[10] Esse poema é composto por oito cantos: o primeiro é uma invocação da virgem; o segundo narra a partida da virgem de éfiso para o céu; o terceiro, o quarto, o quinto e o sexto são o esboço de um quadro do paraíso – paraíso que se confunde com o Brasil; o sétimo descreve a segunda vitória de São Miguel em relação aos abismos que tentavam devorá-lo; e o oitavo aborda a entrada da Virgem na cidade de Cristo. A bem da verdade, seu tema de inspiração foi o Brasil, e seu propósito, exaltá-lo. Como destacou Pereira da Silva (1870, p.535):

> É para admirar talvez, e especialmente nos nossos tempos, que Frei Francisco São Carlos esgotasse tanta poesia, e tão brilhante imaginação, em um poema puramente religioso, e, entretanto, tão logo hoje que predomina a mais odiosa indiferença em assuntos religiosos, hoje que todos os sistemas de filosofia estão mortos, afora do mais desesperado materialismo; hoje que os cálculos do egoísmo estão na primeira plana, e nem entusiasmo há por Deus, e nem pela pátria, como se pode compreender a sublime e mística inspiração de um poeta por coisas sagradas, espirituais e misteriosas.

A obra de São Carlos, segundo ainda Pereira da Silva (1870), representou um "avanço" para a civilização brasileira. Primeiro porque consistia numa interpretação literária a respeito do Brasil, depois por-

---

10 A respeito do poema de São Carlos, escreveu Sérgio Buarque de Holanda (1991, p.67): "A composição do poema deve ser pouco posterior a 1801, ano em que, ao regressar de Minas, é convidado a reger a cadeira de eloquência sagrada no Colégio São José, no Rio de Janeiro. Sabe-se que essa composição deve ter coincidido com o período de sua primeira guardiania, exercida no Convento de Bom Jesus da Ilha, depois disso seria ainda guardião de Nossa Senhora do Espírito Santo. Pouco antes de morrer, em 1829, no último colóquio com seu amigo e confrade Mont'Alverne, teria dito que a composição de uma verdadeira epopeia não entrara de início em seus planos. Começava por devoção e desenfado, escrevendo hinos dedicados à Virgem Santíssima, só depois viera-lhe a ideia de dar forma unitária a essas peças soltas. À devoção cristã juntou-se então o amor da pátria para enriquecer todo o conjunto de algumas cenas brasileiras, a exemplo do que, em casos tais, haviam feito seus predecessores".

que criava um pensamento *brasileiro*, na medida em que pensava *no* e *pelo* Brasil, e, por fim, porque demonstrava um sentido de *missão* para os letrados da época. A vivacidade da obra de São Carlos residia, para Pereira da Silva e seus coetâneos, muito provavelmente na originalidade de seus propósitos: pensar o Brasil, pensar pelo Brasil. Originalidade cristalizada no poema "d'Assunção", que, escrito em meados de 1810, antecipava temas para os futuros literatos.[11]

Em 6 de maio de 1829, São Carlos faleceu no Rio de Janeiro e foi sepultado na Igreja de Santo Antonio.[12] Após a morte do orador, Araújo Porto Alegre, em nota anexa à biografia escrita por Pereira Silva, narrou uma confidência supostamente colhida no Convento Santo Antonio, do pregador frei Francisco do Monte Alverne, segundo o qual, em seu leito de morte, São Carlos lhe havia confiado o original revisado do poema "d'Assunção", mas a família – especificamente a irmã de São Carlos –, que acreditava poder ganhar mais do que os 12 contos de réis oferecidos por Alverne, preferiu guardar o poema consigo. Januário da Cunha Barboza chegou a procurar essa senhora, no entanto, como ela se mudara para a província de São Pedro, resolveu esquecer o assunto. De modo que não se teve acesso à última versão do poema "d'Assunção", revisada pelo autor. Na confidência narrada por Monte Alverne, São Carlos também revelava ter escrito esses poemas de maneira dispersa, mas que, num segundo momento, observando a possibilidade de uni-los num único poema épico, como era moda no período, assim o fez. Pode-se dizer que, tanto como missão objetivada,

---

11 A literatura confundia-se com a civilização, e, com base nisso, quando Pereira da Silva (1978, p.214) assinalou que São Carlos era importante, dizia-o também nesse sentido, afinal, para ele, em 1836, quando foi lançada a revista Niterói: "A literatura é sempre a expressão da civilização, ambas caminham em paralelo. A civilização consistindo no desenvolvimento da sociedade, e do indivíduo, fatos necessariamente unidos e reproduzindo-se pelos esforços das letras, uma não pode desenvolver sem a outra, ambas se erguem e caem ao mesmo tempo".

12 Encontramos autores que alegam que São Carlos foi para Lisboa junto com a família real em 1821 e que morreu lá em 1829. Pode-se dizer que é plausível que ele tenha ido para Lisboa com a Corte, mas, em razão de os registros de suas últimas conversas, no leito de morte, terem envolvido pessoas que estavam no Brasil, não acreditamos que tenha morrido fora do Estado do Rio de Janeiro.

essa missão de São Carlos era também uma missão revelada, e desse modo é que os homens de letras daquele período entenderam suas atividades. O poema "d'Assunção" trazia versos como:

> A cidade que ali vedes traçada [Rio de Janeiro]
> E que a mente vos traz tão ocupada,
> Será nobre colônia, rica e forte
> Fecunda em gênio, que esse o quis a sorte
> Será pelo seu povo desmarcado
> A feira do ouro, o empório frequentado
> Aptíssimo ao comércio; pois profundo
> Pode as frotas conter de todo o mundo
> Serra de um povo excelso germe
> Deverá
> Lá de Lysia, o lugar mais venturoso
> Pois dos luso-brasileiros um dia
> O centro deve ser da monarquia.
> (cf. Pereira da Silva, 1870, p. 533)

A defesa de um sistema monárquico para o reino luso-brasileiro, com sede no Rio de Janeiro, era compartilhada por outros sermonistas do período, sobretudo pelos franciscanos, de votos menos rígidos, mais próximos do mundo laico. Nem por isso os sermões deixavam de possuir diferenças quando o tema era a persuasão de seu público por meio da oratória, conforme ressaltou Pereira da Silva (1870, p. 543): "O padre-mestre São Carlos era a graça deslizando com toda a espontaneidade por um caminho de flores, enquanto que o padre-mestre Sampaio era a beleza circundada de todos os atavios da eloquência".

O padre-mestre Sampaio, ou São Paio, conforme encontramos em alguns escritos do período, nasceu, a propósito, Francisco José de Sampaio. Natural da Freguesia de Nossa Senhora da Candelária, no Rio de Janeiro, Sampaio era filho do capitão Manuel José de Sampaio e de Elvira, ou Helena Maria da Conceição, natural do mesmo bispado que o filho. Francisco José nasceu em agosto de 1778 e desde cedo demonstrou certa "tendência às letras", como assinalava uma biografia sua de 1866, publicada no volume 7 da *Revista do Instituto*

Histórico e Geográfico Brasileiro. A mãe morreu ainda em sua infância, o que marcou a vida do frei, que tomaria o hábito assaz cedo. Em 14 de outubro de 1793, foi aceito na ordem pelo reverendo provincial frei João de Sant'Anna Flores no Convento da Ilha do Senhor Bom Jesus e, em 15 de outubro de 1795, *professaria* seus votos no mesmo convento com o guardião frei José Mariano do Amor Divino: "Frei Francisco de Sampaio foi logo depois de sua profissão admitido no curso filosófico aberto em São Paulo, sendo seu lente o ex-leitor de teologia Frei Joaquim de Santa Leocádia" (Araújo, 1874, p.195).

O Convento São Francisco de Assis, em São Paulo, tinha capacidade para 400 internos e, desde a expulsão da Companhia de Jesus do Brasil, ocupava o edifício construído pelos jesuítas.[13] O ensino ministrado nessa instituição seguia, como tantas outras, os passos deixados pelos padres da Companhia.

> O Brasil deve às escolas fundadas pelos jesuítas quase todos os grandes nomes de sua história literária do século XVI ao século XVIII, os poetas Gregório de Mattos (1633-1693); Basílio da Gama (1748-1995), autor do poema o Uruguai; Durão (1736-1784), autor do Caramuru; Cláudio Manuel da Costa (1729-1789) e Alvarenga Peixoto (1748-1793); os oradores sagrados Antonio de Sá (1620-1678) e Euzébio de Mattos (1629-1692); os historiadores Vicente do Salvador (1657-1639) e Rocha Pitta (1660-1738); e o diplomata e homem de Estado Alexandre de Gusmão (1695-1753). (Barão do Rio Branco, 1894, p.115)[14]

---

13 A ordem católica dos franciscanos chegou, da Região Norte do país, a São Paulo em 4 de junho de 1608 quando lançaram a pedra fundamental para a construção de seu convento (Lopes, 1958), mas o alvará para a efetivação deste só foi concedido em 29 de novembro de 1624, sendo iniciada a construção em 1639 (Goés, 198-). Entre essas datas, o frei Francisco das Neves, então responsável pela ordem, optou por construir uma edificação provisória na chamada Rua Direita, que foi batizada como Igreja de Santo Antonio.

14 O obra do Barão do Rio Branco (1894) trata da história do Brasil desde a colonização até o momento de sua publicação. Ao pretender-se política, concatena informações gerais a respeito do período, segundo a opinião de seu autor. Entre outros temas, Rio Branco escreve sobre prestígio da Igreja e sua ligação com o Estado, sobremaneira das diferenças que poderiam ser sentidas entre os períodos joanino, regencial e coetâneo – durante o governo de D. Pedro II.

O grande espaço, as salas de aula e a biblioteca dos jesuítas foram aproveitados para o seminário franciscano de São Paulo que desenvolvia cursos de retórica, filosofia e teologia, ministrados pelos capuchinhos. Sua parte térrea foi utilizada para o recolhimento e cuidado dos pobres e doentes, e era chamada de *Casa Santa*. Por situar-se próximo à Igreja da Sé e ao Riachuelo, o Convento São Francisco acabou privilegiado, tornando-se ponto de referência para os primeiros paulistas, do mesmo modo que o ensino dessa instituição se tornou referência para os estudiosos do período. Entretanto, em 1782, as Atas da Irmandade Franciscana denunciavam que apenas 25% dos responsáveis pelo convento sabiam assinar o próprio nome (Lopes, 1958). Em dez anos, esse quadro de analfabetismo provavelmente não havia sofrido grandes mudanças, assim como o ensino de filosofia, a respeito do qual asseverou Pereira da Silva (1978, p.245):

> O Brasil ainda está atrasado no ensino da Filosofia, o sistema de Condillac prevalece nas escolas, porém esperamos que novas ideias, que todos os dias recebe ele da Europa, abram nova estrada à Filosofia e façam triunfar a verdade.

Se nem mesmo os responsáveis por uma instituição de ensino no Brasil sabiam ler, o que dizer do restante da população? O analfabetismo restringiu os meios de diálogo que poderiam ser estabelecidos para a formulação de um pensamento nacional. Tal restrição direcionou para a retórica as atenções dos estudantes do período. A ênfase dos estudos de Sampaio era, portanto, a retórica, que fazia parte de uma tradição franciscana, e a teologia, própria à profissão que escolhera. A doutrinação das ideias católicas fazia parte do *carisma* franciscano, e essa obrigação foi realizada por meio dos sermões. A sermonística, pois, foi criada no intuito de persuadir um público à doutrina católica, e seus adeptos mais fervorosos foram os beneditinos, jesuítas e franciscanos.[15]

---

15 A respeito da sermonística, como uma tradição da Igreja Católica, consultamos, entre outros, o texto de Andres-Gallego & Moran (1994), no qual consta que a sermonística foi desenvolvida no século XVI e servia para interpretar as escrituras da Bíblia no contexto da Reforma Protestante. Segundo esses autores, eram dois

A afirmação desses parâmetros foi mais bem elaborada pelo franciscano Joaquim Caetano Fernandes Pinheiro (1856, p.379), quando publicou na *Revista do Instituto Histórico e Geográfico Brasileiro* suas "Breves reflexões sobre o sistema de catequese seguido pelos jesuítas no Brasil", em que escreveu: "Foi o sentimento religioso, profundamente gravado em todos os corações, que civilizou o mundo: os primeiros legisladores foram sacerdotes".

A formação daqueles franciscanos que frequentaram o Convento São Francisco de Assis incluía, além dos aspectos próprios à ordem franciscana, uma certa tradição fixada pelo espaço ocupado, o antigo convento da Companhia de Jesus. Essa tradição dotava a sermonística de uma aspiração à erudição, que foi assimilada pelos padres da ordem franciscana situada em São Paulo. Diferentemente dos jesuítas, os franciscanos canalizaram tal "erudição" à "popularização" da doutrina católica, mediada por um esforço retórico. De qualquer maneira, a

---

os estilos da oratória sagrada entre 1500 e 1700: o lhano, apoiado em Sêneca, e o grande estilo, apoiado em Cícero. No primeiro, o propósito era convencer o público pela inteligência. Oriundo da tradição ática e da retórica helenística, tinha uma forma mais sóbria que a romana. No segundo, a adjetivação e os efeitos superficiais marcavam o encanto que envolvia os ouvintes; a época barroca optou por este último. O grande estilo poderia ser notado em duas nuanças: cultismo e conceptismo. Essas formas de pregação foram abolidas no Setecentos por causa dos exageros que foram considerados infundados, mas não eram os únicos no estilo barroco. Levar o público a entender a interpretação católica das Escrituras Sagradas era algo sobre o qual muitos se debruçaram. Enfim, a pregação barroca, que deu origem e teve continuidade na oratória sagrada dos próximos séculos, foi marcada pela capacidade que o pregador tinha de emocionar seus ouvintes, de fazê-los ter a impressão de entender Deus, de ter se aproximado Dele. Os clérigos regulares destacaram-se na função, pois, diferentemente dos seculares, passavam por um momento de renovação e criação de suas ordens, queriam recuperar o rigor espiritual originário, recuperar o contato com a população e, assim, inseriram-se nesta forma de diálogo – a pregação. As ordens que mais tiveram pregadores foram: franciscanos, camilos, barbanitas, teatinos, carmelitas, beneditinos, dominicanos e, sobretudo, jesuítas. Frades e capuchinhos destacaram-se na atividade pastoral, de orientação e salvação das almas. Os textos que compunham a bibliografia desses sermões até o século XIX eram do protestante Keckermann e do eclético católico Victor Cousin. Quanto ao formato, destacaram-se os textos de Vicente de Paulo, Diego Valdés, entre outros. O pregador de maior ascendência dessa geração foi o francês Bossuet.

formação comum de muitos dos pregadores reais do período uniformizou sua eloquência.

Em 28 de setembro de 1799, Francisco Sampaio foi eleito pregador do Convento São Francisco de Assis e, no mesmo ano, nomeado passante para o estudo no Rio de Janeiro, mudando-se dois anos depois para essa cidade, a fim de preencher a vaga de outro religioso que passara a lente de teologia no Convento de São Paulo. Recebeu as ordens de presbítero em 2 de outubro de 1801 e foi nomeado lente de teologia e mestre de eloquência sagrada do Colégio São José pelo reverendo provincial frei Antonio de São Bernardo Monção. Em 1808, foi nomeado secretário da visita geral e pregador da Capela Real. A propósito da nomeação para o cargo de pregador real, escreveu José Tito Nabuco de Araújo (1874, p.195):

> Daí por diante Frei Francisco de Sampaio tornou-se notável pelo amor que revelava para a tribuna sagrada, e pelo patriotismo manifestado em todas as ocasiões que se tratava das coisas da pátria, o que granjeou pela franqueza com que declarava as suas opiniões, algumas desafeições no convento, o que seguramente contribuiu para sofrer preterições e vexames, a que está sujeito todo o subordinado que revela certa capacidade, independência e coragem, pretendendo defender contra tudo e contra todos os seus princípios e fé política.

Por esses princípios de fé e de política, foi eleito capelão-mor de sua alteza real e bispo do Rio de Janeiro em 1813; em 1814, secretário da província Imaculada Conceição, teólogo da nunciatura e internúncio apostólico; em 1818, guardião do Convento Senhor Bom Jesus da Ilha; em 1819, recebeu a confirmação da guardiania; em 1821, ocupou o cargo de definidor de mesa, cargos aos quais Januário da Cunha Barboza somou outros:

> Mas, se o seu mérito o fez digno por tantas vezes da escolha dos seus padres para encargos de tanta importância, ele não era menos respeitável fora do convento, porque o senhor Rei D. João VI, em sinal de sua estima, o nomeou [...] examinador da mesa de consciência e ordens no ano de 1813, *quando também* foi nomeado censor episcopal, e a 19 de novembro de 1824

foi nomeado deputado da bula da Santa Cruzada por Vossa Majestade Imperial [...], enfim, uma reunião de qualidades oratórias, que bem poucas vezes se encontram nos ministros da Santa Palavra, sustentavam-lhe o crédito de um orador que honrava sua religião e sua pátria. (Instituto Histórico e Geográfico Brasileiro, 1866, p.261)

A despeito de todas essas atividades, frei Sampaio ainda foi responsável por um dos impressos mais importantes do Rio de Janeiro ao longo do processo de independência do Brasil: o *Regulador Brasílico-Luso*, que começou a circular, impresso pela Imprensa Nacional, em 29 de julho de 1822. O *Regulador Brasílico-Luso* mudou de nome para *O Regulador Brasileiro* em seu décimo primeiro número, de 2 de outubro de 1822. O último número desse periódico saiu em 12 de março de 1823.

O *Regulador Brasileiro* foi acusado de subversivo pelos integrantes do grupo de José Bonifácio de Andrada e Silva na loja maçônica Grande Oriente, da qual Sampaio fazia parte como primeiro orador.[16] Na loja maçônica Grande Oriente do Brasil, encontravam-se também: Joaquim Gonçalves Ledo, José Clemente Pereira, Januário da Cunha Barboza, entre outros. A união desses últimos representava a agremiação de uma facção descontente com a política governamental, sobretudo após o retorno de D. João VI para Portugal,[17] facção que se

---

16 Redigido por frei Francisco de Sampaio, que ocupava lugar na loja Comércio e Artes, o periódico foi atacado na sessão de 9 de setembro de 1822 do Grande Oriente do Brasil por defender uma doutrina política subversiva dos princípios constitucionais. Presente na reunião de 12 de setembro, procurou o redator justificar-se perante o Grande Oriente alegando que a doutrina de que o acusavam fazia parte de uma correspondência que lhe tinham enviado e que dali em diante prometia "jamais dar lugar em seu periódico a escritos desorganizadores e subversivos da liberdade constitucional" (cf. Pereira da Silva, 1978, p.31).
17 Entre elas, aquela liderada pelos proprietários de terras de Campo dos Goitacazes, sobre a qual Roberto Acízelo de Souza (1999, p.49) asseverou: "Surgiram nesta região [Rio de Janeiro] grandes unidades produtivas, como, por exemplo, a Fazenda de Goitacazes, que em 1779 era trabalhada por 1.400 escravos [sendo] adquirida em 1781 por Joaquim Vicente dos Reis e seus sócios, um dos grupos de arrematantes de contratos da capitania que maiores dívidas havia contraído com a Fazenda Real. Entre os fins do século XVIII e as primeiras décadas do século

opunha àquela representada por José Bonifácio de Andrada e Silva – depois agrupada em outra bancada da maçonaria, conhecida como Apostolado.[18] Esses grupos eram representados, ou representavam, por três partidos políticos no Rio de Janeiro[19] que foram descritos, em 1824, pelo viajante Ernest Ebel (1972, p.146) com as seguintes palavras:

São 3 os partidos principais: o português, isto é, o dos nascidos em Portugal, que seguem o rei com cega obediência, culpam quanto podem os atos do atual governo e contra o mesmo trabalham, conquanto afetem de público e o contrário; o brasileiro: o dos que só sonham com a República, considerando violação de seus direitos qualquer imposição de ordem e de passo, odeiam todos os estrangeiros (infelizmente constituem a maior parte da população branca); e, por fim, um número pequeno de brasileiros e menor ainda de portugueses que pensam com sensatez e efetivamente apoiam o governo atual.

Ebel (1972) elencou Bonifácio nesse último grupo, e Sampaio estaria no grupo oposto – o dos *brasileiros*.[20] A adesão de Sampaio

---

XIX, Vicente dos Reis havia transformado a fazenda em uma empresa altamente lucrativa. Em 1820, a Fazenda de Goitacazes abrangia engenhos, plantações, cinco currais e vinte mil cabeças de gado, uma fábrica de louças, provavelmente empregando mão de obra indígena, 1.600 escravos, além dos lavradores de cana fixados em terras aforadas e arrendadas".

18 "A importância intelectual desse grupo pode ainda ser assinalada por sua participação em famosas instituições culturais, como a Academia Real de Ciências de Lisboa, da qual eram membros Francisco Vieira Goulart, José Bonifácio e Rodrigo de F. Magalhães; a Sociedade Real Marítima, Militar e Geográfica de Lisboa, da qual participou Manuel Ferreira de Araújo Guimarães; a Academia de Frankfurt e o Instituto Histórico de Paris, aos quais se ligava Januário da Cunha Barbosa; a Academia das Ciências de Nápoles, a qual esteve filiado Raimundo José da Cunha Matos; a Real Academia de Belas Letras de Munique, a que pertenceram Frei Francisco Sampaio e Luís Moutinho Lima Alves e Silva, sócio de diversas academias italianas, como as de Turim, de Roma, de Bolonha, de Florença e da Sociedade da Instrução Elementar de Paris. Deve-se destacar ainda que, entre os primeiros sócios do IHGB, destacaram-se 17 membros dessa elite intelectual" (Neves, 2003, p.75).

19 A respeito das diferenças, semelhanças e disputas entre partidos, existe uma vasta bibliografia, incluindo os textos de Cecília Helena Sales de Oliveira, entre outros.

20 Como constatou o autor de *O tempo saquarema* (Mattos, 2004), essa diferenciação não foi estática nem rígida.

aos ideais transcritos em seu jornal viria expressa em trechos de seus sermões, tais como:

> E quando o gênio do Brasil celebrar os faustos da nossa emancipação política nos atos solenes da pátria, ao céu subirá um hino de gratidão e de saudade para esse monge patriota, que do alto da cadeia sagrada tanto cooperou para o batismo da liberdade de um povo, de que ele era irmão, sacrificando seus dias para a remissão e glória da pátria. (apud Araújo, 1874, p.208)

Sampaio também marcava em seus sermões "a grandiosa" contribuição à independência *brasileira* dada pela transferência da Corte:

> Sim, a presença de D. João VI no Brasil foi o escudo da salvação d'este vastíssimo continente, ameaçado pelas alterações do termômetro político da Europa: o dia em que nós o vimos, abriu a suspirada época de nossa futura glória, os ferros coloniais começaram a cair dos nossos pés [...]. Quem poderia pensar, senhores, que a glória do Brasil se manifestasse na época das formidáveis convulsões da Europa? Que o plano traçado em Fountainebleau para a desgraça de Portugal fosse o mesmo plano de nossa fortuna e mudança de nossa sorte? [...] Graças ao céu! O dia 7 de março raiou no nosso horizonte, nós vimos aparecer o Senhor D. João VI e ao seu lado o herdeiro do trono; o penhor de nossas futuras prosperidades, podendo dizer, com mais justiça do que esse ilustre israelita que veio com a Palestina salvar o Egito na crise das suas calamidades. (ibidem, p.205, 208)[21]

---

21 Mesa do Desembargo do Paço, doc. 83, 1819 (apud Algranti, 1999, p.649). Algranti (1999, p.654) ainda acrescentou que: "A importância e o significado da presença de religiosos entre os censores se justificam não apenas pelo papel que a religião representava na sociedade e na monarquia portuguesas, mas também pelo montante de obras de devoção que circulavam na época, tanto como reino como nas colônias". A distribuição das obras também ficava a cargo dessa diretoria que: "Para além da Corte, a rede de depositários e vendedores espalhava-se por todo o território reinol como pelo do restante do Império. Nos primeiros anos de existência da Diretoria, os encarregados eram, na Guarda, José de Sena, José Nunes dos Santos e o Padre José Moreira de Pena Maior; na vila de Castelo Branco, o livreiro Manuel da Costa da Fonseca; no Porto, o capitão Bernardo José de Sousa Lobo; em Lamego, o padre Manuel Monteiro das Chagas; em Coimbra, o livreiro Manuel Ferreira Jordão" (Boschi, 1999, p.609).

ECOS DO PÚLPITO 103

Após a partida de D. João VI, Sampaio mostrou-se a favor de uma Constituição que regulamentasse as relações entre Portugal e Brasil, e entre os governos e seus governados. Nesse sentido, argumentava:

> O intrépido Gomes Freire subiu ao cadafalso vítima de suas ideias liberais e patrióticas!!! Subiu ao cadafalso!!! Parece-me que ainda vejo correr seu sangue... Ah! Eu quero recolher esse sangue para oferecê-lo à posteridade como uma relíquia do mártir da pátria. Parece-me que ainda vejo nas mãos do algoz sua cabeça gritando: Portugueses, vós não nascestes para serdes escravos [...]. O povo viu essas cenas. Viu e emudeceu! Fatal silêncio! Foi o sinal da inteira mudança do sistema opressor. (ibidem, p.201)

Palavras que parecem ter informado e persuadido a população, o que era muito necessário, pois, conforme as anotações de Saint-Hilaire (1903, p.63):

> A revolução que acabara de explodir na metrópole excitou, na maioria dos brasileiros, grande entusiasmo; e, durante alguns instantes, uniram-se a eles os portugueses, externando para com os mesmos sentimentos duma extrema fraternidade. Mas, é útil observar, só os espíritos esclarecidos sabiam do que se tratava, o povo não compreendia bem o significado da palavra CONSTITUIÇÃO, que andava em todas as bocas; era-lhe explicado que por tal expressão se entendia a reforma dos abusos de que tinha queixas desde muito tempo, e o povo jurou fidelidade à constituição, antes mesmo de ela estar elaborada.

A persuasão de Sampaio, como dos demais pregadores, residia numa suposta integridade entre suas ações e ideias. Ao lado da palavra, havia uma moral ilibada. O que parece ter sido almejado por frei Francisco de Santa Teresa Sampaio, que, segundo as palavras de Nabuco de Araújo (1874, p.208), "não foi só um eminente pregador, foi também um distinto e patriótico cidadão, um dos mais ativos colaboradores da independência". Um homem, em suma, a quem deveriam ser destinados os mais largos louros:

> Quando o gênio do Brasil celebrar os faustos de nossa emancipação política nos atos solenes da pátria, ao céu subirá um hino de gratidão e de saudade para esse monge patriota, que do alto da cadeira sagrada tanto cooperou para o batismo da liberdade de um povo, de que ele era irmão, sacrificando seus dias para a remissão e glória da pátria. (Araújo, 1874, p.208)

Sampaio também esperava que sua voz fosse ouvida, afinal, o sentido pedagógico de suas palavras era destinado justamente à instrução de um público que deveria existir, ou melhor, ser criado, como sugerem suas palavras:

> Oh, Deus!... dirige as minhas ideias para que elas, saindo dos pórticos do templo, se espalhem por todas as províncias do Continente, e que vão ao longe mostrar os sentimentos do Brasil, na época atual, em que se fazem esforços que ele retroceda da mocidade ao estado ou infância. Vejam os legisladores o que somos nós, para que, mudando de planos, concordem no que, de justiça e necessidade absoluta, devemos ser senão... Oh, Deus![22]

Enfim, Sampaio garantia para si, sermonista, um *status* de pensador e missionário, e, para a sermonística, uma importância como formadora de um público e de uma opinião pública. Características que ajudariam a delimitar o papel do *intelectual* brasileiro, pois sua atuação funcionava, na afirmação de Joaquim Manuel de Macedo, em 1866, como "uma reunião de qualidades oratórias, que bem poucas vezes se encontram nos ministros da santa palavra, e ainda sustentavam-lhe o crédito de um orador que honrava sua religião e sua pátria" (Instituto Histórico e Geográfico Brasileiro, 1866, p.261).

A tentativa de dignificar o próprio discurso era recorrente, afinal de contas, o objetivo da eloquência sagrada não era outro senão a persuasão de seus ouvintes. Essa atividade se fazia por meio de certos métodos que eram compartilhados por todos os pregadores e, inclusive, por

---

22 Trecho de Sermão de ação de graças pela prosperidade do Brasil, pregado a 4 de março de 1822 na Capela Real por frei Francisco de Sampaio. Sessão de Manuscritos, Biblioteca Nacional.

muitos leigos. Afinal, dos livros com que o Brasil teve contato, sobretudo a partir de 1808, muitos eram a respeito da eloquência, embora livreiros e editores estivessem *testando o gosto* do inexperiente leitor brasileiro para saber o que venderia mais. Araújo (1999), em pesquisa sobre o leitor colonial, avaliou que dos 238 títulos importados, no Rio de Janeiro, na primeira metade do Oitocentos, 14 eram de sermões e orações e 8 relativos à retórica e à eloquência, o que representa cerca de 9% do total de importações.[23] Acredita-se, contudo, que os títulos referentes à eloquência sagrada, como os sermões, tenham sido alvo dos pedidos de maiores quantidades. O acesso a essas informações era possibilitado por obras como a de Inácio Felizardo Fortes (1818, p.7), para quem:

> O orador deve ter três qualidades: I – Bondade, II – Ciência, III – Missão Legítima. Deve ter *bondade*, sendo de uma vida exemplar de sorte que mova mais o auditório com o seu exemplo, do que com palavras. Deve ter *ciência*, sabendo Filosofia, Retórica, Escritura Sagrada (alma da oratória sagrada), Teologia Dogmática e Moral. Deve ter *missão legítima*, sendo enviado a pregar pelos superiores ou mesmo tendo a licença deles. (grifos meus)

Tais qualidades poderiam ser dispostas em três tipos de sermão, segundo Inácio Felizardo Fortes (1818): o didascálico ou de mistério, o instrutivo ou de doutrina e o demonstrativo ou panegírico. Os meios de persuadir, nas palavras de Fortes, eram: *entendimento vivo, arte, imitação, exercício de ler e de compor*. E as formas que os argumentos poderiam tomar eram seis: *indução, raciocínio, dilema, sorites, enumeração e subjeção*. Fortes (1818, p.10) explicou que, em todos os sermões, deveria ser incluso o exórdio:

---

23 A esse assunto, Neves (2003) dedicou sua tese de doutoramento, na qual, como Araújo (1999), assinalou que, embora fossem poucos os títulos, as obras religiosas ganhavam nas quantidades em que foram importadas. Segundo Abreu (1999), embora o número de obras religiosas, a partir de 1808, fosse menor que o das demais obras, elas se mantiveram. Aumentaram os pedidos de outras obras, mas as de caráter religioso continuaram a ser solicitadas pelo público.

O exórdio deve ser deduzido do Discurso; e por isso deve ter com ele uma íntima relação. Algumas vezes também é tirado do mesmo orador, ou de alguma outra matéria alheia ao discurso; mas isto é mais raro. Deve ser claro, modesto, sem ostentação, grave e proporcional ao tamanho do discurso.

Além dessas características, a criação dos sermões deveria percorrer cinco fases: invenção, disposição, elocução, memória e pronunciação. A pronunciação, para Fortes, seria uma das principais responsáveis pelo sucesso do sermão, no que concordava Pereira da Silva (1870, p.539), afinal "o orador é dos homens de gênio o mais infeliz, a melhor parte do seu talento morre com ele". De modo que,

> Quanto às ações, devem estas ser concentradas e conformes ao que expressa; evitando-se toda a afetação e todo o excesso, em que muitos caem, debruçando-se sobre o púlpito, fazendo torções de rosto, movimentos extraordinários de braços, dando passos desconcertados para um e outro lado do púlpito, batendo palmas, etc.; o que, na verdade, é inteiramente impróprio do orador. (Fortes, 1818, p.22)

Como se pode notar, a oratória sagrada possuía uma série de regras que submetiam seu exercício a uma lógica muito estrita. Embora contasse com a improvisação como um de seus maiores trunfos, ela era profundamente normatizada. A invenção de um pensamento nacional, que teve na oratória sagrada um de seus elementos originários, também obedeceu a esse tipo de formulação, haja vista a adoção de livros como o de Genovesi, *Instituições da lógica para uso dos principiantes*, escrito em 1796, para as aulas de primeiras letras.

O *sentido de oralidade*, compartilhado pela *intelligentsia* brasileira dos primeiros 25 anos do Oitocentos no Rio de Janeiro, foi construído sob os auspícios da norma, afinal, como anotara José Bonifácio de Andrada e Silva, era preciso instruir-se na *arte da conversação*.[24] A conversa, como a retórica, não era, portanto,

---

24 Os cadernos de anotações de Bonifácio, quando estudante de química em Coimbra, foram utilizados como fontes para o artigo de Cavalcante (1999, p.581).

resultado apenas de um movimento telúrico, era também resultado da regra, como toda as belas-letras.

As regras que tornavam a sermonística uma prática corrente parecem se contrapor aos desejos de Sampaio quando de sua opção pelo sacerdócio, ao dizer: "O mundo me entontece; quero ser frade" (apud Araújo, 1840, p.194). De sentido quase irônico ante a intensidade de suas atividades, esse desabafo de Sampaio leva a crer que não havia uma consciência de que a sermonística do período contribuía para a criação de um universo de linguagem compartilhada, não somente pelos temas que propunha, como também pela forma que adotava. Destarte, o sentimento de missão de que estavam imbuídos esses *beletristas* levavam a uma atuação que, sem querer, incluía uma forma de expressão presente em escritos que possuíam outro destino que o do sermão dominical apresentado pelos pregadores, como o "Manifesto do povo", escrito por Sampaio em 2 de janeiro de 1822 e publicado no jornal de que era redator, o *Regulador Brasileiro*, no qual se podia ler:

> [...] os interesses das nações reunidas em um centro comum de ideias sobre o bem público devem ser os primeiros objetos da vigilância daqueles que estão revestidos de caráter de seus representantes [...] a perda da segurança e prosperidade deste rico e vastíssimo continente, ainda começamos a dizer respeitosamente que esta perda terá influência mui imediata sobre os destinos da Monarquia em geral [...]. Na crise atual o regresso de sua Alteza Real deve ser considerado como uma providência funesta aos interesses nacionais de ambos os hemisférios. (apud Lyra, 1994, p.204)

Ou, ainda, na definição do "Perfil de um bom deputado", publicado em 31 de julho de 1822 no jornal citado, a respeito da escolha dos deputados para as assembleias constitucionais de 1822:

> Esta não deve ser feita [a escolha pelos deputados] na classe daqueles homens, que são teoricamente fecundos em planos, e que raras vezes são felizes na aplicação dos meios necessários para os realizar; nem tampouco na hierarquia daqueles que só têm probidade, mas nem conhecimentos, nem experiência. É necessário seguir o conselho do imortal Bacon, fazer escolha de homens de boa moral reconhecida pelo público, e talentos

também conhecidos, porque só assim se desviarão daquelas comoções, que por desgraça sempre aparecem nas grandes assembleias. Homens caracterizados pela reunião de suas virtudes, e de seus conhecimentos, não se poderão esquecer facilmente da infinita responsabilidade de que são devedores para com a Nação. A imagem da pátria aparecerá a seu lado no Congresso, e eles interpretarão a sua linguagem; ditarão a lei, tendo diante de seus olhos os séculos futuros. A lei saberá prevenir os males da relaxação, que vêm com os tempos e com o luxo da prosperidade; vingará os direitos dos povos; dirigirá a marcha da opinião pública; assentará a base das obrigações sociais; destruirá enfim este gérmen de discórdia, que por falta de conhecimento dos deveres e dos direitos civis sempre aparece entre as autoridades constituídas e o povo. (Sampaio, 1822, apud Pereira da Silva, 1978, p.187)

A tentativa de persuasão, comum à eloquência, estava sempre presente nos textos de Sampaio. Textos que, bem ao gosto da retórica do primeiro quartel do século XIX, no Rio de Janeiro, lançavam mão de um estilo no qual as citações serviam como respaldo para a fala de seus oradores. Citar era vincular-se à moral do indivíduo aludido, e, quanto mais erudição e moral fossem conferidas a esse indivíduo, maior seria a confiabilidade do seu discurso. Ao mencionar Bacon, frei Sampaio supostamente se vinculava a uma proposta de entendimento do pacto social, e isso significava que tomava partido, mesmo que não houvesse a explicação dessa opção no texto – o que era recorrente. Todavia, se trazer à baila um nome ou uma teoria era o mesmo que buscar o respaldo que o autor mencionado poderia dar àquele que citava, essa referência na maior parte das vezes não traduzia um conhecimento real da própria teoria.

Frei Sampaio, um dos últimos dos grandes pregadores do início do século XIX, morreu em 13 de setembro de 1830. A sermonística, porém, tinha perdido muito do seu campo de atuação um pouco antes, a partir de 1821, quando D. João VI voltou para Portugal, levando consigo o gosto pela pregação religiosa e os privilégios que incrementavam as atividades do púlpito. A bem da verdade, a Igreja como um todo enfrentava problemas no Brasil antes mesmo de 1808. Em 1806, o decreto pelo qual um número equivalente de estrangeiros e *brasileiros* deveria ingressar nas ordens já havia causado certa insatisfação entre os clérigos, segundo as Atas Capitulares da Província Franciscana de Santo Antonio no Brasil, citadas pelo frei Venâncio Willeke (1972). Em 1828, a instauração do Tribunal da Bula da Cruzada propôs, entre outras coisas, a divisão dos bens da Igreja e o oferecimento de *Breves de Secularização*, ou seja, de documentos pelos quais os religiosos abdicariam dessa condição. Antes disso, a limitação do número de ingressantes nas ordens, estabelecida por D. José I e mantida por D. Maria I, reduziu o efetivo em todas as ordens religiosas.[25]

Há de se salientar também que a Igreja era sustentada pelo Estado – o que, durante a estada de D. João VI no Brasil, representou um ganho de honorários para os padres –, no entanto, quando D. João VI voltou para Portugal e D. Pedro I teve de reduzir os gastos públicos no Brasil, uma das primeiras verbas a serem cortadas foi aquela destinada à Igreja. Assim, se a nomeação ao cargo de pregador real causava um ganho de prestígio até meados de 1821,

---

25 Sobre os honorários dos sacerdotes pouco se sabe: "Ainda está para ser escrita a história do clero secular no fim do período colonial, mas a documentação por nós examinada permite-nos já chegar a algumas conclusões. Em primeiro lugar, que a vida eclesiástica era encarada como uma boa carreira pelo menos para uns dos filhos do casal; em segundo lugar, que esta carreira implicava, da parte dos pais, um investimento através da doação, ainda que temporária de um patrimônio; que a remuneração dos padres era feita pelo Estado (côngrua anual) ou por particulares (instituições como misericórdias, irmandades, ordens terceiras ou indivíduos como senhores de engenho e de fazenda) complementada com as conhecenças pagas pelos moradores de uma determinada localidade; que, além da remuneração pelos serviços eclesiásticos, muitos padres se dedicavam a outras atividades econômicas e delas tiravam a parte mais substancial dos seus proventos, que o celibato eclesiástico era frequentemente desrespeitado e grande parte da prole gerada pelos clérigos amancebados era legitimada e recebia herança paterna [...]. Quando numa família um filho escolhia [tomar o estado eclesiástico], a primeira coisa que fazia era frequentar os estudos, ou seja, a Aula Régia de Gramática Latina, a seguir dos quais tomava [as ordens menores de prima tonsura]. Nos mapas de população do Brasil do fim do período colonial, estes jovens aparecem designados como [estudantes] ou tonsurados. Finda esta primeira fase, tinha o jovem de constituir o seu patrimônio, em geral bens de raiz doados pelos pais ou demais parentes, para em seguida poder ser promovido às ordens sacras de diácono, subdiácono e presbítero" (Silva, 1993, p.68-9).

porque significava um privilégio oferecido pelo próprio príncipe regente e se materializava numa riqueza financeira – as prebendas para pregar –, depois de 1821 ela já não significava nada disso. Poucos foram nomeados pregadores imperiais, porque o cargo passou a ser recorrentemente ocupado pela via das eleições internas às ordens, e já não se ganhava por isso, senão pela participação social indicada em relatório da própria província. Deve-se ressaltar ainda que, desde meados de 1815, o padre pagava uma certa quantia em dinheiro por cada sermão pregado. Aliás, aos frades franciscanos,[26] que ocupavam a maior parte das vagas de pregadores imperiais, era proibida a *pecúnia*, ou seja, o acúmulo de qualquer tipo de riqueza, o que tornava os sermões ainda mais difíceis de ser desenvolvidos, pois, se o frei não podia reservar dinheiro que pagasse a oportunidade de pregar, como ia pregar? Pode-se dizer que o púlpito já não estava amparado por flores esculpidas em ouro, como era na época de Eusébio de Mattos.

Compartilhando dos mesmos problemas e esperanças que Sampaio, Januário da Cunha Barboza tornou-se pregador real em 1808. O cônego foi o mais ativo de sua geração e teve uma atitude comparável à de Sampaio, pois trabalhou como redator do jornal *Revérbero Constitucional*, diretor da Biblioteca Nacional, professor régio de retórica e pregador imperial, e, somado a isso, teve uma participação muito próxima dos acontecimentos que desencadeariam o processo de independência do Brasil, cumprindo, assim, as funções de um pregador, previstas por Chateaubriand (1928), referência no assunto para o período. Em *O gênio do cristianismo*, Chateaubriand

---

26 Nisso, os franciscanos eram diferentes dos demais religiosos, que, como explicou Silva (1993, p.71), deveriam manter um patrimônio que os sustentasse: "O clérigo só podia renunciar do patrimônio [seu ou de sua família] com licença do arcebispo depois de provar que possuía um rendimento suficiente para viver comodamente. Esse patrimônio seria constituído de [bens de raiz, foros ou censos perpétuos, que se não possam reunir]. [...] Assim, do mesmo modo que para as filhas freiras ou recolhidas, era necessário fornecer um dote ou uma tença anual, ao convento ou ao recolhimento, também a ordenação de um sacerdote exigia um patrimônio que garantisse a sobrevivência do ordenado. A Igreja não acolhia no seu seio indivíduos destituídos de recursos".

(1928, p.100) comenta: "A religião é o poderosíssimo incentivo do amor da pátria; os escritores piedosos derramam sempre em seus escritos esse nobre sentimento".[27]

A relação entre a religião e a pátria era recorrente no período e, portanto, não específica ao Brasil. Desde a Corte de Carlos Magno e mais amiúde após a criação do departamento da Glória, de Luís XIV (Burke, 1991), a religião, por meio de seus pregadores, contribuía para o fortalecimento do poder real. Bossuet e Massillon eram os pregadores que serviam como arquétipo para a sermonística local, isso porque a influência da cultura francesa, mais do que a portuguesa, se fazia presente de forma mais enfática no Rio de Janeiro do primeiro quartel do século XIX. Atestando essa conclusão, Márcia Abreu (1999) calculou que, em 1800, 75% dos títulos de livros importados para o Brasil eram de *referência* francesa – ou livros em francês, ou livros em português de autores franceses, ou livros de outras nacionalidades em língua francesa. Os demais eram de referência inglesa (10%), italiana (5%), espanhola (5%) e latina (5%). Daí não ser estranha a presença, entre os sermonistas locais, de ideias como as de Bossuet (1909, p.178), para quem:

> O poder de Deus se faz sentir num instante de uma extremidade à outra do mundo: o poder real age ao mesmo tempo em todo o reino. Ele tem todo o reino sob comando, como Deus tem todo o mundo. Se Deus retira sua mão, o mundo recairá no nada; quando a autoridade cessa no reino, tudo entra em confusão. Considerei o príncipe em seu gabinete. Dele partem as ordens que fazem atuar em conjunto os magistrados e capitães, cidadãos e soldados, províncias e armadas, por mar e por terra. É a imagem de Deus, que sentado em seu trono no mais alto dos céus faz movimentar toda a natureza... Se o poder de Deus se estende por toda parte, a magnificência o acompanha. Não há mais lugar no universo onde não apareçam as marcas fulgurantes de sua bondade. Vejais a ordem,

---

27 Nesse volume, que é o segundo, Chateaubriand (1928) trata das belas-artes e da literatura. O quarto capítulo trata essencialmente da eloquência e o quinto da criação dos cultos católicos (orações, solenidades, cânticos). Essa obra era leitura obrigatória para os pretendentes a sermonística no período oitocentista.

vejais a justiça, vejais a tranquilidade em todo o reino. É o efeito natural da autoridade do príncipe.[28]

Também no Rio de Janeiro do primeiro quartel do Oitocentos, a relação entre religião e política dava-se por meio de um reconhecimento e de uma legitimação mútua. Tal ligação fazia da atuação do pregador uma peça imprescindível ao poder real e, extensivamente, ao bom funcionamento do reino, afinal, na expressão de Chateaubriand (1928, p.80):

> Incapaz de temor e de justiça, [o pregador] dá lições ao rei, sem insultá-lo, consola o pobre, sem lisonjear-lhe os vícios. Conhece a política e as coisas terrenas; essas coisas, porém, que eram o incentivo da eloquência antiga, são para ela razões secundárias, vê-as da altura de onde domina, à maneira de águia, que, do topo da serra, contempla os objetos no raso da explanada.

Esse era o pressuposto de que partiam os sermonistas do Brasil, sermonistas como Januário da Cunha Barboza (1809, p.13), para quem, "com o esplendor da Religião andou sempre anexo o esplendor da Monarquia lusitana, cada cidadão é um guerreiro, cada guerreiro um herói, cada herói um benemérito português".

O guerreiro Januário da Cunha Barboza seria um dos mais afamados homens de letras do primeiro quartel do Oitocentos no Rio de Janeiro. O futuro pregador foi batizado em 10 de junho de 1780, na Rua dos Pescadores, freguesia de Santa Rita no Rio de Janeiro. Filho do lisboeta Leonardo José da Cunha Barboza e de D. Bernarda Maria de Jesus, que posteriormente seriam os barões do Ipiabanha, Barboza perdeu os pais ainda menino: aos 9 anos a mãe e aos 10 o pai. Órfão, foi tutorado pelo tio, José da Cunha Barboza, que, como toda a família, era um homem de posses. O sobrinho Antonio da Cunha Barboza (1902,

---

28 A obra de Bossuet (1909) reúne os sermões para os domingos e festas de Nosso Senhor Jesus Cristo dos Santos à Septuagésima, escritos em meados do século XVII, muito utilizada pelos pregadores no Brasil como inspiração para seus sermões.

p.281) lhe dedicou uma biografia na *Revista do Instituto Histórico e Geográfico Brasileiro*, onde escreveu:

De figura grave e simpática, estatura mais que ordinária, fronte elevada e majestosa, tez morena, olhos vivos e cintilantes, cabelos vastos e anelados, negros na mocidade e alvos na velhice, todo esse conjunto de elementos fisionômicos contribuíram para dar-lhe um certo realce no púlpito.

Antonio da Cunha Barboza (1902, p.282) dizia ainda que "o patriotismo fora sempre a paixão dominante que ocupou o seu coração, que o encheu e o abrasou, não arrefecendo a adversidade, as ingratidões e a velhice".

Januário da Cunha Barboza cursou o Seminário São José e, em 1801, tomou a ordem de subdiácono, entrando, dois anos mais tarde, no sacerdócio. O lente de suas aulas de teologia e eloquência foi o afamado frei Santa Úrsula Rodoalho, mais tarde bispo de Angola, que também fora o lente dos freis São Carlos, Sampaio e Monte Alverne. O cônego Januário da Cunha Barboza foi também aluno do renomado poeta Manuel Ignácio da Silva Alvarenga, como outros oradores, entre eles: frei Miguel de Santa Maria Frias, frei Sampaio, Dom Francisco Ferreira de Azevedo, frei Fernando de Oliveira Pinto e frei Francisco de Monte Alverne.

O patriota Januário da Cunha Barboza rezou sua primeira missa na Igreja de Santa Rita e, a partir de 1808, galgou os postos de pregador imperial, substituto da cadeira de filosofia moral e racional – da qual seria titular em 1814 – e pró-comissário da Ordem Terceira dos Mínimos de São Francisco de Paula. As ordens terceiras exigiam, naquela época, duas qualidades: pureza de sangue, representada pela ausência de judeus na família, e de cor, não poderiam entrar negros nessa ordem. Barboza não era descendente nem de negro nem de judeu; um tio seu, o poeta Domingos da Cunha Barboza, entretanto, seria negado pela família por causa da cor negra. Januário da Cunha Barboza mesmo assim dedicou-lhe uma biografia elogiosa na *Revista do Instituto Histórico e Geográfico Brasileiro*, em 1863.

Em 25 de abril de 1824, Januário da Cunha Barboza seria despachado cônego da Capela Real e, em 1840, nomeado examinador sinodal.²⁹ Nos primeiros anos que atuou como pregador real, não cansou de louvar D. João VI:

> O nosso amabilíssimo João VI começa a aparecer à face das Nações, recompensado das suas virtudes; a história o fará passar à última posteridade, tão glorioso [...] nosso Augusto Monarca, Sr. D. João VI. Os rios de Portugal e do Brasil batem as palmas nos transportes do seu justíssimo contentamento, os montes parecem faltar de alegria, porque a divina onipotência conduzira os portugueses a recobrar a herança dos seus legítimos soberanos, proclamando entre lágrimas de um santo prazer o nome daquele grande PRÍNCIPE, que os céus nos haviam dado, e que o inimigo das Nações jurara sobre a sua espada, que não havia de ser lido mais no catálogo dos Príncipes da Europa, esquecendo sem dúvida de que ele estava mais gloriosamente escrito em caracteres indeléveis, pela mão do *Patriotismo*, do amor e da fidelidade no fundo dos corações de todos os esforçados portugueses. (Barboza, 1813, p.2)

Mais tarde, na oração fúnebre pelas exéquias de D. João VI, recitada em 23 de maio de 1826, asseverou:

> Não pode o silêncio da morte sufocar as vozes da justiça e da gratidão quando a memória dos que ela arranca de entre os vivos desperta a lembrança de ações grandes que devem chegar à mais remota posteridade. O túmulo abrindo-se para confundir no seu pó aqueles que o mundo distinguia, respeita, todavia o poder dos seus terríveis estragos. Aqui finalizam, sim, os prazeres e as aflições da terra, volvendo à terra o que dela saiu; mas aqui também começa o juízo imparcial dos homens; e quando ele assenta sobre virtudes, que o mundo aprecia e que a religião santifica, então pode-se dizer que o homem deixe à sepultura, porque o seu nome muito mais valioso que mil tesouros preciosos sobrevive às grandezas da terra e passa abençoado sempre de geração em geração. (apud Barboza, 1902, p.255)

A devoção que Januário da Cunha Barboza destinava ao príncipe regente era compartilhada com os demais pregadores da Capela Real,

---

29 Cargo previsto no código canônico para verificar a correção da doutrina de eclesiásticos por exames realizados periodicamente (Schubert, 1997, p.193).

afinal D. João VI foi o responsável pela proeminência social alcançada por esses pregadores a partir de 1808. De tal modo, muitos foram os sermões em graças, honra e louvores destinados à família real e, especialmente, a D. João VI. Como a imprensa também tinha, nesse período, particular interesse em exaltar a figura do príncipe, esses sermões foram privilegiados pelos periódicos na hora da escolha pelo que seria publicado. A maior parte dos sermões de Januário da Cunha Barboza, escritos nos idos de 1808, destinou-se a esse tema.

De seu punho, sairiam, ainda, em 1822, o famoso poema *Niterói*, em 1834, a comédia satírica *A rusga da Praia Grande* e, em 1836, o poema satírico *Os garimpeiros*. Escreveu também o idílio *Prometeu* e a cantata *Hero e Leandro*. Em 1829, reuniu e publicou uma *Coleção das melhores poesias dos poetas do Brasil* ou *Parnaso brasileiro*, no qual anunciou:

> Empreendi esta coleção das melhores poesias dos nossos poetas, com o fim de tornar ainda mais conhecido no mundo literário o gênio daqueles brasileiros, que, ou podem servir de modelos, ou de estímulos à nossa briosa mocidade, que já começa a trilhar a estrada das belas letras, quase abandonada nos últimos 30 anos dos nossos acontecimentos políticos. (Barboza, 1999, p.33)

Para o cônego, tornar pública a literatura brasileira era necessário porque:

> A nação brasileira, que nestes derradeiros tempos se tem feito conhecer, e devidamente apreciar no meio do mundo civilizado por seus nobres sentimentos patrióticos, com os quais soube reivindicar sua independência e liberdade, depois de mais de 300 anos de opressiva tutela, carecia ainda de fazer patente ao mundo ilustrado quanto ela tem sido bafejada, e favorecida das musas, particularmente daquelas que, empregando a linguagem das paixões e da imaginação anunciada, oferecem à admiração das eras exatos modelos do mais delicado engenho e apurado gosto. (ibidem, p.35)

Januário da Cunha Barboza escreveu algumas monografias acerca da extinção dos índios no litoral brasileiro, do sistema de colonização, da história das capitanias, da relação entre escravos e negros, do desenvolvimento de técnicas agrícolas, entre outros temas, todas publicadas pelo Instituto Histórico e Geográfico Brasileiro e pelas demais sociedades literárias de que faziam parte. A escrita dessas monografias implicava uma tomada de posição: a razão ou a ilustração poderia moralizar um povo, civilizando-o, e essa era a sua missão. Ideias compartilhadas por muitos que, como Pereira da Silva (1978, p.214), acreditavam que: "Verdade da experiência é que a cultura do espírito influencia muito as nossas qualidades, e que a prática das virtudes morais necessárias às sociedades mais ou menos resistência encontra em um povo, segundo o grau de sua ilustração".

A relação estabelecida entre moral e civilização trazia consigo o estabelecimento de certas regras de conduta para o cidadão. Como "o fim da retórica eclesiástica é o de persuadir com a prática das virtudes, e o de fugir dos vícios" (Fortes, 1818, p.4), a missão dos sermonistas passava também por um esforço de normatização, de padronização das condutas dos *brasileiros*, o que acabou por contribuir para a invenção de uma *identidade brasileira*. A proposta de Januário da Cunha Barboza era colaborar para a civilização desse povo, dando ao país meios para o desenvolvimento da *ilustração* que, subsequentemente, influenciaria *na prática das virtudes morais*, servindo tanto para *apurar o gosto* quanto para reivindicar a *liberdade* do povo e da *nação brasileira*.

A partir de 1840, Barboza foi nomeado cronista do império e, de 1830 a 1834, dirigiu a Tipografia Nacional.[30] Como diretor da Tipografia Nacional, desde 18 de dezembro de 1830, receberia um ordenado anual de 800.000 réis e mais 5% de comissão do produto líquido da referida tipografia. Em 3 de outubro de 1834, quando foi extinto o cargo de diretor da tipografia, suas atribuições foram transferidas para um administrador, Braz Antonio Castrioto. Em 1844, Barboza foi eleito membro do Conservatório Dramático e também nomeado diretor da Biblioteca Nacional, enquanto ela ainda funcio-

---

30 O primeiro código criminal brasileiro, de José da Silva Lisboa, foi impresso em 1830.

nava no prédio do Hospital da Ordem Terceira de Nossa Senhora do Carmo. Em 1808, começou a lecionar retórica como professor régio, atividade que exerceu até 1841 na Rua dos Quartéis, onde provavelmente morava. Integrou, entre outras, a Sociedade Auxiliadora da Indústria Nacional, a Sociedade Literária do Rio de Janeiro, o Instituto Histórico de Paris, a Arcádia de Roma, a Real Academia de Ciências de Nápoles e a Sociedade Geográfica de Berlim, e, em 1838, fundou, com o marechal Raimundo da Cunha Mattos, o Instituto Histórico e Geográfico Brasileiro.

Sua atividade política parece confundir-se com sua qualidade de maçom. Como Sampaio, Januário da Cunha Barboza era integrante da loja de Comércio e Artes[31] que funcionava na Rua do Conde, número 4. Segundo as informações contidas na biografia escrita por Antonio da Cunha Barboza, o cônego foi encarregado de divulgar os ideais de independência e, por isso, atuou intensamente na imprensa e na política, chegando a eleger-se duas vezes: a primeira, de 1826 a 1829, para a Assembleia Legislativa no Rio de Janeiro, ocupando a vaga do marquês de Inhamerique, que foi eleito senador em 1826. Nessa oportunidade, reafirmaria suas ideias acerca da necessidade de conferir especial atenção à redação da constituição brasileira, como podemos notar nas palavras do sermão de 12 de agosto de 1822:

> Sou no templo Deus vivo! Sou a face de um respeitável colégio eleitoral, que invoca a sabedoria do céu para acertar na escolha dos que devem lançar as bases da prosperidade brasileira! Qual não deve ser agora a minha confusão, vendo-me na indispensável necessidade de ligar em meu discurso os interesses da pátria com os da religião, chamando-vos a consultar neste dia memorável os avisos de vossa consciência, na expectação do Brasil e do Mundo! Honrados colegas, um povo grande e brioso, que não sofre desprezo e desonra, tem firmado em nós sua confiança; da nossa atual escolha,

---

31 Da loja Comércio e Artes, faziam parte, como primeiro grande vigilante, Joaquim Gonçalves Ledo e, ainda, o brigadeiro Domingos Alves Branco Muniz Barreto, Manuel Joaquim Menezes, Athayde Moncorvo, o major José Maria de Sá Bittencourt, Ruy Germack Possolo, o capitão Mendes Vianna, entre outros. Parte da Grande Oriente Brasil.

depende sem dúvida a nossa felicidade e a dos nossos descendentes. É a primeira legislação do Brasil que se vai firmar, é o sábio código que se deve segurar as nossas ações e é no momento em que forcem iludidas as nossas tão bem fundadas esperanças, porque o capricho e não uma verdadeira confraternidade, dirijo aqueles que nos prometiam grandes bens, com a constituição de Lisboa. (apud Barboza, 1902, p.243)

A segunda legislatura foi de 1845 a 1846, quando exerceu o cargo de deputado da Assembleia Constituinte, como representante do Rio de Janeiro – também fora eleito por Minas Gerais. Nesse mandato, foi substituído por Paulino José Soares de Souza, depois visconde de Uruguai, em maio de 1846. Participou também do Clube da Resistência, agremiação em prol de uma monarquia constitucional representativa, que contava ainda com a presença de Sampaio e do frei Antonio de Arrábida. As linhas escritas para o *Diário Fluminense* o colocariam em má situação com o partido monárquico constitucional, fundado em 1828 por Evaristo da Veiga, que contava com outros nomes, como o de Paula e Souza, Feijó e Vergueiro (cf. Neves, 2003; Lyra, 1994). Embora tivesse perdido vários cargos públicos por causa dessa rusga, até 1837 ainda escreveria nesse jornal como funcionário público, atuando a favor do amigo e regente Antonio Feijó.

Barboza, não se sabe se com o propósito de cumprir uma cartilha ditada pela maçonaria, como sugeriu seu sobrinho, desenvolveu outras intensas atividades no campo da imprensa. Em 15 de setembro de 1821, imbuído da missão de *dirigir a opinião pública,* lançou o primeiro número do *Revérbero Constitucional Fluminense,* com Joaquim Gonçalves Ledo. O *Revérbero* duraria até 1822, e parte de seu conteúdo foi destinada à propaganda da independência. Entre 1830 e 1831, coordenou o *Diário Fluminense,* órgão oficial que já havia sido dirigido pelo frei Sampaio, de 1824 a 1825, então com o nome de *Diário do Governo.* De 1834 a 1835, foi o redator do periódico satírico *A Mutuca Picante,* seu último jornal.

Em razão de seu intenso envolvimento com a política no conturbado processo de luta pela independência do Brasil, como representante público e como jornalista, Januário da Cunha Barboza foi alvo de prisões e exílios, como descreve o sobrinho Antonio da Cunha Barboza (1902, p.219):

> Na devassa [de 1822] foi Januário acusado de, durante um jantar dado em sua casa a Antonio Carlos Ribeiro Machado de Andrada e Silva, nomeado deputado às cortes de Lisboa, ter com Joaquim Gonçalves Ledo, rogado aquele paulista trabalho nas mesmas cortes para fazer sair do Brasil o príncipe D. Pedro, por ser este um tigre filho de outro tigre.

E a partir dessa denúncia:

> Desterrado de surpresa foi socorrido no exílio por um parente e seu amigo particular e outros admiradores que assim o valeram em sua pobreza e desgraça. Desembarcou no Havre, partiu para Paris, onde esteve pouco tempo, seguindo para Londres; aí, em 1822, publicou o seu poema *Niterói*. (Barboza, 1902, p.223)

Quando recebeu a permissão para voltar ao país, em setembro de 1823, sofreu um processo, mas foi absolvido. Em 24 de maio de 1840, reincidiria no tema da educação política da população, explicando quais deveriam ser os espaços a serem ocupados pela Igreja e pelo Estado no sermão da solenidade de sagração do Exmo. Revmo. Sr. Dr. Manuel do Monte Rodrigues de Araújo, bispo do Rio de Janeiro:

> Possa desta arte firmar muito mais o trono constitucional do Sr. Pedro II, preparando os costumes de seus povos, temperando a cerimônia de suas paixões, equilibrando todos os espíritos segundo a moral do Santo Evangelho, para que saibam em todos os tempos, em honra do Brasil e em glória da Igreja, dar a Deus o que é de Deus e a César o que é de César; possa enfim ocupado sempre na glória do Senhor e na salvação dos povos, contentar o peso do seu apostolado, tornando feliz o seu rebanho, por muitos anos – ad. Muitos anos. (ibidem, p.260)

Entre honrarias e distinções, recebeu, em 1808, o hábito da Ordem de Cristo e, em 1824, a "Imperial Ordem do Cruzeiro", em grau de oficial. Receberia ainda a Real Ordem de Nossa Senhora da Conceição de Vila Viçosa, de Portugal, e a de Francisco, de Nápoles.

A viagem à França e a longa estada em Minas Gerais – com o objetivo de disseminar as ideias de independência – o deixariam endividado por mais de dez anos, pois, segundo seu sobrinho, em 1822 tomou emprestados 400 contos de réis a 6% de juros por ano. Ao voltar, já estava novamente sem dinheiro algum e fez um novo empréstimo, de valor desconhecido. Nesse período, somados os ganhos como pregador real e professor régio, Januário da Cunha Barboza recebia o equivalente a um terço de sua dívida por ano. Como não morava no convento, provavelmente metade do seu salário era destinada ao pagamento de seu aluguel. Em meados de 1830, somados os salários pagos pela Tipografia Nacional, pela Biblioteca Nacional, pelo Conservatório Dramático, pelo *Diário Fluminense* e pelas demais atividades citadas, Januário da Cunha Barboza receberia algo em torno de 10 contos de réis por mês, o que não era pouco. Mas suas dívidas já eram grandes demais. Em razão de tal pobreza, Januário da Cunha Barboza recorreu ao imperador do Brasil, D. Pedro II, para que, como José Bonifácio de Andrada e Silva, pudesse receber um numerário *por sua contribuição à pátria*, mas seu pedido foi negado.

Antonio da Cunha Barboza (1902, p.282) afirmou que, nesse período, encontrava-se Januário da Cunha Barboza quase cego e, após uma febre intermitente, no dia 22 de fevereiro de 1846:

> Faleceu às 8 horas da noite, conservando lúcido o seu espírito, até os últimos momentos. Balbuciando despediu-se dos presentes, falou na sua cara pátria, no seu estremecido Instituto: "Meu amado Brasil, meu querido Instituto, adeus!!". Foram estas as suas últimas palavras e morreu.

Às 9 horas da manhã do dia 23, foi feito o comunicado da morte do cônego Januário da Cunha Barboza, pelo inspetor interino da Capela Imperial, o cônego Francisco dos Santos Moura, ao ministro da Justiça, que ordenou o sepultamento imediato na Capela Vitória, da Ordem Terceira de São Francisco de Paula. O corpo, que estava acompanhado pelo cabido da Igreja Metropolitana, pelo pró-comissário da Ordem Terceira e por mais 13 sacerdotes, foi trasladado da Rua dos Pescadores, número 80, onde residia o cônego, para a Capela Vitória em um coche da Casa Imperial. Januário da Cunha Barboza havia sido nomeado monsenhor poucos meses antes de morrer, em razão disso, seus honorários foram levemente acrescidos. Cego, velho e endividado, Barboza foi o último dessa geração da sermonística. O púlpito já não vivia os seus dias de maiores glórias e a memória de Barboza permaneceu por outras razões que não a de sua atuação no púlpito.

Januário da Cunha Barboza, em resumo, ao lado de Sousa Caldas, São Carlos e Sampaio, estabeleceu o espaço que esse gênero teria no Rio de Janeiro entre 1808 e meados de 1830. Sousa Caldas imprimiu um tom literário à sermonística, ao utilizar um estilo de linguagem próprio ao sermão, inserindo nele as referências europeias da época, ou seja, as discussões que lhe eram contemporâneas. Sousa Caldas *atualizou* a sermonística no Rio de Janeiro do primeiro quartel do Oitocentos – o que não pode ser atribuído exclusivamente à sua atuação, pois a transferência da Corte para o Brasil propiciou à sermonística local o desempenho de um papel que lhe cabia na Europa, mas que lhe faltava, em razão da distância existente entre os oradores sagrados do Rio de Janeiro e o monarca, na colônia de *além-mar*. São Carlos, por sua vez, deu norte às inovações de Caldas, direcionando-as para os problemas enfrentados no Rio de Janeiro. Embora as questões da pátria e do reino não fossem novidade para a sermonística, como pudemos constatar, com a sermonística de São Carlos começou-se a falar de uma pátria especificamente *brasileira*. Assim, Sousa Caldas e São Carlos suscitaram uma redefinição para o papel da sermonística no Rio de Janeiro do primeiro quartel do Oitocentos porque reafirmaram um estilo de linguagem para os sermões, atualizaram seus temas e introduziram a ideia de pátria como questão preponderante em seus discursos.

Januário da Cunha Barboza e Francisco de Santa Teresa Jesus Sampaio, cerca de dez anos depois, iriam trazer ao gênero novas contribuições. Na qualidade de jornalistas, maçons, políticos ou mestres, esses pregadores, que se tinham como homens públicos conscientes de sua *missão civilizadora*, preocuparam-se em projetar uma noção de *patriotismo* junto à opinião pública, ampliando o campo de atuação do sermonista, se não do beletrista, e ocupando os domínios da escrita e não apenas os da oralidade. Responsáveis pela moral e pela instrução da pátria, esses sermonistas assumiram uma missão pedagógica: ensinar aos brasileiros o que era ser brasileiro. A Barboza e Sampaio, deve-se a afirmação da importância da sermonística no Rio de Janeiro dos primeiros 25 anos do Oitocentos, como expressão das belas-letras produzidas no e pelo Brasil. Deve-se, igualmente, a ambos a afirmação do papel social do literato, a busca de uma linguagem brasileira, a tentativa de definição de um modo de conduta a ser seguido pelo homem de letras e, sobretudo, a defesa de que os beletristas deveriam cumprir uma determinada *missão*. Essa noção missionária, entretanto, seria mais bem desenvolvida por frei Francisco do Monte Alverne, o mais célebre dos sermonistas de então, como assinalou Ferdinand Wolf (1955, p.191):

> No curso desta obra já fizemos observar numerosas vezes que os brasileiros têm uma grande predileção pela eloquência, principalmente pela do púlpito. Compartilham desta preferência com todos os meridionais, mas estas disposições aumentaram muito, em vista das relações de seus missionários com os selvagens, estes grandes amigos das palavras. O Brasil orgulha-se de ter dado à vida um grande número de oradores sacros desde Anchieta e Nóbrega; nos primeiros anos lustra à arte oratória da colônia. Já mencionamos Sousa Caldas, São Carlos, Sampaio e Januário da Cunha Barboza. Resta-nos falar do mais célebre, o frei Francisco do Monte Alverne.

Nascido em 1783, Monte Alverne seria nomeado pregador imperial em 1816, e, acerca de sua importância, manifestar-se-iam inúmeros coetâneos, como Gonçalves de Magalhães (1882, p.404), ao tentar definir o perfil ideal do pregador:

> A vida de frei Francisco de Monte Alverne, que se estendeu a 74 anos, foi a de um religioso literato e exemplar, que nunca se envolveu nas questões políticas que agitaram os homens do seu tempo; não por indiferença, mas por dignidade do hábito, que sempre respeitou. Sua arena era o púlpito e a cadeira. *Sou frade*, dizia ele, *e frade morrerei*. E esse frade é uma das glórias do Brasil! Assim, entre os humildes da sociedade, entre os pequenos do mundo, nascem, às vezes, os grandes da posteridade, e orgulho das nações.

Monte Alverne, para o amigo e discípulo Gonçalves de Magalhães, não era apenas motivo de *orgulho da nação*, mas também o saudoso companheiro, a quem dedicaria, em meados de 1830, os seguintes versos:

> Quantas vezes aqui, nos sacros templos,
> ouço tantas palavras destes padres;
> cuido ver-vos no púlpito elevado;
> mas desconheço as vozes, e nem sinto
> bater-me o coração dilacerado
> da grave dor cristã; nem em transportes
> subir minha alma ao céu como um eflúvio/da dor erguido;
> então saudoso exclamo:
> Quem me dera inda ouvir o grande Alverne!
> (apud Lopes, 1958, p.41)

Também o amigo Porto Alegre iria dedicar algumas palavras ao *grande Alverne*, na ocasião de seu funeral, em 1858:

> Não é o amigo que fala, é o discípulo encanecido; o discípulo que aprendeu, desta voz emudecida, o amor de Deus, a reconhecer na criação a ideia do Criador, o seu pensamento corporificado, vivido procriador e admirável pelas leis eternas que o regulam. Ele não nos colocou diante da estátua de Condillac, e nem consorciou a nossa alma com a matéria organizada; não clausurou o espírito nos domínios da sensação, não; dele aprendemos a respeitar o justo, o santo, o consagrado e a ver no homem aquele homem de Pascal, o elo inteligente e progressivo daquela cadeia humanitária, que Vico divinizara e que Bossuet colocara nas mãos de Deus [...]. Adeus, meu mestre e amigo... que tantos serviços tem feito à mocidade, às letras, à religião e à mocidade desamparada.

Os "tantos serviços feitos à mocidade, às letras, à religião e à mocidade desamparada" seriam elogiados, igualmente, pela boca do amante da retórica Tomás Alves Júnior, que, em meados de 1870, dizia:

> Ainda existem, nesta terra ilustre dos Andradas, testemunhas vivas e valiosas do saber profundo professado por Mont'Alverne nas cadeiras que

lhe tinham sido confiadas. Ainda a tradição conserva intacta a memória dos bons serviços prestados à sociedade, à sua Ordem e ao seu país na cadeira do magistério pelo muito ilustre franciscano. (apud Spinelli, 1983, p.52)

Outra testemunha viva do saber profundo professado por Monte Alverne viria de Portugal a fim de conhecê-lo. Momentos antes da morte desse pregador imperial, o poeta Antonio Castilho anotou tudo o que lhe parecia marcante nessa personalidade, pois seu intuito era escrever algumas memórias sobre o frei de quem deveria prefaciar as *Obras oratórias*, numa edição da P. Podestá. Acerca de suas impressões, Castilho escreveu, em meados de 1858:

> Não descobris em tudo isto o sublime e santo amor à terra pátria? [...] Sentimento indelével em qualquer homem, porém a que parece dar novos realces aquele sol americano, que tudo escarnece, tudo anima, tudo agiganteia, e até, das que não passam de ervilhas noutras regiões, levanta colossos vegetais, converte lodo em ouro, e areias em diamantes! (cf. Freire, 1921, p.79)

Os *realces dados ao solo americano* seriam lembrados, em poesia, pelo renomado romancista Machado de Assis (1962, p.73), já no século XX, precisamente em 1902:

> O que hoje resta era a terrena púrpura Daquele Gênio-Rei
> A alma voou ao seio do infinito,
> Voltou à pátria das divinas glórias
> O apóstolo da lei
> Pátria, curva o joelho ante esses restos
> Do orador imortal!
> Por esses lábios não falava um homem
> Era uma geração, um século inteiro
> Grande monumental!

Mais crítico, Silvio Romero, nos idos de 1880, deixou registrado:

> Mont'Alverne morreu em 1858, aos setenta e quatro anos, mas cegou em 1836 aos cinquenta e dois. Nesta última idade já devia ter ele atingido,

desde muito, o máximo grau de tensão e profundeza de seu pensar. Daí por diante só fez decair. Devemo-lo julgar até esse tempo e, quanto ao mais, deixar o velho pregador dormir tranquilo sobre os louros de sua fecúndia. (apud Spinelli, 1983, p.52)

Os limites de sua contribuição, para Silvio Romero, ficavam, portanto, entre 1808 e 1836, quando Monte Alverne perdeu a vista e afastou-se do púlpito. Entretanto, a *monumentalidade* assinalada por Machado de Assis seria homenageada apenas dois anos antes da publicação do trecho de Romero, em 1880, pelo *beletrista* Joaquim Manuel de Macedo, ao lembrar-se da última grande aparição de Alverne, em 1856:

> Quando o viam cego e curvado caminhando pelas mãos de um condutor amigo. Os velhos o mostravam: o prodígio de seu tempo; o povo o apontava, dizendo: é o sábio; a mocidade das academias, os professores que tinham sido seus discípulos, os homens de letras, enfim, descobriam-se diante dele e diziam: é o mestre [...]. Frei Francisco do Monte Alverne não é somente uma glória para nossa pátria; o seu nome não deve perecer nos fastos da Igreja e nos anais de nosso século. (apud Santos, 1880, p.319)

Prodígio, sábio, mestre, Monte Alverne seria lembrado por aqueles que o viram pregar não apenas como *uma glória da pátria*, mas também como um dos pregadores mais exemplares de seu tempo. Destarte, até 21 de julho de 1913, ainda eram registrados elogios a seu respeito, como o de Salvador de Mendonça (1960, p.175), que foi levado por Joaquim Manuel de Macedo para assistir ao Sermão de São Pedro de Alcântara, em 1856, e que, numa matéria para o jornal *O Imparcial*, escreveu:

> O recinto do templo, que já estava regularmente cheio, tornou-se dentro em breve tão apinhado de gente que era difícil respirar. [...] Embaixo, com os olhos cravados na figura majestosa do ancião, cuja fama enchia todos os lares brasileiros e cujas orações mais célebres sabiam todos de cor, atônito a ouvi-lo, passando por todas as gradações da admiração e do pasmo, eu encarava-o quase com pavor, como se estivera diante de um ente sobrenatural. O seu exórdio arrancou lágrimas à maioria da audiência e pelo corpo correram-me calafrios ao ouvir-lhe as palavras cheias de saudade com que recordava as suas glórias passadas.

Muitos recordaram *as glórias passadas desse frei* e, se, nas palavras de seus coetâneos, Monte Alverne foi um *religioso literato*, um *grande, se bons serviços prestou à sociedade*, se sua *fama enchia os lares e suas orações todos sabiam de cor*, se representava *uma geração*, colaborando para *a instrução da mocidade*, o desenvolvimento das letras, da *religião* e da *pátria*, ou, ainda, se tal amor à pátria *dava novos realces ao sol americano*, então sua contribuição para a sermonística, e conquanto para as belas-letras, no primeiro quartel do Oitocentos no Rio de Janeiro teve, ao menos para os seus contemporâneos, uma enorme importância. Destinaremos, pois, nosso próximo e último capítulo a descrever como, em que sentido e quanto Monte Alverne contribuiu para a sermonística do primeiro quartel do século XIX. Antes de passarmos adiante, acompanhemos uma última impressão acerca de Monte Alverne, a de José de Alencar (1995, p.25), escrita em 1854, quando da última aparição pública do franciscano:

> O velho ergueu a cabeça; alçou o porte; a sua fisionomia animou-se. O braço descarnado abriu um gesto incisivo; os lábios, quebrantando o silêncio de vinte anos, lançaram aquela palavra sonora que encheu o recinto, e que foi acordar os ecos adormecidos de outros tempos. Frei Francisco de Monte Alverne pregava! Já não era um velho cego, que a desgraça e a religião mandavam respeitar. Era o orador brilhante, o pregador sagrado, que impunha a admiração com a sua eloquência viva e animada, cheia de grandes pensamentos e de imagens soberbas. Desde este momento o que foi aquele rasgo de eloquência, não é possível exprimi-lo, não sei dizê-lo. A entonação grave de sua voz, a expressão nobre de seu gesto enérgico a copiar a sua frase eloquente, arrebatava; e levado pela força e veemência daquela palavra vigorosa, o espírito, transpondo a distância e o tempo, julgava-se nos desertos de Said e da Tebaida, entre os rochedos alcantilados e as vastas sáfaras de areia, presenciando todas as austeridades da solidão.[32]

---

32 Da loja Comércio e Artes, faziam parte, como primeiro grande vigilante, Joaquim Gonçalves Ledo e, ainda, o brigadeiro Domingos Alves Branco Muniz Barreto, Manuel Joaquim Menezes, Athayde Moncorvo, o major José Maria de Sá Bittencourt, Ruy Germack Possolo, o capitão Mendes Vianna, entre outros. Parte da Grande Oriente Brasil.

3
A SERMONÍSTICA E A CONSTRUÇÃO DE UMA IDENTIDADE BRASILEIRA

> *"Eu não encaro as artes como deleite, mas sim como coisa necessária. A arte é o ideal, o ideal é o sublime do pensamento e este não pode representar senão a ideia predominante [...]."*
> *(Gonçalves de Magalhães, em carta a Monte Alverne, 1834)*

A retórica, como a poesia e a história, era um dos elementos que compunham as belas-letras no primeiro quartel do Oitocentos no Rio de Janeiro. A oratória sagrada fazia parte da retórica desse período e, como tal, contribuiu para a reinvenção do cotidiano carioca, que foi impulsionada pela transferência da Corte portuguesa para o Brasil. A Capela Imperial concentrou a maior quantidade de oradores sacros do período num mesmo espaço e, dada a relação estabelecida entre esta e o príncipe regente, conferiu aos seus oradores certa preponderância. A importância dos pregadores do rei D. João VI, no Rio de Janeiro, fez-se perceber pela influência literária e política que exerceram ao longo dos primeiros 25 anos do século XIX. Nos jornais do período, nas reminiscências de seus coetâneos, na literatura vindoura, a presença da sermonística se fez marcante, seja porque ela atuava num dos únicos espaços em que era possível algum tipo de aglomeração popular, seja porque seus agentes, os pregadores, seguiam uma tradição pela qual a pauta de suas falas era escolhida segundo os assuntos do dia. De qualquer modo, pregadores reais como Sousa Caldas, São Carlos, Sampaio e Januário da Cunha Barboza colaboraram, por meio da sermonística, para o fomento de um debate acerca dos problemas locais e, assim, contribuíram para a construção de um pensamento *brasileiro* que dava os seus primeiros passos.

Frei Francisco do Monte Alverne também era um desses pregadores. Um pregador totalmente direcionado para a sermonística, como assinalou o discípulo Gonçalves de Magalhães (1882, p.404), recorrendo às palavras do próprio frei: "Sou frade, e frade morrerei". Das atividades de um clérigo, no início do Oitocentos, faziam parte os sermões, os cargos administrativos junto à Coroa e à Igreja, a educação nas instituições de ensino de suas ordens, entre muitas outras, pois, como anotou Thomas Ewbank (1976, p.18), em meados de 1850, "no Brasil, por toda parte encontra-se a religião ou o que receba tal nome. É o mais importante detalhe da vida pública ou privada que aí temos". Assim, nem se quisesse, Monte Alverne teria restringido suas atividades aos muros da ordem franciscana e, ao que nos parece, tinha noção disso ao escrever uma carta ao Instituto Histórico da França, em 1842:

> [...] não podendo mais contemplar as pompas da Natureza e a magnificência do céu brasileiro tão puro e tão sereno; emprego os momentos, que sobejam às minhas dores, em tecer com mão trêmula e mal segura, uma grinalda que pretendo pendurar no troféu erguido à Literatura Brasileira. Se porventura [...] o Anjo dos últimos momentos vier anunciar-me que o meu trabalho deve ficar para sempre interrompido, morrerei ao menos contente por não ter poupado algum esforço a fim de merecer a estima, e a consideração desta Pátria, a quem tanto amei, e por quem, posso dizê-lo, também sofri.[1]

A grinalda que Monte Alverne pretendia pendurar num troféu erguido à literatura brasileira era a publicação de suas *Obras oratórias*,

---

1 Carta ao Instituto Histórico da França, 1842, Arquivo da Província Imaculada da Conceição, doc. n° 45 (apud Porto Alegre; Magalhães; Lopes, 1964, p.45).

que foram impressas pela primeira vez em 1853, pela Laemmert. Há algum tempo, o frei já pensava em reunir seus sermões para publicação, como atesta a carta de 15 de janeiro de 1835, que Gonçalves de Magalhães enviou ao frei:

> Grata foi a notícia de que se consagra ao aperfeiçoamento de seus belos sermões; quanto às considerações de seu êxito não o devem de nenhum modo impedir que os publique; tome como um dever, uma missão a que não pode resistir. Cante o *Libera me, Domine* quem não pode fazer outra coisa. O padre Mestre, porém, é chamado a outro destino. (apud Porto Alegre; Magalhães; Lopes, 1964, p.45)

Essa publicação, entretanto, significou certa preocupação monetária ao próprio frei, como podemos depreender das palavras escritas também por Gonçalves de Magalhães, em 27 de novembro de 1835, de Paris:

> Tornemos ao primeiro ponto. Tenho tomado impressões de obras. Não mande de nenhum modo seus sermões ao Aillaud que é um L... Ele há de pedir quatro vezes mais caro que os outros. O Padre Mestre pode mandar imprimir dois volumes de sermões por mil francos, isto é, 250 mil réis, e eu me encarrego disto. Mande-me os sermões e uma ordem para receber o dinheiro, que o resto eu cá farei, creio que vale a pena. O Padre Mestre está lá e saberá quando serei mudado primeiro do que eu, assim, com a maior brevidade poderá mandar. Se quiser que seus livros vão encadernados, mande-me outro tanto; se exceder alguma coisa eu lhe farei saber. Pode contar 500 francos para cada volume de 350 páginas a 400, em oitavo, como o Cousin, tirando-se 500 exemplares. (ibidem, p.59)

Não há registros de como Monte Alverne conseguiu esse dinheiro, acreditamos que Gonçalves de Magalhães possa ter feito alguma coisa para que a publicação das *Obras oratórias* fosse efetivada, mas não há como certificarmo-nos disso.

Das *Obras oratórias* fazem parte 81 sermões, a primeira edição foi rodada na Tipografia Laemmert, dois volumes foram publicados em 1853 e outros dois em 1854. A Laemmert ainda faria mais uma edição, dessa vez com apenas dois volumes, em 1863. Fora do país, uma versão, da P. Podestá, editora portuguesa, acompanhada de uma biografia de Monte Alverne feita pelo poeta Antonio Castilho, saiu em 1867. Logo no início dessa biografia, Castilho (cf. Freire, 1921, p.73) justificava-se:

> De boa mente aceitei, como pressenti-lhe escabrosidades, o encargo de recomendar à lembrança pública varão já tão recomendado por si mesmo. Por dois respeitos o aceitei: primeiro, porque, dado nascesse naquelas tão apartadas terras do Brasil, nelas nasceu português; e desse título, herdado com sangue, usou e se prezou todos os 38 primeiros anos de sua vida, sem que por todo o restante dela entendesse jamais que às mutações políticas se houvessem afetos naturais de sujeitar, ou que um império por fadado a grandes coisas devesse renegar todo o seu passado glorioso, legado comum de nossos comuns progenitores.

Em 1885, a P. Podestá lançou uma segunda edição da obra. No Rio de Janeiro, além da Laemmert, a Garnier encarregou-se de uma edição em 1858, na qual acrescentou mais dois sermões e a correção de Raimundo Câmara Bittencourt, que incluiu um adendo às obras. Esse anexo, que foi chamado de "Trabalhos oratórios e literários", contém os apontamentos de Monte Alverne acerca da obra *A confederação dos tamoios*, escrita pelo seu amigo Gonçalves de Magalhães, além de algumas cartas pessoais e de algumas notas que encaminhou para os jornais da época. Por tratar-se de uma publicação póstuma, o conjunto de *trabalhos literários* passou pelo crivo do frei Antonio do Coração Maria e Almeida, responsável pela impressão das obras dos colegas da ordem. Para a primeira publicação dessa obra, Monte Alverne (1858, p.I, X) escreveu um discurso preliminar, no qual expressou o contentamento que a impressão conjunta desses sermões representava:

> Não há coisa mais ordinária do que escrever e publicar uma obra. Todos os dias vemos sair do prelo composições literárias, sem que seja necessário ocupar o público com a história e a análise dessas produções: mas a natureza do meu trabalho e a posição especial em que estou colocado obriga-me a dizer alguma coisa, em meu favor, e prevenir ou ilustrar o

juízo dos contemporâneos, antes que sejam lidos os meus discursos [...]. Entretanto, na difícil carreira do púlpito, nunca veio ao meu espírito que os meus sermões pudessem um dia ser publicados.

Esse "prefácio" seria utilizado em todas as demais edições do século XIX, que, ao todo, foram cinco. A tiragem de cada uma dessas edições girava em torno de 500 exemplares, eram, portanto, 2.500 volumes das *Obras oratórias* circulando no Brasil e em Portugal. O que não é um número pequeno se considerarmos o incipiente mercado livresco da primeira metade do Oitocentos no Rio de Janeiro. Como a Laemmert publicava obras de valor mais acessível, acreditamos que a primeira edição das obras tenha sido custeada pelos próprios companheiros de Alverne e que, após a morte do mesmo, a Garnier tenha se aproveitado da falta de uma política de direitos autorais para lucrar com a sua publicação (Hallewell, 1985).

Nesse período, os sermões eram feitos ou sob a encomenda de alguém, uma associação ou a família real, por exemplo, ou por designação das ordens a que estas pertenciam. De qualquer forma, convidados ou designados, os pregadores deveriam pagar uma côngrua por cada sermão proferido. Esses pregadores não podiam, mesmo pagando, preparar um sermão segundo um tema que lhes agradasse, era necessária uma aprovação ou um convite, anterior à apresentação, para que esse sermão pudesse circular. Entretanto, uma vez convidado, o sermonista pregava imbuído da chamada *missão legítima*, mencionada em oportunidade anterior. Todavia, não nos parece que essa "censura" aos sermões se desse de maneira sistemática ou, ainda, efetiva. Tal consideração leva a crer que os sermões presentes nas *Obras oratórias* não passaram por revisões de cunho censório, a não ser pelo bom-tom da época.

As *Obras oratórias* de frei Francisco do Monte Alverne têm o seguinte formato: a) sermões quaresmais e de "mistério", b) panegíricos – elogio do santo festejado, c) sermões fúnebres, e, finalmente, d) sermões congratulatórios – ação de graças e festejos patrióticos. No conjunto, encontramos, entre outros, sermões sobre a penitência, a palavra de Deus, a incredulidade, a maledicência, o perigo da conversão na hora da morte, a demora da conversão, a profanação dos templos, o pequeno número dos escolhidos e também sermões do mandato, do enterro, da soledade da Santa Virgem, da ressurreição, do Espírito Santo (primeiro e segundo), da paixão de Nosso Senhor Jesus Cristo (primeiro e segundo), do Santíssimo Sacramento (primeiro, segundo e terceiro), da circuncisão do Senhor, do menino Deus, do Senhor atado à coluna, do encontro, das cinzas, sobre a necessidade da lembrança da morte, da salvação. Existem ainda as orações, tais como: a oração em ação de graças pela elevação do Brasil a reino pregada na Vila de Itu, província de São Paulo, no dia 4 de fevereiro de 1836; a oração recitada na solene ação de graças pelo feliz restabelecimento da saúde de sua majestade imperial o senhor D. Pedro I, celebrada na Igreja de São Francisco de Paula no dia 24 de agosto de 1823, pela guarda da honra de sua majestade o imperador; e a oração em ação de graças recitada no dia 25 de março de 1831, aniversário do solene juramento da constituição, celebrada na Igreja de São Francisco de Paula, e encomendada pelo povo fluminense. Estão presentes nessa obra também alguns discursos circunstanciados e fragmentos de sermões que não foram a público no período de sua declamação. Nem todos os sermões foram datados, e muitos deles foram proclamados mais de uma vez, assim como alguns trechos se repetem ao longo da obra.[2]

Os sermões encontrados nessa obra trazem, contudo, algumas datas que podem nos guiar em sua leitura: o mais antigo é o de 12 de setembro de 1813, comemorando o aniversário da sagração do Exmo. Rev. Sr. D. Mateus de Abreu Pereira, e o mais recente é o Panegírico de Nossa Senhora da Glória, pregado em 15 de agosto de 1856. O primeiro foi ouvido em São Paulo e o segundo em Niterói, entretanto a maioria desses sermões parece ter sido proferida no Rio de Janeiro. Documentos da província Imaculada da Conceição[3] e o discurso preliminar de Monte Alverne indicam que as *Obras oratórias* incluem sermões que foram proferidos desde 1811, e que o frade teve

---

2 Utilizamos para nossa avaliação a edição de 1858, da Garnier.
3 Documentos catalogados no Arquivo da Província Imaculada da Conceição, no Convento São Francisco de Assis, em São Paulo, por frei Hélio Lopes, depois doados ao Instituto de Estudos Brasileiros, da Universidade de São Paulo. As referências foram mantidas tais como no livro (cf. Lopes, 1958).

a colaboração de outro companheiro da ordem para transcrevê-los e organizá-los, o frei João Diniz da Silva, a respeito de quem Monte Alverne (1858, p.XIV, XVI) ponderou:

> Uma vontade decidida, o amor do trabalho, e o incentivo da glória podiam vencer todas essas dificuldades; mas há embaraços, e resistências, contra as quais não podem lutar os estímulos do pundonor, e as porfias do amor próprio. Eu não tinha vista: era portanto necessário um colaborador, que dotado de uma certa capacidade, e reunindo alguma habilitação, que pudesse prestar-me o auxílio, de que eu não podia prescindir. Era mister um homem que, votando-se a um serviço obscuro, me consagrasse seu tempo e suas comodidades. Não era certamente um sábio, de que eu tinha necessidade; eu estava na resolução firme, e inabalável de não repartir com outro a minha glória, nem aproveitar-me de alguma circunstância, para fazer cair sobre quem quer que fosse os defeitos dos meus escritos: convinha-me um amigo e não um mestre. [...] Depois de inúteis esforços, e quando toda a esperança de realizar meu projeto estava extinta no meu coração; Deus suscitou o reverendo padre João Diniz da Silva, o homem que me convinha; era um amigo; eu tinha conquistado esse belo título depois de muitos anos: é à sua amizade, à sua constância e à sua dedicação que eu devo a publicação dos meus sermões. Pois ele teve tão grande parte na execução de um empenho tão afincado; receba também o tributo de louvor, que justamente lhe cabe.

Se, naquele período, Monte Alverne já se sentia só, que diria dos poucos estudos que inspirou no século XX? Entre esses, alguns foram suscitados por interesses literários,[4] outros por interesses religiosos, filosóficos ou políticos. Contudo, as referências à sermonística não passaram de apontamentos biográficos ou mesmo de três ou quatro palavras a respeito da importância de se realizar uma pesquisa nesse campo. Mais recentemente, alguns autores, preocupados com o processo de formação de uma *identidade brasileira*, destinaram reflexões ao tema que, entretanto, também são exíguas. Foram, pois, escassos os

---

4 Sobre a historiografia que teve Monte Alverne como objeto de estudos, escrevemos um artigo intitulado "Frei Francisco do Monte Alverne, pregador imperial: roteiro para um novo estudo", publicado em 2004 pelas revistas *Opsis* (v.4).

estudos a respeito tanto da sermonística quanto desse pregador imperial, o que torna premente a necessidade de estudos sobre a contribuição da sermonística do primeiro quartel do Oitocentos no Rio de Janeiro. Mas por que destacar Monte Alverne? O frei é um tipo exemplar de seu tempo, e, ao tratarmos de sua vida e de sua obra, abordamos, de certo modo, o ordinário da conduta dos homens de letras de então.

Seria a cadeira de Anchieta lugar para frei Francisco do Monte Alverne?

> *"Alguma coisa fiz ou desejei fazer na minha vida para a ilustração do meu país durante os trinta anos que ocupei o púlpito e a cadeira do magistério: alguma coisa fiz para a minha Pátria, porque vejo ocupando cargos de honra, científicos e literários, muitos dos meus discípulos."*
> (Frei Francisco do Monte Alverne, carta para o Instituto Histórico e Geográfico Brasileiro, 1847)

Em 1854, frei Francisco do Monte Alverne ganhou um presente de D. Pedro II: uma cadeira que supostamente pertenceu ao padre José de Anchieta.[5] Esse presente foi recebido durante uma negociação em que, após a publicação dos apontamentos literários do frei a respeito do poema *A confederação dos Tamoios*, de Gonçalves de Magalhães, D. Pedro II acreditou que o *capuchinho encarnado* ainda deveria apresentar-se mais uma vez, pois, após 1836, quando a amaurose atingiu sua vista e, supostamente, seu raciocínio, ele não havia mais pisado no púlpito. A respeito do presente e da situação em que o recebera, Monte Alverne escreveu:

---

5 "Um presente, digno de quem o dava e de quem o recebia, assinalou a estada de D. Pedro II no quarto de Frei Francisco de Monte Alverne: foi a cadeira que o soberano possuía do grande Anchieta; relíquia histórica do valor de um trono" (apud Freire, 1921, p.99).

Eu sei que ela tem um grande peso, que tem um brilho muito acima de meu merecimento, e que meus trabalhos não correspondem a esta auréola que recebo no fim de minha vida! Parece-me que sou uma vítima enfeitada para a hora do sacrifício! Tanta honra, tanta consideração para um homem oculto no silêncio de uma cela, passando da obscuridade para a glória, a velhice coroada pela mocidade, a morte reanimada pela vida... São fenômenos tão grandes, geram sensações tão poderosas, que não as posso ocultar. [...] Doze anos tenho estado em silêncio! Sabeis que força é preciso para que escapem estas palavras toscas no meio de tanto entusiasmo, a despeito desta glória que a mocidade acaba de revelar, deste futuro que se apresenta tão radioso! (apud Freire, 1921, p.89)

Sentindo-se incapaz de pregar novamente por causa da sua doença, Monte Alverne escreveu algumas cartas destinadas a Joaquim Manuel de Macedo, que, por meio do Instituto Histórico e Geográfico Brasileiro, intercedeu junto ao frei, em nome de D. Pedro II, para que pregasse um último sermão. Em uma delas, o frei se expressava da seguinte maneira:

Alguma coisa fiz ou desejei fazer na minha vida para a ilustração do meu país, durante os trinta anos que ocupei o púlpito e a cadeira do magistério: alguma coisa fiz para a minha Pátria, porque vejo ocupando cargos de honra, científicos e literários, muitos dos meus discípulos. (Monte Alverne, 1854, p.561)

Monte Alverne acreditava já ter cumprido sua missão, mas, mesmo assim, Joaquim Manuel de Macedo insistiu em realizar a vontade de D. Pedro II. Para tanto, continuou a enviar cartas a Monte Alverne, solicitando que pregasse um último sermão, e Monte Alverne continuou negando os pedidos em novas cartas. Entretanto, elas não foram suficientes para que o imperador desistisse de realizar seu desejo, o que levou Alverne a escrever uma carta ao próprio D. Pedro II, na qual se exasperava:

Senhor, sigo o instinto da magoa e da aflição. Ousei escrever diretamente a Vossa Majestade Imperial: é a expressão mais enérgica da confiança que deposito na benignidade de Nossa Majestade Imperial. Sei que ninguém se encarregaria da missão dolorosa, cujas consequências pesam sobre mim. Arrojei-me do perigo mais temeroso; é a fase mais cruel da minha vida. O que não poderão conseguir as minhas humildes reflexões para demover a N. M. I. do desejo ardente de ouvir-me na Capela Imperial no dia 19 de outubro o conseguirá a impossibilidade. Para cúmulo de males a enfermidade veio ainda agravar os embaraços com que tenho em vão lutado. [...] Senhor, estou na firme convicção de que as orações e os aplausos far-se-ão para não sobrar mais. Falo a um príncipe ilustrado, justo e magnânimo. Ele reconhecerá que em si não arriscaria uma designação, se uma necessidade de ferro não me forçasse a isso. [...] Obrigado, Deus colocou-se entre mim e N. M. I. privando-me da vista, cercando-me de aflições, ele quis advertir-me que eu nada mais tenho a pretender do mundo. [...] Empreguei na carreira do púlpito 26 anos; vinte foram consumidos na Capela Imperial; quatorze anos foram gastos no ensino filosófico, servi o soberano, glorifiquei a Deus, não fui inútil à Pátria. Senhor, não posso pregar o sermão de São Pedro de Alcântara... é a solução do problema intrincado que tentei indiscretamente resolver. [...] N. M. I. cumulando-me de aflições reconfessou amplamente o meu passado; estou satisfeito, e até vingado. Mas iniciar de novo a carreira, remover tantas aflições, vencer tantas resistências [...] sem poder ler, nem escrever e na isolação em que vivo é impossível [...]⁶

Prestes a declinar o convite, Monte Alverne recebeu em sua cela uma visita do próprio D. Pedro II, que foi assim registrada pelo amigo e poeta Castilho (apud Freire, 1921, p.95):

Bate-se a porta da cela! É uma embaixada do trono ao pó? Não: é um convite de sua majestade a outra majestade; é o imperador Dom Pedro II, que para a festa do seu patrono S. Pedro de Alcântara manda rogar o frade Monte Alverne como orador. A Corte, a cidade e o chefe do império desejam experimentar os poderes daquela eloquência de outrora, de que tão notáveis triunfos se referem. Debalde pretende o morto eximir-se à ressurreição; a destra de um imperador sábio e, portanto amigo, o obriga e

---

6   Carta de Monte Alverne a Dom Pedro II. Convento Santo Antonio, agosto de 1854. Museu Imperial, Petrópolis (RJ).

o ajuda a levantar-se; sacode do hábito à poeira de dezoito anos; empunha o bordão, encaminha-se para o púlpito.

A respeito desse presente, Castilho (apud Castilho, 1921, p.99) escreveria ainda: "Um presente, digno de quem o dava e de quem o recebia, assinalou a estada de D. Pedro II no quarto de Frei Francisco de Monte Alverne: foi a cadeira que o soberano possuía do grande Anchieta; relíquia histórica do valor de um trono".

Após a visita de D. Pedro II e o recebimento de ilustre presente, Monte Alverne aceitaria pregar uma última vez em 19 de outubro de 1854. Esse último sermão foi destinado ao padroeiro do Brasil e do imperador D. Pedro II, São Pedro de Alcântara. O Segundo Panegírico de São Pedro de Alcântara, do antigo pregador imperial, foi assistido por muitos briosos do período, entre eles Machado de Assis, José de Alencar, Araújo Porto Alegre, Gonçalves de Magalhães, Salvador de Mendonça, Joaquim Manuel de Macedo e outros, além, é claro, de D. Pedro II. Mais uma vez, Monte Alverne (1858, p.407) pregava para a Corte, todavia, dessa vez, parecia saber que sua voz os tocaria pela nostalgia, pela saudade, enfim, pela lembrança de um tempo que já não era o mesmo:

> Não, não poderei terminar o quadro que acabei de bosquejar: compelido por ser uma força irresistível a encetar de novo a carreira que percorri 26 anos, quando a imaginação está extinta, quando a robustez da inteligência está enfraquecida por tantos esforços. Não vejo as galas do santuário, e eu mesmo pareço estranho àqueles que me escutam, como desenterrar este passado tão fértil em reminiscências? Como reproduzir esses transportes, esse enlevo com que realcei as festas da religião e da pátria?

Que passado tão fértil em reminiscências era esse? Que importância dignava esse frei ao recebimento de um presente de D. Pedro II? O que levou tantos ilustres a assistir a ele? Enfim, o que fazia Monte Alverne para tomar lugar na cadeira de Anchieta?

João Antonio da Silva e Ana Francisca da Conceição casaram-se em 9 de junho de 1783. João Antônio, ourives, natural da Ilha de Picos, nos Açores, era filho de Manuel Gomes de Oliveira, sapateiro, e Madalena Josefa de Santa Rosa. Ana Francisca, natural do Rio de Janeiro, era filha de Joaquim José de Souza Machado, cuja profissão ainda é desconhecida, e de Rita Maria de Carvalho. O casal teve apenas dois filhos: Francisco José de Carvalho e Antonio João da Silveira. Nesse período, os pais podiam optar pelos sobrenomes; assim, Francisco foi registrado como Carvalho, e seu irmão, Silveira.

Francisco José de Carvalho nasceu em 1783, no Rio de Janeiro. Seus primeiros estudos parecem ter sido realizados sob as ordens de Manuel Inácio da Silva Alvarenga, que, em agosto de 1782, abriu um curso de retórica e poética no Rio de Janeiro, fechado em dezembro de 1794, quando Alvarenga foi preso e enviado para a Ilha das Cobras, permanecendo ali por cerca de dois anos e meio. Em seu retorno, Alvarenga reabriu a escola, e, nesse período, Francisco José de Carvalho estudou as primeiras letras.

Em 1800, Francisco José de Carvalho apresentou-se ao Convento Santo Antonio, no Rio de Janeiro. O ministro provincial do período, frei Antônio de São Bernardo, expediu o documento oficial de ingresso em 27 de julho de 1801, com a ajuda do frei Vitorino de São José. A aprovação de ingresso na ordem dependia de uma inquirição jurídica que consistia numa investigação para averiguar: os antecedentes criminais, a legitimidade familiar, a integridade física, se o sujeito não bebia ou se bebia demais, a possibilidade de concubinato e, por fim, se aquela era realmente a sua vontade. No caso de Francisco José de Carvalho, tal investigação foi realizada em duas datas, 9 e 10 de setembro de 1802, com o testemunho de José de Freitas e João de Mello, Inácio Botelho de Siqueira e João de Souza Machado.

Aos 17 anos, Francisco José de Carvalho ingressou na carreira dos estudos religiosos a fim de tomar a primeira tonsura, que dependia, desde 1788, da aprovação nos estudos de filosofia, retórica, geografia, cronologia e história eclesiástica, exigência subordinada ao bispo D. José Joaquim Justiniano Mascarenhas Castelo Branco, presbítero do hábito de São Pedro e, desde 24 de março de 1781, responsável pelo Seminário São José. Os estudos de retórica eram supervisionados pelo frei Alexandre de São José, mas a cadeira de retórica estava ocupada pelo frei Sampaio, que havia tomado as mesmas aulas com frei São Carlos.

Data desse momento a amizade entre frei Sampaio e Francisco José de Carvalho. Tal sentimento seria lembrado pelo poeta português Antonio Castilho (apud Freire, 1921, p.83), num episódio muito peculiar:

> Da austeridade do seu caráter, ou antes, do seu gênio fogoso, se contam muitos casos. Um dos mais falados foi que, tendo o imperador Dom Pedro I prometido o bispado de S. Paulo ao eloquente padre mestre Fr. Francisco de S. Paio, indo ele próprio ao convento dizê-lo ao frade, nomeou depois outro bispo por empenho da marquesa de Santos, que podia tudo naquele tempo. Indo depois o imperador ao convento, no dia de S. Francisco, como era de costume, Sampaio saiu de sua cela a receber o monarca, sem dar mostras de ressentimento. Monte Alverne, vendo isso, chegou-se ao padre e disse-lhe em voz alta: "Onde vais? Lembra-te que és Sampaio, o grande Sampaio, e não desça do capítulo às hegemonias dos criminosos. Volta, Sampaio, volta para a companhia dos teus livros, que foram os que te ajudaram a ser grande". E ambos voltaram para a cela sem falar ao imperador.

Essa amizade entre Francisco José de Carvalho e frei Sampaio estendeu-se por longos anos e incluiu outros pregadores reais, que eram conhecidos de Sampaio. São Carlos, que havia sido professor de Sampaio, também conheceu Francisco José de Carvalho, assim como Januário da Cunha Barboza, companheiro de Sampaio em suas lutas políticas. O coleguismo entre os pregadores imperiais chegava, como indicam alguns documentos da província e cartas dos pregadores, à troca de sermões entre os freis. De modo que muitos dos sermões, ou mesmo trechos, de alguns eram pregados por outros e vice-versa. A austeridade ou a intransigência de Francisco José de Carvalho não se estendia, pois, aos seus colegas de "missão". De qualquer maneira, a postura do aspirante à carreira religiosa não mudaria com o tempo, afinal, como escreveria um discípulo seu:

> Posto que grave de costumes, de caráter e de aspecto era muito expansivo; sua sensibilidade moral muito exaltada. Aplaudia com transportes o belo e o sublime em todas as coisas e do mesmo modo se indignava de tudo o que lhe parecia repreensível. (Gonçalves de Magalhães, 1882, p.395)

Postura que seria traduzida em sermões como o do Santíssimo Sacramento, pregado na Igreja Matriz do Rio de Janeiro, em 1834, a propósito da relação entre a religião e a monarquia no Brasil, que esperava a maturidade de D. Pedro II para ver o trono ocupado:

> Assim foi que a realeza encontrou na Religião um apoio, que todo o seu prestígio, e todos os seus recursos não tinham podido obter. [...] Senhor, vós ainda sois muito moço; porém vossa inteligência não esta abaixo destas verdades sublimes, que uma educação apropriada às nossas circunstâncias, ao espírito do século, e aos altos fins, a que fostes chamado pela providência, imprimirá certamente em vosso coração generoso. Não faltará quem vos lembre a eminência de vossa posição social. Haverá muitos, que vos insinuem, que nascestes destas famílias privilegiadas, que nada têm que de comum com as castas desprezíveis da família humana. O servilismo, a baixa adulação espia o momento para dizer-vos, como um velho cortesão a um rei, seu pupilo, que este povo tão pródigo de homenagens a vós, é destinado a servir-vos. Como vosso escravo. Mas eu vos direi hoje, como um grande orador a esse mesmo rei, tão moço como vós; que a Religião é o penhor mais seguro da grandeza dos reis, e da estabilidade dos tronos; mas que, por o contraste mais espantoso, esta mesma Religião, inimiga irreconciliável da violência, esmaga os soberbos da terra com todo o peso de suas imprecações; e lança no coração dos opressores do povo o terror de um Deus, que é a razão, a justiça, e a verdade por essência. [...] Não é agora o momento de explicar o segredo das relações morais. Qualquer que seja nesta parte a opinião dos homens; sejam quais forem os seus sentimentos, é incontestável que as virtudes ou os vícios dos reis exercem uma autoridade irresistível sobre as leis, e os costumes. Um príncipe virtuoso faz as delícias do seu povo; mas a glória deste mesmo povo é embaciada, quando o cetro é empunhado por um príncipe, cuja vontade não conhece freio, nem repressão. Senhor, vós sereis tudo, quanto a conveniência, a política e mesmo o dever quiserem que vós sejais; mas nunca sereis um monarca verdadeiramente grande. Nunca podereis promover a ventura dos vossos súditos, se desgraçadamente não prezardes esta Religião, que tem enobrecido tantos soberanos, e aprisionado seu nome. Colocado à testa de um povo, cujo porvir descansa em vossos ombros, vós encontrareis na virtude compensações, que toda a glória e toda a pompa do século não poderão assegurar-vos. Hoje sabe-se melhor que nunca, e Deus permita

que vós não o ignoreis; que existe uma força, contra a qual são inúteis os canhões, e as baionetas: esta força é a opinião pública, ou antes é a Religião, que a ilustra e fortifica. Sobre o trono vós sois o primeiro diante de todos os vossos súditos; mas vós podeis ser o último diante de Deus. É ele quem cerca os reis de uma auréola, que os faz considerar sua imagem sobre a terra. (Monte Alverne, 1858, p.247)

Tal postura, que demonstrava a crença na equivalência dos poderes da Igreja e do Estado, como era comum na época, também trazia um pouco da personalidade marcante do frei, sempre cioso da distinção social que entendia lhe caber, na qualidade daquele que intercedia junto a Deus pelo Estado. Essa distinção seria reafirmada quando, após a primeira tonsura, Francisco José de Carvalho passou a ser chamado de frei Francisco do Monte Alverne. Essa mudança de nome garantia a manutenção da tradição pela qual os religiosos filiavam-se à Igreja Católica no período, demonstrando que, de certa forma, eles renasciam. Uma vez religioso, frei Francisco do Monte Alverne investiu na mobilidade social, possibilitada aos clérigos do período. Além disso, pôde estudar disciplinas às quais não teria acesso caso não tivesse condições de custear, pois "ter um filho frade era no Brasil desse tempo grande honra para uma família; por outro lado não sabiam os pais que melhor direção pudessem dar ao filho, que mostrava grande amor ao estudo" (Gonçalves de Magalhães, 1882, p.394).

Nesse sentido, entre 1804 e 1807 – as fontes não nos permitem definir uma data exata –, frei Francisco do Monte Alverne mudou-se para São Paulo a fim de completar seus estudos no Convento São Francisco de Assis. Quando chegou ao Convento São Francisco, Monte Alverne estudou filosofia e teologia por quatro anos, junto a uma turma em que constavam 11 brasileiros e 11 portugueses. Essa equivalência devia-se a uma norma pela qual o mesmo número de estrangeiros e de brasileiros devia ser aceito nas instituições de ensino. O novo guardião e regente do convento, frei Antônio de Santa Úrsula Rodoalho, foi quem lhe ministrou as aulas de teologia. Entre as aulas de filosofia e teologia, Monte Alverne instruiu-se nas ordens sacras e, em 1808, recebeu as quatro ordens menores. Apenas duas delas foram registradas: em 1º de fevereiro de 1808, o subdiácono ou epístola, e, em 8 de fevereiro do mesmo ano, o diaconato ou Evangelho; ambas foram recebidas pelas mãos de D. Mateus de Abreu Pereira. No seu relatório de 1777, o bispo D. Manoel da Ressurreição assim descreveu essa vida escolar:

> Todos esses pretendentes estudaram com aproveitamento de três anos de filosofia escolástica nas aulas dos franciscanos desta cidade; depois frequentaram os estudos de teologia moral e dogmática com o mesmo aproveitamento do outro triênio; e agora todas as tardes na minha presença dão lição de escritura sagrada e fazem conferências de moral a que eu presido. (apud Carvalho, 1946, p.47)

Os três anos de teologia incluíam as disciplinas de história eclesiástica, dogma, moral, direito canônico e exegese. Não nos parece que tal modelo tenha sofrido muitas variações até a data dos estudos de Monte Alverne, assim como os livros a que teve acesso na biblioteca do convento, de quatro mil volumes. Entre os títulos, havia os tradicionais: *Cursos philosophicus*, de Rodericus de Arriaga, de 1669; *Cursos philosophicus*, de Agustino Laurentio, de 1668; *Metaphysicarum disputationes*, de Suarez, publicado em 1610; *Triennium philosophicum*, de Vicente Pereira; *Rerum metaphysicarum*, de Meurisse, de 1623; *Comentariorum in libros metaphysicarum Aristoteles stagiritae*, de Fonseca, publicado em 1593; *Ethicorum*, de Bacci, de 1760; *Opera*, de Melchior Cano, de 1776; *Triennium philosophicum*, de Semmery Remus, de 1723. E, ainda, os modernos: *Clavis philosophiae naturalis*, de Johanne Tatinghoff, publicado em 1665; *Instituições philosophicae*, de Genuense, 1782; *Elementorum theologicae dogmática*, de Veneza, 1776; *Disciplinarum metaphysicarum elementa*, de Bassani, 1764; *Verdadeiro método de estudar*, de Luís Antonio Verney; e *Instituciones logicae in uzum tironum scripte*, de Genuense. De leituras como essas é que Monte Alverne (1858, p.XII) gabava-se, exaltando o seu autodidatismo, que incluiu o aprendizado solitário da língua francesa:

> A Metrópole não queria homens sábios nas suas colônias: era à custa de esforços inauditos que os brasileiros podiam distinguir-se. Restava um

meio fácil de promover o nosso adiantamento, o estudo da língua francesa: porém, ainda em 1807 não havia no Rio de Janeiro um professor público dessa língua. Foi para mim um triunfo, digno de igualar-se aos trabalhos de Hércules, aprender sem mestre, e sem o socorro da gramática, este idioma tão rico de escritores iminentes. Entregando-se à cultura da eloquência, o jovem orador brasileiro era condenado a ficar na obscuridade, estudando os oradores portugueses, cujos sermonários eram comuns entre nós; ou procurar na leitura dos pregadores franceses as inspirações de que carecia para ilustrar o seu espírito e abrilhantar os seus discursos.

Além das dificuldades no aprendizado da língua, havia outras matérias de que o frei se ressentia por não ter tomado lições, como política. O frade creditava a força de vontade para superar tais obstáculos ao amor pela pátria:

> Advogando sempre a causa do meu país, sem seguir a causa de algum homem [...] confesso que nunca foi iniciado nos altos segredos da política [...] mas é porque devo advogar a causa de meu país; porque devo zelar os interesses da sociedade (que me empenho nos estudos). (Monte Alverne, 1858, p.XII)

No intuito de zelar pelos *interesses da sociedade*, frei Francisco do Monte Alverne esmerou-se no desenvolvimento de seus raciocínios, que para ele eram garantidos por dois tipos de princípios: *uns de fé, outros de evidência*. Os últimos seriam oriundos de três fontes: *os sentidos externos, a consciência e a inteligência* (Monte Alverne, 1858, par.174); sentidos que o frade acreditava possuir, como brasileiro que era:

> Sempre vi no caráter dos brasileiros esta superioridade de talentos que ninguém os contesta, esse futuro grandioso, esta glória que deveria ilustrar o nosso país tão espezinhado pelo estrangeiro, que não nos conhece e aprecia, porque talvez não nos possa bem avaliar.[7]

---

7   Monte Alverne em carta ao amigo Castilho, de 4 de dezembro de 1855 (apud Freire, 1921, p.90).

No ano de 1810, Monte Alverne teve oportunidade de tornar públicos tais princípios, pois a Congregação do Convento mudou o corpo docente do Colégio São Paulo, e, embora fosse tradição que um instrutor acompanhasse a turma até o término dos estudos, o frei Inácio de Santa Justina Leite,[8] que lecionava filosofia, foi transferido para Taubaté como superior do Convento de Santa Clara. Frei Antônio do Bom Despacho Macedo foi quem o substituiu no cargo de lente de prima e frei Joaquim de Santa Catarina Loyola como lente de vésperas. Essas modificações faziam parte de uma renovação dos quadros e das ocupações promovida por D. Caetano da Silva Coutinho, bispo responsável pela província da Imaculada Conceição desde 1805, quando morreu o bispo Castelo Branco.[9] Mudanças e transferências que atingiriam a outros partícipes do convento, como Monte Alverne, que foi eleito para pregador passante do convento. As aulas do passante consistiam numa revisão das matérias já estudadas, mas, a partir dessa primeira nomeação, Monte Alverne ocuparia inúmeros cargos na província franciscana.

Na Congregação Capitular de 24 de abril de 1813, realizada no Rio de Janeiro, Monte Alverne foi eleito professor de filosofia do Colégio São Paulo. Para lecionar, segundo Manuel Joaquim do Amaral, discípulo de Monte Alverne, os padres recebiam entre 200 e 150 contos de réis anuais.[10] Desde 1687, no Convento São Francisco de Assis, os professores tinham autonomia para dar suas aulas conforme acreditassem ser melhor, instituindo, portanto, seus programas e disciplinas de maneira independente. Entretanto, no curso de filosofia, cabiam os

---

8   Seria novamente transferido para Itu, onde denunciou Antonio Feijó por sua falta de ortodoxia no ensino da filosofia ou mesmo jansenismo nas aulas ministradas.
9   Novas modificações seriam implementadas entre 1828 e 1909, quando a ordem passaria por uma restauração que contou com a colaboração de todos os membros presentes no período (Rower, 1945).
10 A respeito da qualidade dessas mal pagas aulas, um professor da Bahia, Dr. Antonio Ferreira França, em mesa de exame para professor régio, assinalou uma situação curiosa em que um colega lhe fizera uma difícil pergunta de geometria e à qual ele responderá: "Senhor, (disse o professor com aquela sua sarcástica humildade) eu ensino aqui geometria de quatrocentos mil reis, e v. ex. está me perguntando geometria de um conto e duzentos" (Gonçalves de Magalhães, 1882, p.403).

ensinamentos de lógica, matemática, ética e física. No primeiro ano, estudavam-se lógica e matemática. A disciplina de ética era ensinada no segundo ano e a de física no terceiro. Direito natural era matéria também para o segundo ano, e geometria elementar, para o terceiro. Segundo os registros das *Tábuas Provinciais* (cf. Lopes, 1958), a primeira aula de filosofia do frei Francisco do Monte Alverne começou com uma diferenciação entre o empirismo inglês e a proposta eclética de interpretação, muito apreciada no período, além de uma breve exposição das influências francesas na educação do Brasil.[11]

A proposta eclética era respaldada pelos escritos do francês Victor Cousin, a quem o frei dedicava imenso reconhecimento. Entre as influências francesa, inglesa e, especificamente, eclética, Monte Alverne indicava três princípios de conhecimento humano: análise, analogia e experiência. Para esse franciscano, a experiência era a melhor forma de efetivar o conhecimento humano, pois apenas por meio da experiência as duas opções anteriores também poderiam ser contempladas, isto porque, para ele, a experiência era o meio mais completo de conhecimento. Monte Alverne dedicou alguns anos de estudo à filosofia, anos que resultaram, em meados de 1833, na escrita do seu *Compêndio de philosophia*, que só foi publicado em meados de 1850.

---

11 O ecletismo assumido pelos brasileiros teve inspiração nas obras de Victor Cousin, que transita entre o empirismo e o sensualismo. Concatenando os métodos historicista e psicológico e o espiritualismo, Cousin empreendeu a divulgação de seu pensamento mais por meio da oralidade e da política que da filosofia, o que teve continuidade no Brasil, haja vista os trabalhos dos igualmente ecléticos: Gonçalves de Magalhães, que privilegiou a corrente psicológica, e Antônio de Figueiredo, que deu ênfase a um cientificismo historicista (Paim, 1967). No Brasil, o expoente de maior vulto dessa corrente de pensamento foi o português Silvestre Pinheiro Ferreira (1769-1846). Em suas Preleções philosóphicas sobre a theoria do discurso e da liguagem, e esthética, a diceósyna e a cosmologia (Ferreira, 1813), três são os princípios do ecletismo: a) os fundamentos de todas as ciências partem da experiência sensível, (b) a sistematização do conhecimento é assegurada pela identidade da razão humana – ontologicamente – e pela correspondência existente entre linguagem e realidade, e (c) a filosofia – sistema – é a garantia do exercício do conhecimento. Sobre esse tema, ver Silva (1975) e a dissertação de mestrado de Marcelo Francisco de Almeida, A revista O progresso e a proposta de reformas sociais (2001).

Nesse compêndio, Monte Alverne formulou três condições para o entendimento filosófico: a) que devemos ter muitas ideias para poder deliberar com certeza, b) que devemos estar dispostos a recorrer à razão e c) que controlemos os nossos afetos para evitar a perda ou perversão da razão (Macedo, 1997). Para justificar a necessidade da publicação de um compêndio de filosofia, que já era utilizado como apostila de seu curso, o frade escreveu, em 4 de dezembro de 1855, numa carta destinada ao amigo Castilho (apud Freire, 1921, p.105):

> Acreditai-me, não é um tratado de eloquência de que necessitam os corruptores da linguagem do púlpito e os plebeus da nossa atual libertação; eles carecem de instruir-se nos primeiros elementos da arte de pensar; necessitam conhecer a teoria do discurso e os preceitos da composição.

Ao longo da primeira metade do Oitocentos, conhecer a composição do discurso significava, entre outras coisas, exercitar uma moralidade que só poderia ser explicitada por meio da educação dos costumes ou, nas palavras dos coetâneos, por meio da *civilização do povo*. Quando Monte Alverne se dispôs a revisar seu compêndio, a fim de publicá-lo, a retórica, que fazia parte dessa educação de costumes, sofria algumas contestações que também eram constatadas pelo frei. Daí ele defender a publicação de um compêndio de filosofia em detrimento de um compêndio de eloquência, como era corrente até então:

> Não sou inimigo da retórica; conheço o seu valor, aprecio os socorros que ela pode ministrar ao talento; mas a quem deveu ela estes recursos? De quem aprendeu ela os meios de evitar os desvios, ou os excessos que anulam, inibiam a composição? Ficai certo; é mister educar, instruir e disciplinar este povoléu de literatos e oradores. (apud Freire, 1921, p.106)

Se em 1855, quando Alverne escreveu essa carta, existia um *povoléu* de oradores e literatos, até 1808 esse quadro não se mostrava tão amistoso, pois, segundo o próprio Monte Alverne (1858, p.VI), a formação desse *povoléu* só seria possível com a chegada da Corte e com as transformações impulsionadas por essa nova condição:

A chegada do Príncipe Regente ao Brasil foi saudada como presságio de sua grandeza, e sua futura independência. Os grilhões coloniais estalaram um a um entre as mãos do príncipe, que a posteridade reconhecerá como o verdadeiro Fundador do Império do Brasil. As artes, a indústria e o comércio floresceram à sobra do gênio criador desse Monarca generoso, para quem o Brasil era o sonho mais agradável de sua vida. Tudo o que o Brasil possui em estabelecimentos de pública utilidade, teve nele a sua origem. Arsenais, Academias de Marinha, Teatro, Museu, Escola e Arquivo Militar, Tesouro, Imprensa, Biblioteca, Praças Públicas, tudo é devido à sua beneficência e à sua solicitude. A ação protetora do Príncipe devia exercer nos espíritos uma poderosa influência.

A colaboração da ação protetora do príncipe não significava, para o padre, que no Brasil nada existia antes de D. João VI:

> A Corte viu com assombro homens iminentes nas ciências eclesiásticas que, sem ter saído do seu país, sem os recursos das Universidades e as vantagens que oferecem os Liceus e as escolas bem organizadas, não receavam mostrar-se e falar com distinção, e mesmo com superioridade, diante dos Doutores e dos homens que tinham obtido pergaminhos, com que intensificavam sua alta instrução. (Monte Alverne, 1858, p.VII)

Embora a educação, para o frei, ocupasse um espaço avançado no Rio de Janeiro do início do século XIX, as mudanças promovidas pela transferência da Corte alargaram tal espaço, que até então era ocupado por instituições religiosas como as Escolas Pias de Nossa Senhora do Socorro, a respeito da qual assinalava Alverne em 1825:

> Foi sem dúvida inspirado pelo gênio da civilização o primeiro, que reuniu em torno de Maria as primícias da sociedade, para vir instruir-se aos pés da mãe da sabedoria nos elementos das letras. O homem que lançou a primeira pedra do edifício, em que os meninos aprendem os louvores de Maria com a primeira lição da arte sublime de conhecer por sinais os pensamentos dos homens. Tinha sem dúvida o conhecimento mais profundo de nossa miséria, e do meio mais seguro de afugentá-la, e destruí-la. [...] Não era possível, senhores, que estivésseis privados tanto tempo de uma tão preciosa instituição. Convinha que Maria derramasse no

meio de vós uma torrente de benefícios, que vossos pais desconheceram, e que vós mesmos não experimentastes, a fim de que não pudésseis um só instante duvidar, que sereis protegidos muito de perto por esta mãe sempre cuidadosa da ventura de seus caros filhos. Ela se declara de uma maneira particular mãe dos vossos filhos, abrigando-os em seu seio maternal, comunicando-lhes a piedade, imprimindo em seu coração os verdadeiros princípios da moral, para torná-los filhos respeitosos, cidadãos abrasados no fogo do verdadeiro patriotismo, magistrados virtuosos, homens honrados e bravos militares. Mil, e mil vezes bem aventurados vós, que com o nome de servos de Maria desempenhais os encargos mais importantes da religião e da pátria, incumbindo-vos da educação da mocidade; confiando à vigilância de Maria os filhos dos vossos concidadãos, para os acostumar com a linguagem da virtude, familiarizá-los com as ideias da justiça, e levantar em seu coração uma barreira contra a sedução das paixões.[12]

Como ele, os religiosos tinham, portanto, *um dos encargos mais importantes da religião e da pátria*, que era o de *educar a mocidade*. Quando D. João VI chegou ao Rio de Janeiro, o ensino, que até então era religioso – salvo pelos poucos professores régios e particulares –, recebeu um incremento laico. Como já vimos anteriormente, algumas instituições foram criadas e outras melhoradas. Além disso, muitos professores passaram a dar aulas particulares no Rio de Janeiro. De qualquer maneira, é lógico que Monte Alverne não iria desmerecer o conhecimento de pessoas que, como ele próprio, haviam estudado nas instituições locais, antes que toda essa renovação fosse promovida. Para mais, é preciso ressaltar que a *educação da mocidade* era um dos elementos preponderantes das atividades de religiosos que, como Monte Alverne, estavam inspirados pelo *gênio da civilização*. Educar era o mesmo que civilizar, afinal, para ele, o cristianismo e, consequentemente, os religiosos eram responsáveis pela *fundação da civilização*:

---

12 Discurso sagrado sobre as Escolas Pias de Nossa Senhora do Socorro. Recitado na Capela do Senhor dos Passos, em 25 de janeiro de 1825 (Monte Alverne, 1858, p.395-6).

Nenhum acontecimento manifesta com mais fulgor a impressão inofuscável da onipotência, de que as vitórias do Cristianismo. Vencedora de todos os erros, triunfante de todos os preconceitos, a Religião do Proscrito restabeleceu a moralidade, fundou a civilização, reformou o direito público, restaurou as ciências, fomentou as artes e reuniu em torno de sua bandeira sagrada o Universo espantado de sua regeneração.[13]

Com a chegada da Corte, esse ensino da civilização tornou-se, se não mais fácil, mais presente, pois, com a transferência da sede do império, criou-se uma certa autonomia para o Brasil:

> Esta medida salutar acabou com todos os tropeços coloniais e deu a sentir o que pesávamos na balança política. Só os princípios desta benevolência universal firmada no progresso dos povos podiam determinar o príncipe regente a um passo tão resoluto. Só um governo penetrado de sua augusta missão podia proscrever noções inveteradas. Não se falará só de felicidade pública; ela será vista; ela será mesmo gozada.[14]

Na oração em ação de graças pela elevação do Brasil a reino pregada na Vila de Itu, em 4 de fevereiro de 1826, Monte Alverne (1858, p.280) ainda iria assinalar que essa autonomia conquistada com a transferência da Corte foi o agente propulsor da elevação do Brasil a reino:

> Que reflexões tão dignas da filosofia, tão próprias para amadurecer a experiência, despertaram-se com esta rápida e faustosa transição por que acabamos de passar! Que contraste entre os esmeros de um príncipe cuidadoso do engrandecimento do Brasil, e os quadros de horror que conspurcam os anais da espécie humana! [...] O impulso vigoroso, que impele o carro, em que o Brasil se mostra ovante, não descobre uma vontade firme e determinada em promover o adiantamento do Brasil? Quando nossos netos perguntarem: quem tornou florentes nossas povoações, fomentou

---

13 Panegírico de S. Pedro D'Alcantara, pregado na Capela Imperial no dia 19 de outubro de 1829 (ibidem, p.173).

14 Oração em ação de graças pela elevação do Brasil a reino, pregada na Vila de Itu, província de São Paulo, no dia 4 de fevereiro de 1866 (ibidem, p.279). O título da oração de Alverne se refere ao ano de 1866; todavia, é de nosso conhecimento que o frade morreu antes disso. Considera-se, portanto, a possibilidade de um erro editorial e se supõe que a oração tenha sido pregada em meados de 1826.

a agricultura, deu segurança aos nossos estabelecimentos rurais, pejou nossos portos com navios nacionais e estrangeiros, fundou arsenais, criou escolas, erigiu academias, fez surgir uma nova capital e embelezou com os edifícios mais suntuosos? Haverá um só, que não pronuncie seu nome, este nome tão caro aos seus, tão respeitável aos estranhos? As vantagens incalculáveis da paz serão de agora em diante preferíveis ao esplendor efêmero das façanhas belicosas.

Em resumo, para Monte Alverne (1858, p.278-9), o Rio de Janeiro do primeiro quartel do século XIX viveu um tempo de grandes mudanças:

> Chegou a época em que galgamos o degrau honorífico tão longamente aguardado. Abriu-se a mesma lice ao talento. Nós pretenderemos, nós subiremos às honras com esta altivez, que distingue um povo livre. Ontem filhos mais moços de Portugal somos hoje seus iguais. Reapertaram-se estas molas sociais, cuja ação atrairá sobre nós olhares respeitosos. Realizaram-se os desejos dos grandes homens, que não recearam invocar o amor do gênero humano, e haviam bebido suas luzes no fogo sagrado, que os abrasava. A liberdade ilimitada do comércio do Brasil deve sem dúvida excitar os mais ativos esforços, e reanimar todas as indústrias. Não se duvida mais que se deve ao comércio a felicidade dos povos e a grandeza dos Estados; que sua opulência deve ser fundada no trabalho, e que vale mais do que o ouro e a prata. A importação ministra e fornece as matérias que devem excitar o desenvolvimento industrial: a exportação anima a fabricar além do que exige o consumo doméstico. O acréscimo de comodidades recompensa os suores e as fadigas. Os espíritos adquirem um vigor novo. As ciências, as artes são cultivadas com sucessos sempre novos, sempre renascentes, porque são mais conhecidas nos Estados, em que a indústria é mais desenvolvida.

Esse *novo vigor* que a transferência da Corte e os acontecimentos que a sucederam trouxeram para o Rio de Janeiro era exaltado por Monte Alverne como um ponto de inflexão pelo qual a história do Brasil foi reanimada num sentido civilizatório. A missão de homens de letras, como ele, era colaborar para que esse momento fosse adequadamente aproveitado para a *instrução da mocidade*, o que garantiria ao futuro a continuidade desses "progressos". Tais progressos incluíam também o desenvolvimento de outros setores:

ECOS DO PÚLPITO   151

Quem não sente, quem não vê o andamento do Brasil, firmado na consciência universal? A força cede à inteligência. A opinião pública alui os alicerces do poder efêmero dos déspotas; e a imprensa fortalece a nova rainha do mundo, para alterar esses opressores subalternos, que em nome dos reis votam às suas paixões, e à sua imbecilidade, súditos que valem mais que seus tiranos. O Brasil não pode já retrogradar. A criação dos conselhos provinciais, a organização das câmaras municipais, a instituição dos jurados, o estabelecimento dos juízes de paz afiança ao Brasil uma estabilidade tão sólida, e tão duradoura, que frustraria os ardis de todos os seus inimigos. Qualquer tentativa para forçar o Brasil a descer da sumidade, em que está colocado, faria rebentar comoções, que dariam em resultado a perda do equilíbrio na balança social.[15]

A transferência da Corte para o Rio de Janeiro alargou os limites dessa *posição social* de Monte Alverne, pois, em 20 de abril de 1816, nomeado por D. José Caetano da Silva Coutinho, assumiu também as funções de teólogo da nunciatura e de lente de retórica no Seminário São José. Mais tarde seria nomeado para as cadeiras de teologia dogmática e filosofia racional; no ano seguinte, examinador da Mesa de Consciência e Ordens, tribunal criado por alvará de 22 de abril de 1808; e, em 1818, guardião do Convento da Penha, no Espírito Santo, cargo a que renunciou três anos depois. Em 1814, seria eleito secretário da província e custódio da Mesa Capitular. Como religioso, frei Francisco do Monte Alverne iria se mostrar um trabalhador assíduo, envolvido em várias atividades. Com a partida do rei D. João VI e, sobretudo, com a ascensão do governo regencial, novas mudanças foram enfrentadas pela população carioca. Tais mudanças também foram avaliadas por Monte Alverne, mas dessa vez sob um novo ângulo:

O infortúnio tem apalpado muitas vezes o Brasil. A guerra civil, a anarquia e a perfídia têm conspirado para inutilizar os planos da Providência, que assegura ao Brasil a sorte mais gloriosa; os terrores de um

---

15   Oração em ação de graças recitada no dia 25 de março de 1831, aniversário do solene juramento da Constituição, celebrada na Igreja de São Francisco de Paula pelo povo fluminense (ibidem, p.333).

futuro incerto e tenebroso têm agravado os males do momento, para este gigante dos trópicos, que a Onipotência divina sustenta, e fortifica; mas nós podemos afiançar sem temor de exagero que o Brasil teria desaparecido envolto em luto, coberto de ruínas, se, por efeito de sua justiça terrível, o Eterno deixasse terminar uma vida, que o Brasil quisera resgatar à custa dos mais duros sacrifícios.[16]

Esses infortúnios também atingiram as ordens religiosas. Nesse sentido, o frei Francisco do Monte Alverne formulou um plano de reforma para a província Imaculada da Conceição em 1833. Nesse período, a província enfrentava uma crise que podia ser notada, entre outros fatores, pelo número de 40 ou 50 aspirantes à carreira religiosa ante as 400 vagas oferecidas pelo Convento São Francisco de Assis, em São Paulo. A redução no número de internos deu-se tanto pela proibição da admissão de novos membros quanto pela redução dos honorários dos clérigos – duas medidas que foram tomadas pelo Estado. Inspirado por essa crise, Monte Alverne escreveu cerca de 20 páginas analisando a situação da província Imaculada da Conceição e da Ordem Franciscana no Brasil, e propondo mudanças de cunho estrutural para a ordem. Essas 20 páginas constituíam o plano de reforma para a província Imaculada da Conceição. Nos itens da reforma, Monte Alverne parecia acreditar que, uma vez vinculados Estado e Igreja, cabia àquele socorrer esta em suas necessidades materiais, e cabia à Igreja socorrer o Estado em suas necessidades espirituais. Mas, como a Igreja encontrava-se *esquecida pelo século*, era preciso que ela se adaptasse a essa nova situação. O que significava que a Igreja e, especificamente, a ordem franciscana precisavam, se não recobrar a confiança da população, mudar sua postura em relação à sociedade. Exigia-se uma nova atitude dos religiosos que incluía a reafirmação do respeito a alguns votos e a reelaboração, ou mesmo o abandono, de outros, como os votos de castidade e de pobreza. Nesse plano, ele soli-

---

16 Oração recitada na solene ação de graças pelo feliz restabelecimento da saúde de sua majestade imperial o senhor D. Pedro II, celebrada pelo primeiro batalhão da Guarda Nacional, na Igreja Paroquial do Santíssimo Sacramento, no dia 3 de novembro de 1833 (ibidem, p.315).

citava ainda maiores liberdades e menores encargos aos franciscanos, reclamava dos custos da profissão e da falta de uma modernização da ordem,[17] pontos que entendia extensivos a toda a Igreja Católica, como podemos notar nas seguintes linhas do Segundo Panegírico do Senhor Bom Jesus do Calvário, pregado no dia 15 de janeiro de 1832:

> Não bastava ver conquistado o nosso respeito com o nome da congregação do Senhor Bom Jesus do Calvário; nossos filhos mais zelosos, do que seus pais, achariam mesquinhos os seus progressos; e abraçados com a cruz do Salvador num século, em que a devoção excita a zombaria dos ímpios, sujeitam-se a uma regra aprovada pela Igreja; ligam-se com outros deveres; impõem-se obrigações ainda mais estreitas; e vêm espantar as paixões aceitando a severidade do Evangelho. (Monte Alverne, 1858, p.318)

A cobrança por renovações, ou mesmo por novidades, foi, ao longo desse período, uma constante nos escritos de Monte Alverne. O entendimento de que a novidade sempre guardava consigo bons presságios acompanhou Monte Alverne, como muitos outros de sua época. Mas em nenhum outro escrito seu ela foi mais enfática do que no plano de reforma, pois, neste, o novo significava a vida de sua ordem e, por extensão, a sua também. O plano foi defendido na mesma oportunidade em que as eleições da província se realizavam, e a defesa não ocorreu da melhor maneira, como informou Castilho:

> Estando já cego, tentou reformar o convento; e para esse fim mandou vir de São Paulo um fr. Santo Aleixo, padre de virtude, inteligência e ação. Na véspera das novas eleições, os frades pregaram na porta da cela de Monte Alverne uma lista em que todas as dignidades do convento eram dadas a leigos, vindo entre eles o nome do reverendo cego. No dia da eleição, comparece no capítulo o padre mestre Monte Alverne. Antes de

---

17 Embora o plano tenha sido revogado, alguns desdobramentos posteriores, como a reorganização institucional de alguns conventos, o paulista, por exemplo, nos indicam o fato de que foi debatido com certo afinco. Acerca de suas propostas e profundidades, existem três estudos muito interessantes: Mathias (1972), Costa (2000) e Lopes (1958).

começar o ato, tira ele da manga a lista-pasquim, e manda-a ler em voz alta. Depois, dando um murro na mesa, exclama: Isto é verdade, uma grande verdade. Estou e vivo entre leigos. Ah! Meu Deus, querem acabar com o último frade! E retirou-se para nunca mais voltar ao capítulo.[18]

Para Monte Alverne, em 1833, mudar significava manter a importância da ordem franciscana no país e a sua própria importância dentro dela. O plano de reforma, entretanto, não seria aproveitado até 1900 quando algumas modificações foram feitas na ordem. Nota-se que sua influência mais efetiva foi na vida do próprio Alverne, que, em 1835, descontente com a Ordem, encaminhou um pedido de Breve de Secularização para o Vaticano. Esse pedido era feito quando algum religioso tinha a intenção de desligar-se da ordem à qual pertencia ou mesmo quando queria abdicar dos votos feitos, deixando a carreira de religioso. O pedido de Monte Alverne, contudo, seria revogado pelo próprio frei apenas seis meses depois de ter sido encaminhado (Costa, 2000). Embora aceitasse algumas medidas extravagantes que poderiam ser entendidas como revolucionárias, Monte Alverne não pautava seu discurso, e conquanto sua atitude, por meio destas. Monte Alverne não era um aspirante a revolucionário, nem era afeito a rupturas bruscas. Acreditava que a sociedade só poderia conquistar a *ventura pública* por meio de um *pacto* pacificamente estabelecido:

> Não procuremos, senhores, depois de tantos disparates, uma perfeição social, incompatível com a fraqueza do homem. A ventura pública só pode basear-se em um pacto de harmonia com os seus antigos hábitos. Uma constituição que aperta em um só feixe todas as partes deste grande todo, que concilia todas as ambições particulares com o fim grandioso da utilidade comum, pode só deixar em legado à posteridade uma nação forte, respeitável, feliz e poderosa.[19]

---

18 Essa citação veio acompanhada da introdução: "Ao mesmo propósito faz ainda o caso relatado pelo nosso Silva Túlio, o qual o ouvira ao Sr. Porto Alegre e o expõe assim na sua excelente notícia biográfica acerca do padre" (apud Freire, 1921, p.83).

19 Oração em ação de graças recitada no dia 25 de março de 1831, aniversário do solene juramento da constituição, celebrada na Igreja de São Francisco de Paula pelo povo fluminense (Monte Alverne, 1858, p.334).

A constituição reclamada por Monte Alverne foi promulgada em 25 de março de 1824. Mas a *marcha gloriosa* do Brasil, que havia conquistado a sua carta magna, deveria vir acompanhada de uma outra marcha, a das luzes:

> Nenhum espetáculo é mais fecundo em reflexões do que a marcha progressiva do gênero humano, lançado na carreira com todas as suas promessas e todos os seus destinos. A filosofia acendendo seu archote, e recebendo novas luzes da lâmpada inextinguível da Religião, dissipou as trevas espessas, em que a ignorância tinha envolto os séculos; e justificou os desígnios desta previsão eterna, que dirige os impérios. O homem colocado no seu tempo, e no espaço, para tudo conquistar com a sua inteligência, não encontrou mais no acaso a origem dos sucessos, que abrilhantam os fastos da humanidade; e as teorias do mundo moral, outrora tão obscuras, prestam-se hoje a um desenvolvimento, que os reflexos mais puros da razão nunca puderam ministrar.[20]

A *marcha progressiva do gênero humano* aceitava mudanças, guiadas pela razão. Às vezes, o homem poderia sentir-se acuado mesmo a ponto de levar revoluções a cabo, mas essas só serviriam para disseminar a anarquia e a discórdia, que eram contrárias à *civilização*:[21]

---

20 Oração recitada na solene ação de graças pelo feliz restabelecimento da saúde de sua majestade imperial o senhor D. Pedro II, celebrada pelo primeiro batalhão da Guarda Nacional, na Igreja Paroquial do Santíssimo Sacramento, no dia 3 de novembro de 1833 (ibidem, p.317).

21 A necessidade de civilizar a população tinha um forte vínculo com a ideia de ilustração, ou mesmo, ao fim e ao cabo, com a ideia de razão, que também implicava certos problemas, o que o levava a conectá-la à religião, pois: "A religião devia tremer de sua estabilidade, vendo levantar-se à sua frente homens tirados da última classe dos cidadãos, sem algum título à consideração pública, que ousavam baralhar todos os sistemas; e gabavam-se de ensinar os princípios mais puros da moral, e os segredos mais sublimes da natureza divina. Se um reformador vaidoso quisesse levantar o estandarte do proselitismo; se um legislador feroz pretendesse curvar os homens ao julgo de suas paixões e concebesse o projeto insensato de constranger milhões de escravos a beijar o pó na sua presença; ele teria procurado exaltar sua imaginação com o prestígio do maravilhoso; e submeter a influência de razão à energia de sua vontade. Mas o Legislador divino conhecia muito bem até que ponto devem chegar os domínios da inteligência. O Reparador não ignorava

Senhores eleitores, não esqueçais as lições da história; não desprezeis os conselhos da experiência. Quando uma nação é desgraçadamente mal representada, só espera das revoluções um estado de coisas mais feliz; e expõe-se a ser o ludíbrio, e instrumento de todo o faccioso que se apresenta para socorrê-la. O povo liga-se por instinto àquele, que tem bastante valor para falar em seu abono; aprova as reclamações feitas em seu nome; e prefere muitas vezes para seus intérpretes, ambiciosos e hipócritas, que o seduzem, prometendo seu auxílio; e destroem o Estado pretextando defendê-lo.[22]

Atente-se que a civilização e as luzes são guiadas pela religião e que, na falta desta, institua-se a falta de caráter, que pode levar o Estado à corrupção e o povo à revolução, de modo que:

> É uma injustiça estigmatizar as revoluções com o ferrete do crime. É um absurdo supor que as nações se deixem arrastar por uma cega fatali-

---

que há barreiras, contra as quais vão quebrar-se todas as ondas do orgulho e do mais porfiado ceticismo. Ele quis, portanto, aguardar o momento em que devia resolver o problema espantoso de um homem, que por uma força oculta em seu coração fizesse em pedaços os grilhões da morte, passasse glorioso através da corrupção do túmulo e se deixasse ver triunfante sobre as ruínas de seus mortais inimigos, para reduzir ao silêncio as pretensões da filosofia; arruinar o império do pecado; e prodigalizar os tesouros desta redenção, que os séculos deviam contemplar cheios de admiração e pasmo" (Sermão do Senhor Bom Jesus Atado à Coluna, pregado no Convento da Ajuda desta cidade, p.281). Ou ainda: "Seria inútil procurar nos mistérios da política a origem destas revoluções, que alteram a fisionomia dos povos. Seria o maior abuso da inteligência pretender encontrar na força das coisas a solução destes problemas, que baralham todas as ideias e desconcertam as combinações da sabedoria. É fácil descobrir a série destas relações, depois que todos os anéis da cadeia se manifestam e patenteiam; mas desde que é preciso encher os intervalos; desde que é mister remontar à causa primitiva dos fenômenos morais; o homem deixa ver toda a sua franqueza; e seu gênio desaparece com todas as suas teorias" (Oração recitada na solene ação de graças pelo feliz restabelecimento da saúde de sua majestade o imperador o senhor D. Pedro I, celebrada na capela dos Terceiros de Nossa Senhora do Monte do Carmo, no dia 18 de janeiro de 1830, pelos criados de sua casa, p.306).

22 Discurso recitado no dia 28 de maio de 1833, na Capela Imperial do Rio de Janeiro, perante o colégio eleitoral, reunido para proceder à eleição de um senador por esta província (p.343).

dade ao abismo, em que vão irrevogavelmente perder-se. Consultando os monumentos, que atestam a passagem destas lavas, que têm alagado as monarquias e as mais florescentes repúblicas, a filosofia assinala com segurança a causa destas comoções violentas que têm sacudido as gerações e tantas vezes penetrado de dor o Universo. Há um instinto de felicidade que levanta sua voz poderosa no seio dos povos, assim como impera em cada homem. Esta expansão de magnanimidade, estas inspirações de heroísmo, esta missão que faz aparecer nos mais soberbos teatros esses personagens destinados a marcar um período nos fastos do gênero humano, lança igualmente na arena as diferentes frações da sociedade, que instruídas pela reflexão e estimuladas por sua própria dignidade conquistam com os mais duros sacrifícios estas imunidades legítimas, sem os quais serão nulas todas as regalias.[23]

O instinto de felicidade a que se referiu Monte Alverne só seria possível por meio da libertação da população, que seria efetivada com a civilização desta:

> A liberdade não pode existir sem espírito público, sem elementos de justiça e princípios de equidade; mas esses sentimentos elevados, essas brilhantes qualidades são a consequência de uma educação virtuosa estabelecida na Religião e na verdadeira filosofia.[24]

Assim, para Monte Alverne, a libertação só seria alcançada por meio dos fundamentos da Igreja Católica, que possuía, em seu criador, Jesus Cristo, o primeiro e o maior exemplo de libertação. Desse modo, aos sábios religiosos, que eram homens de letras, cabia a missão de instruir a população para que não se desviasse de tal caminho. Foi nesse sentido que Monte Alverne (1858, p.159-60) pregou, na Capela Imperial do Rio de Janeiro, o Sermão da Paixão de Nosso Senhor Jesus Cristo:

---

23 Oração em ação de graças recitada no dia 25 de março de 1831, aniversário do solene juramento da constituição, celebrada na Igreja de São Francisco de Paula pelo povo fluminense (p.327).

24 Discurso recitado no dia 28 de maio de 1833, na Capela Imperial do Rio de Janeiro, perante o colégio eleitoral, reunido para proceder à eleição de um senador por esta província (p.343).

Cruz preciosa, quando milhões de povos aparecem hoje a teus pés suplicando a reprodução destes milagres, que libertaram a espécie humana; quando as nações reconhecem em ti a fonte de civilização, o termo das rebeliões e a segurança dos tronos; quando o mundo físico e moral é salvo da inundação dos bárbaros e do naufrágio dos costumes se acolhe a tua sombra, como a árvore protetora de sua liberdade e sua ventura; oh, Cruz, em um dia em que os gemidos da Esposa Eterna sobem ao céu com o fumo do sacrifício da expiação geral, para fazer descer sobre a terra suas emanações inefáveis; meu coração não terá um sentimento, minha língua não achará um voto para a prosperidade desta pátria, que faz todas as minhas delícias e absorve todas as minhas afeições? Poderei eu esquecer-me da terra abençoada, em que tu, oh, Cruz, recebeste suas primeiras adorações; desta pátria, hoje tão gloriosa, hoje tão sublimada? Invoquem outros em seu favor a consideração, o respeito e um lugar proeminente no meio dos povos civilizados. O coração de seus filhos se extasie vendo através de um futuro, que rapidamente se aproxima, seus pavilhões vitoriosos assoberbam os mares da Aurora, as praias do velho mundo e as ilhas mais remotas; penetrados do mais belo e mais sublime de todos os sentimentos morais, o amor do seu país, implorem a conservação deste trono Imperial, que salvou o Brasil da voragem da anarquia e dos horrores da guerra civil; eu virei depois deles dirigir súplicas mais modestas e mais dignas de ti. Faze, oh, Cruz adorável, que os brasileiros respeitem esta Religião Divina selada em teus braços com o sangue de um Deus, e o Brasil será grande porque será virtuoso; e o Brasil será respeitado porque conservará em seu seio a semente preciosa da verdadeira ilustração.

O bom caminho dependia, pois, da religião, a tal ponto que a *semente da verdadeira ilustração* só poderia ser oferecida pela *cruz preciosa* invocada por Monte Alverne. Isso significava que a religião, além de um valor pessoal, tinha um peso coletivo na ilustração dos povos. Em outras palavras, a razão pela qual o gênero humano tinha conquistado sua libertação e fundamentado a sua civilização deveria ser buscada na religião:

Senhor, assim se manifestou na oportunidade dos tempos esta Religião divina, que as necessidades do gênero humano invocavam imperiosamente. Cercado de seus mistérios, sustentado por suas esperanças, enobrecido com sua moral, o Cristianismo dissipou todos os prejuízos, derrubou os monumentos do homem; e forte de princípios, forte de comoções, colocou-se a testa do grande movimento racional e realizou os prodígios da civilização moderna.[25]

Aliás, a razão não está apenas fundada na religião, mas está também submetida a ela: "Perguntai agora aos filósofos, se por ventura seus sistemas podem assegurar tão estupendas maravilhas; e se a providência do século tem o direito de escarnecer as teorias da Cruz".[26] A racionalidade estaria, portanto, vinculada à religião, no sentido de que dependia dela. Esse vínculo era estabelecido sob quatro parâmetros: a) a existência, âmbito no qual a racionalidade se desenvolve, estaria subordinada à vida; b) a vida era um milagre possibilitado por Deus; c) como o milagre da vida, a razão não poderia explicar outros mistérios que só a religião entendia; d) justamente por entender a importância desses milagres é que a Igreja não participava suas explicações ao povo, que deveria estar preparado, se não civilizado, para recebê-las. Em resumo, quanto mais civilizado era um povo, mais ele entendia dos mistérios da fé e, portanto, mais religioso era. Tratava-se de um sentimento de espiritualidade, com o qual compactuavam não só os religiosos do início do Oitocentos, mas também os homens de letras da época. Monte Alverne tentou sintetizar esse sentimento de espiritualidade com as seguintes palavras:

> Não perguntemos à razão os segredos, que a Fé tem reservado em seu seio: não pretendamos encontrar nos milagres da inteligência a solução destes problemas, que só ao Cristianismo é dado resolver. Abrilhantada de suas luzes imortais, anunciada pelos mais famosos oráculos, seguida dos chefes da família depositária da tradição, e das promessas mais importantes, a religião abre o livro dos profetas; mostra o desempenho da palavra do Eterno, e sobre as ruínas de todos os sistemas, a despeito de todas as

---

25 Sermão do Santíssimo Sacramento pregado na Igreja Matriz, do mesmo título, no Rio de Janeiro, em 1834. Alocução a S. M. o Imperador o Sr. D. Pedro II (p.244).
26 Sermão do mandato pregado na Igreja da Misericórdia de Rio de Janeiro (p.133-4).

paixões oferece aos olhos do Universo as maravilhas desta Redenção preparada nos espaços de quarenta séculos, e perfeitamente realizada no complemento das idades.[27]

Ou ainda:

> Se ainda se pudesse desconhecer esta ferida mortal, que destrói a vida moral do homem, nós a encontraríamos no esforço, com que a razão, procurando chamar à análise os altos segredos da Fé, se precipita a cada instante nos mais grosseiros absurdos. Raivosa por não penetrar os véus, que roubam a seus olhos os mistérios da economia Divina, a razão quebra os monumentos de onipotência e da sabedoria do Eterno; e contente de reinar sobre ruínas, aparece, como um gênio de devastação, sobre os sistemas que sucessivamente têm criado e sucessivamente têm destruído. A razão jamais podia conceber que um Deus aparecesse de rastos aos pés do homem: a ideia sublime da Divindade, o sentimento de sua impassibilidade, as ondas de glória e magnificência em que vive, como submergida, oferecem uma oposição manifesta ao sofrimento, às dores, à humilhação e à desgraça: mas não se lembrava que Jesus Cristo aparecendo à testa dos pecadores para arrancar o cancro funesto, que se reproduzia na sua raça, como que prescindiu de suas prerrogativas: esquecia-se que o Filho de Deus revestido da nossa humanidade – como diz o apóstolo – se deixou ver de seu Pai celeste, como um objeto de horror, de maldição e de opróbrio.[28]

Se entender os *segredos da fé* não era permitido para aqueles que não faziam parte de um dado grupo, qual seja, o de religiosos da Igreja Católica, compreender outros mistérios do homem também não era permitido para aqueles que não eram iniciados em grupos de relevância no período, como a maçonaria ou as sociedades literárias. De mais a mais, como já mencionamos, a espiritualidade, que envolvia a ilustração, dava um ar de "mistério para iniciados" a tudo aquilo que dizia respeito à cultura:

---

27 Primeiro sermão da Paixão de Nosso Senhor Jesus Cristo pregado na Capela Imperial do Rio de Janeiro (p.135-6).
28 Ibidem (p.138-9).

Não admira que os grandes homens forcem a admiração e o respeito. Não poderá mais surpreender-nos o proceder extraordinário destes seres, que, sopeando as rebeliões e pondo um freio à anarquia, foram sentar-se à testa das nações, para assegurar sua felicidade. É sem dúvida bem glorioso este privilégio, que separa os heróis e os torna sobranceiros à fortuna! É bem admirável esta força, que lança nos teatros mais arriscados estes homens, que o Todo-Poderoso extrai de seus inexauríveis tesouros, para levantá-los a uma altura que seus mais poderosos rivais não ousam pleitear. Tinha-se forcejado inutilmente por descobrir estes segredos, que desconcentram a sabedoria humana. A filosofia nunca pôde conhecer a verdadeira causa destas revoluções, que mudam o assento das monarquias e fazem surgir outras monarquias. Inventaram-se sistemas; forjaram-se definições; criou-se o direito das gentes; apoiou-se na legitimidade; admitiu-se a soberania do povo; o homem social teve contratos; e a política mostrou-se com o seu manto de variadas cores, apresentando a cada momento novas fases, e modificando a cada instante suas teorias e suas convenções. Mas o Eterno se deixa ver sustentando em suas mãos a balança em que pesa o Universo; espantando a terra com o estrondo de suas maravilhas; quebrando o cetro dos senhores do mundo; e cingindo com o diadema aqueles que ele tem escolhido para fundadores dos impérios suscitados na sua providência.[29]

A história tinha um papel especial no raciocínio de Alverne. Imprescindível para aqueles que pretendiam ilustrar a população, dela sairiam os exemplos "reais" que poderiam convencer a população a tomar o melhor caminho, a escolher a melhor maneira de pensar, a optar pelo melhor partido, ou seja, dela sairia o respaldo para este ou aquele pensamento. Da mesma maneira que as citações, o uso da história nos discursos da época tinha uma implicação moral. Citar este ou aquele autor era vincular-se moralmente a ele, mencionar este ou aquele momento da história era vincular-se moralmente a ele também. Querendo mostrar reprovação, o sermonista deveria reprovar o "fato" narrado e vice-versa. Referir-se a um personagem considerado repro-

---

29 Sermão pregado na Capela Imperial do Rio de Janeiro em 1º de dezembro de 1827, aniversário da sagração de S. M. I. o senhor D. Pedro I, e fundação da ordem do cruzeiro (p.283).

vável sem reprová-lo expunha o pregador ao risco de ser vinculado moralmente a ele.[30] Uso que Monte Alverne exercitava em trechos como o que segue:

Homem admirável, renovai em nosso favor os empenhos de vossa eficaz mediação. Em 1665, um guerreiro lançou aos nossos pés a espada, com que devia humilhar os inimigos da independência do seu país, salvar a dignidade de um povo aviltado por 60 anos de opressão e apertar na testa de seu soberano o dilema, que o restaurador da monarquia portuguesa deixará a seus filhos, menos como uma sucessão do que como um primor de prudência e audácia; e sua confiança foi coroada com a mais assinalada vitória. Em 1826, um príncipe foi chamado, como Ciro, para fundar uma nova dinastia, um herói distinto por sua magnanimidade, e que abrirá uma nova época nos fatos das nações, depositou em vossas mãos sua fortuna, a de sua família e a causa deste povo, que ele arrancou da voragem do despotismo e dos furores da guerra civil, para que ele fosse tão poderoso quanto é lisonjeira a sorte que o aguarda. O Brasil não verá frustradas tão sublimes aspirações: o imperador não verá aniquilar-se tão grandioso porvir. *A Religião o afiança: os fatos o confirmam*.[31]

---

30 Por isso, os pregadores da época preferiam fazer referência ou a personagens da história eclesiástica ou a imperadores cujos nomes eram comumente citados, como em: "Foi Maria – dizia o patriarca de Alexandria escrevendo contra Nestorio –; foi Maria quem arrancou o homem dos erros infames da idolatria; foi Maria quem chamou o homem ao conhecimento da Divindade e assegurou aos fiéis a graça inefável do batismo. Não temos outro apoio, não possuímos outra proteção que nos liberte dos crimes e nos obtenha a misericórdia (Discurso sagrado sobre as Escolas Pias de Nossa Senhora do Socorro, recitado na Capela do Senhor dos Passos, em 25 de janeiro de 1825. p.397).
31 Primeiro Panegírico de São Pedro D'Alcântara, pregado na Capela Imperial, no dia 19 de outubro de 1829 (p.180). Ou ainda: "Senhor, dai-me licença para dizer-vos: não bastava ao Brasil ver junto de vós uma princesa, distinta por uma longa ascendência de reis. Os brasileiros não carecem destas ilustrações que vós tendes ofuscado com o lustre das qualidades pessoais, que reagem mais fortemente em sua alma generosa e altiva. Era mister mais belas recordações; convinham reminiscências desta glória, sobranceira aos revezes, e que o prisma da vaidade não pode rivalizar. A filha de um herói devia ser a esposa de um herói. Virtudes realçadas por esta superioridade do gênio, que não necessita de pergaminhos, que dispensa brasões e escudos genealógicos, podiam só construir os degraus, em que aparece a nova imperatriz dos brasileiros, que reúne a todos os dotes do espírito, e

O gosto pela novidade, pelo reformismo, pela ilustração, pelo humanismo, pelas ideias de libertação e de espiritualidade, pelo exemplo histórico e pelo mistério seria afirmado por Monte Alverne em praticamente todas as suas falas. O eixo norteador de todas essas variantes era, para Monte Alverne, a virtude, e o seu objetivo, a revelação do patriotismo brasileiro.

A respeito da virtude, Monte Alverne (1858, p.343), no discurso do dia 28 de maio de 1833, recitado na Capela Imperial do Rio de Janeiro, perante o colégio eleitoral, reunido para proceder à eleição de um senador por esta província, é enfático:

> Ide, pois, senhores eleitores, ide guiados pela honra, dirigidos pela virtude, animados do verdadeiro patriotismo escolher atletas destemidos, que sustentem a constituição e a independência do Brasil. Carregados dos destinos deste povo, que tem lutado sem cessar por suas nobres garantias, dai-lo mais um zelador dos seus direitos, um propugnador de suas instituições; que amando além de tudo sua pátria, que preferindo a despeito de todos os perigos um governo inteiramente nacional, salve o país dos desastres da anarquia, dos flagelos da guerra civil e, do que é ainda pior, da vergonha e do opróbrio da restauração.

---

a todas as prendas do coração, esta herança de intrepidez, de bravura e dedicação, que cerca de um novo brilho os feixes de cetros, de palmas e coroas penduradas em torno de seu berço. Este sol americano, que fecunda a imaginação de seus filhos, aqueceu a fonte, de onde corre o sangue, que circula nas veias da ilustre neta dos reis. Será talvez amor da pátria; será porventura um pressentimento; os brasileiros encontraram nesta ocorrência de circunstâncias um vínculo de fidelidade ainda mais estreito, uma efusão de entusiasmo ainda mais subido para prendê-los de uma maneira irresistível ao grande homem, ao grande soberano, ao legislador ilustrado, a quem devem sua existência política e sua liberdade legal. Senhor, uma nova série de heróis vai rodear vosso trono já sobremodo refulgente. Os nomes de Conegliano, de Raab, de Lutzen, de Krasnoi e Isodova se enlaçaram com os de Affonso Henriques, de Leopoldo, de João I e Maximiliano, para realçar a nobreza da dinastia imperial brasileira; e a velha Europa, as nações do mundo primitivo, os povos do continente americano não duvidaram reconhecer na torrente de benefícios, com que o Eterno tem fundado o Brasil, a intervenção desta providência que funda os impérios e protege as monarquias" (p.180-1).

Para Monte Alverne, a *virtude era o único título de ilustração de que o homem podia gloriar-se*.[32] Nesse sentido, todos os homens tinham o dever de procurar o caminho da virtude. O que não significa que deviam fazê-lo coletivamente, pois, como atentava Monte Alverne (1858, p.343), um arraigado defensor do "culto do eu":

> Um só homem basta para levantar ou destruir um império: de um só homem pode depender, e tem dependido muitas vezes a perda, ou a salvação dos povos. Nas assembleias deliberativas, um só voto, e muitas vezes o voto de um ignorante, ou de um perverso, sanciona sem remédio as decisões tão funestas, que nem os séculos podem reparar.[33]

De certa forma, esse individualismo demonstrado por Monte Alverne complementava a ideia de missão, tão cara ao pregador. Afinal, alguns homens, como os de letras, eram dotados de maiores capacidades que os demais e, por isso, deveriam colocar seu *gênio* a serviço de todos: "há no gênio uma superioridade, que arrasta os espíritos medíocres. Os homens superiores possuem a chave deste segredo, que sabe dirigir os sentimentos mais exalados, e [devem] empregá-los na razão direta de seus interesses, ou

---

32 "É o abrigo de vossa cruz, debaixo de vossa proteção poderosa, que se reúnem hoje estes novos filhos, para continuarem esta galeria soberba de heróis, o orgulho, a esperança da bela filha do rei. Nunca o bafo empestado do mundo envenene o suco de vida, que anima esta vergôntea soberba: o orvalho de vossa graça fecunde o germe precioso, a que estão ligados frutos os mais sazonados: e as maravilhas, de que cercados esta nova família, consagrada com o vosso nome, acabe de convencer o século, que a virtude é o único título de ilustração de que o homem pode justamente gloriar-se" (Segundo Panegírico do Senhor Bom Jesus do Calvário, pregado no dia 15 de janeiro de 1832, em que a congregação do mesmo título foi instalada em Ordem Terceira, p.321).

33 E ainda: "Quando o júbilo domina todas as populações, quando não há quem deixe de sentir o preço de um benefício, que fortaleceu com a prosperidade geral todas as prosperidades individuais, seria não desconhecer os arrojos do amor da pátria, especular sobre talentos" (Oração recitada na solene ação de graças pelo feliz restabelecimento da saúde de sua majestade o imperador o senhor D. Pedro I, celebrada na Capela dos Terceiros de Nossa Senhora do Monte do Carmo, no dia 18 de janeiro de 1830, pelos criados de sua casa, p.305).

de sua glória",³⁴ que, ao fim e ao cabo, contribuiriam para a glória de todos. Mas de que maneira os homens de *gênio* deveriam cumprir a sua missão? Para Monte Alverne, espalhando a civilização. Todavia, como o pregador concebeu a civilização?

Monte Alverne nunca esteve no Velho Mundo, tampouco percorreu territórios além dos Estados do Rio de Janeiro, de São Paulo e do Espírito Santo. Acreditamos que ele possa ter visitado a província de Minas Gerais, mas não há registros de viagem que atestem tal intuição. Entretanto, se não era viajado, Monte Alverne era um homem lido e, como anotou Castilho (apud Freire, 1921, p.84), um homem que conhecia muitos "importantes" de sua época:

> Pergunta com sincero interesse pelos trabalhos científicos e literários dos que lá vivem no mundo; ouve-lhes os triunfos com alvoroço; ilumina-se com a glória alheia, se ele a conhece tão bem... a glória! Compraz-se de relatar, como um Nestor, o que os engenhos do seu país têm lidado para o ilustrar; engenhos, de que é impossível que interiormente se não ufane um pouquinho, pois foi mestre de quase todos. Os nomes honrosos de Portugal não lhe são menos caros; ousa tributar-lhes inteira justiça; delicia-se repetindo os cantos de nossos poetas de eleição, que a sua memória extraordinária retém com amor, e a que a sua voz melodiosa como que dá novos realces.

De suas preferências literárias, faziam parte Chateaubriand[35] e Bossuet[36], pois estes são os autores mais citados em todos os seus trabalhos. Antonio Vieira foi citado apenas uma ou duas vezes ao

---

34 Sermão do Senhor Bom Jesus Atado à Coluna, pregado no Convento da Ajuda desta cidade (p.280).
35 "Lembra Chateaubriand, quando no poema dos Martyres apende aos quadros vistosíssimos da mitologia helênica, mostrados pela neta de Homero, as austeridades da nova lei, solenizadas por Eudoro, penitente no meio da simpática e devota família de Lastenes, a beira do Ladon, já começado a desfabular" (apud Freire, 1921, p.85).
36 "Não – exclamava o eloquente Bispo de Meaux, não se diga jamais que fechada no fundo dos claustros sois uma vítima abandonada às lágrimas e aos pesares" (Panegírico da Santa Virgem pregado em uma profissão religiosa no Convento de Nossa Senhora da Ajuda, no Rio de Janeiro. Monte Alverne, 1858, p.408).

longo de toda a sua obra, mas sempre com certa reverência, em trechos como:

> Recebe, ó imortal Vieira, as vossas ovações! Cento e setenta anos já passaram, e tua auréola não tem perdido sua magnificência. Cento e setenta séculos passarão, e tua memória será sempre gloriosa. [...] Vieira mostrar-se-á à frente de suas legiões. Suas qualidades pessoais imprimem a confiança no peito dos guerreiros.[37]

Ao comentar a personalidade de Vieira, que inspirava confiança, e ao mesmo tempo ao vincular os louros da nação à atuação do pregador, Monte Alverne demarcou duas das principais características que, para ele, deveriam ter um pregador: *virtude* e *sentimento de missão*. Além disso, referendava o pressuposto pelo qual citar algum autor era vincular-se à sua importância, à sua magnitude e confiabilidade. Portanto, ao preferir Bossuet ou Chateaubriand a Vieira, Monte Alverne (1858, p.XIII) estaria ampliando o alcance de sua oratória para além dos limites luso-brasileiros, para um âmbito mais universal, que não deixava de apresentar problemas:

> Entregando-se à cultura da eloquência, o jovem orador brasileiro era condenado a ficar na obscuridade, estudando os oradores portugueses, cujos sermonários eram tão comuns entre nós; ou procurar nas leituras dos pregadores franceses as inspirações de que carecia para ilustrar o seu espírito e abrilhantar seus discursos. Havia, porém, neste estudo um grande inconveniente; e era a corrupção da língua portuguesa. Era preciso responder à glória, que nos chamava; não era possível abnegar os pudores do amor próprio, convinha ceder ao nosso entusiasmo. Não havia tempo para ler Freire de Andrade, estudar Frei Luiz de Souza e o Padre Antonio Vieira. Os galicismos, os termos menos apropriados e as frases menos corretas deviam necessariamente desfigurar a beleza das nossas produções. Compondo os meus sermões, nunca fui embaraçado, com as formas, de que devia revestir meu estilo. Sabia, com Montesquieu, ser impossível

---

37 Oração em ação de graças pela elevação do Brasil a reino, pregada na Vila de Itu, província de São Paulo, no dia 4 de fevereiro de 1866 (ibidem, p.276).

realizar alguma coisa importante, desde que fosse mister levar à balança nossos pensamentos. Quando, pois, eu tinha que exprimir uma ideia empregava na sua tradução o termo que me parecia mais significativo, ou mais sonoro, sem curar de sua precisão. Era certamente um grande mal em ordem à literatura; era um grande defeito; mas a ideia aparecia com suas cores fortes e originais: o prestígio da pronunciação conseguia o resto.

Monte Alverne, supostamente, não estava preocupado com a forma de seus sermões. A forma oral, com a qual iria apresentar os sermões, lhe conferia essa aparente flexibilidade, mas a ordem de seu discurso ainda era normatizada: valia mais o que convencia melhor, e o convencimento dependia das emoções atingidas que, como ele bem sabia, no caso de um país de analfabetos, dependia mais da sonoridade do discurso do que da sua coerência.

Em suma, para esse orador, a civilização não possuía endereço, mas identidade. Se a terra lhe oferecia parcas chances de desenvolvimento, a leitura lhe conduziria às luzes, e, como ele, muitos outros também podiam empreender essa busca. Dadas as dificuldades, eram poucos aqueles cujo gênio impulsionava ao estudo. Ainda assim, esses poucos poderiam ser imbuídos da religião, demonstrar os louvores da razão e, assim, o incremento da civilização.

Essa terra de grandes oradores ouviu o primeiro sermão do *capuchinho encarnado* no primeiro domingo da Quaresma de 1810, seu título era "Sobre o amor dos inimigos". Em 1810, quando Monte Alverne finalmente ingressou nas atividades do púlpito, muitos se aventuraram na "pira em que arderam os olhos" (ibidem, p.XV) do frei, sobretudo em razão do incentivo que essa forma de expressão recebeu de D. João VI:

> Um dos primeiros cuidados do Príncipe Regente, chegando ao Rio de Janeiro, foi realçar o esplendor e a majestade do culto. Hábil político, o Príncipe sabia que só à Religião é dado sustentar os impérios e fortificar as instituições. A fundação da Capela Real do Rio de Janeiro, monumento imortal da piedade do Senhor D. João VI, foi a arena onde se mostrou em toda a sua pompa o gênio brasileiro. Oradores acostumados aos triunfos do púlpito eram rivalizados por jovens pregadores que, animados com as suas

primeiras vitórias, ardiam por ganhar novas coroas. Era então a época dos grandes acontecimentos; e os sucessos, que se reproduziam dentro e fora do país, ofereciam amplos materiais à eloquência do púlpito. Nós podemos afirmar com todo o orgulho da verdade que nenhum pregador transatlântico excedeu os oradores brasileiros. (Monte Alverne, 1858, p.VIII)

A sermonística, entretanto, se desenvolveu no Brasil não somente graças ao impulso que recebeu com a chegada da Corte. Há de se salientar, por exemplo, que a oratória sagrada era uma tradição na ordem franciscana – muito numerosa no Brasil. A doutrinação que se fazia por meio dos sermões também era encarada como uma missão:

> Nós também, esgalho d'este tronco robusto, que assoberbou o tempo, nós cumprimos esta missão honrosa, mas difícil, que nossos pais nos legaram. Uma série não interrompida de professores, e dos mais completos oradores, os Capistrano, os Rodoalho, os S. Justino, os S. Carlos e S. Paio aumentaram a lista gloriosa d'estes homens, a quem a Igreja e o Estado devem serviços relevantes. Um d'estes mestres, um d'estes pregadores, que voltaram sua vida, e todas as suas forças às nobres funções, de que fora encarregado, vem hoje em nome de seus irmãos, que também são vossos, consagrar-vos o tributo de louvor e a homenagem, de que vos faz credor vosso alto merecimento. Houve um tempo em que as mais agradáveis sensações dirigiam estes votos de família realçados com a mais sincera cordialidade. Então florescia esta corporação, que seguia de perto as frações mais notáveis da grande família Franciscana. Hoje o vento da tempestade sacudiu esta árvore frondosa, desgalhou seus ramos e abalou suas raízes. O definhamento mirra seus frutos, outrora tão sazonados; suas flores caem; e uma velhice antecipada revela a morte d'uma associação, digna de melhor sorte, e d'um porvir mais venturoso.[38]

Se o caso era *cumprir uma missão honrosa legada por seus pais*, então a tarefa dos pregadores era proteger e guiar essa população pelo caminho do bem, que, no período da ilustração, era o caminho da *instrução da mocidade*. Diametralmente, essa missão estava relacionada à manu-

---

38 Panegírico de Santo Antônio pregado na igreja do seu convento do Rio de Janeiro, no dia 13 de junho de 1835 (p.52).

tenção de planos paternos, anteriores a essa mocidade, tradicionais. No Brasil da primeira metade do século XIX, esses planos de tradição estavam relacionados a muitas referências: àquelas da metrópole e àquelas forjadas na própria colônia. Enfim, a referência à tradição incluía naquele momento uma noção de artifício intrínseca, se não uma urgência por sua invenção.

Frei Francisco do Monte Alverne cumpriria sua *missão* de instrutor da mocidade ao se destacar nas atividades do púlpito. Em 1816, foi transferido do Convento São Francisco de Assis, em São Paulo, para o Convento Santo Antonio, no Rio de Janeiro. A partir de 7 de outubro daquele ano, Monte Alverne seria, aos 33 anos, pregador imperial. A oratória sagrada significava para o frei, entre outras coisas, exercer seu dever de instrução pública:

> Eu direi pouco sobre o objeto, que deveis ter longamente meditado, e sobre o qual já vos pronunciastes uma vez. Quando se trata do bem público diante de cidadãos, animados da dedicação mais ilustrada, o orador não pode recear do sucesso. Se a província aplaudir, como espero, a vossa escolha; se a nação fizer justiça ao vosso discernimento e à pureza de vossas intenções; eu me regozijarei por ter contribuído com o que posso prestar na minha posição social.[39]

Uma década e meia depois, em meados de 1830, Monte Alverne já sentia a gravidade dos problemas nervosos que o levariam à cegueira completa. Em 1836, cego, abandona os louvores do púlpito para resguardar-se em sua cela no Convento Santo Antonio, no Rio de Janeiro:

> O aposento, que em três passos se mede todo, e de que os livros, gastos de se folharem, enchem a maior parte, com uma escassa janela, por onde o sol o espreita, sem também ser visto, não tem outro luxo mais que um passarinho, segundo o cenobita, que o ajuda a cantar as glórias do Criador. (apud Freire, 1921, p.84)

---

39 Discurso recitado no dia 28 de maio de 1833, na Capela Imperial do Rio de Janeiro, perante o colégio eleitoral, reunido para proceder à eleição de um senador por esta província (p.339).

Depois da cegueira, que o levou a um certo tipo de exílio involuntário na cela descrita, Monte Alverne pleiteou a concessão do voto de chancela, para que pudesse continuar a atuar nas articulações da ordem a que pertencia. Com a concessão do voto de chancela, pelo qual rubricava os documentos que eram encaminhados à votação após terem sido lidos na frente de todos, Monte Alverne ainda participou de muitas atividades na Ordem Franciscana, entre 1836 e 1856, mas nenhuma remunerada, como as aulas e os sermões. Como os franciscanos não podiam guardar dinheiro, Monte Alverne passou a ter dificuldades em manter seus costumes e seu tratamento de saúde. Em 1837, solicitou à nunciatura absolvição de seus gastos, o que lhe foi concedido "pelas circunstâncias especiais" (Schubert, 1984). Entretanto, nesse mesmo ano, as parcas economias que Monte Alverne havia guardado foram retidas pela ordem, justamente para cobrir os gastos que foram *absolvidos*. Em 1855, após enviar carta para o irmão pedindo dinheiro – a única carta para um familiar de que se tem notícia –, voltou a reclamar divisas para o tratamento de sua saúde e foi tranquilizado pelo bispo de então, conde de Irajá, que lhe ofereceu um numerário para sua garantia.

Desse período, restam apenas algumas cartas entre Monte Alverne, Araújo Porto Alegre e Antonio Castilho, e alguns escritos esparsos que fazem parte dos *Trabalhos oratórios e literários*. Além disso, algumas cartas entre Gonçalves de Magalhães e Monte Alverne fazem crer que algumas biografias, entre outros ensaios, podem, nesse período, ter sido produzidas sem a assinatura do autor – escritos destinados à revista *Niterói*, ao Instituto Histórico da França e ao Instituto Histórico e Geográfico Brasileiro, entre outras instituições de que fazia parte.[40] Após as glórias alcançadas em 19 de outubro de 1854, com o Segundo

---

40 "Se puder enviar-me as biografias de São Carlos, do Sampaio e algumas notícias sobre Frei Santa Rita Durão, autor de Caramuru, grande serviço fará a seu amigo. Se quiser escrever um artigo sobre filosofia, poderá enviar-nos, que nós o imprimiremos na revista. E, se me é dado indicar-lhe uma ideia, fora útil um amigo no qual se mostrasse a necessidade de reforma no ensino da filosofia no Brasil, tendo esta feito imensos progressos depois de Locke, e não estando em dia a que aí se ensina, com a luz espalhada por Kant e pela escola" (Gonçalves de Magalhães em carta de Paris, apud Porto Alegre, 1964, p.63).

Panegírico de São Pedro de Alcântara, o frei deu-se o direito de aparecer em público algumas vezes mais e de tentar fazer mais um sermão em 15 de agosto de 1856, o Segundo Panegírico de Nossa Senhora da Glória, assim como participar das atividades da província de maneira mais frequente. O panegírico de São Pedro de Alcântara reanimou, pois, o frade a retomar as atividades que ocupava anteriormente. O Segundo Panegírico de Nossa Senhora da Glória, ouvido em primeira mão por Antonio Castilho (apud Freire, 1921, p.99-100), suscitou do frei o seguinte comentário, anotado pelo amigo:

> O poeta pretende ouvir o fabuloso canto do cisne [...] folgo de o satisfazer: e já, e aqui mesmo, onde não há ecos de chocalheiros. Um homem que me escuta como perfeito amigo, vale para mim um auditório numeroso. Quando eu subir por esta última vez ao púlpito, já o meu viajante se achará bem longe, na grande cidade do seu Tejo, salvo e descansado entre seus parentes; recorde-se então do velho Entelho, constrangido pelas instâncias do seu monarca a exercitar-se num derradeiro conflito: *hic Victor cestas artemque repono*. Vou preludiar aqui este panegírico, onde o nome de glória me inspira hoje mais sustos que entusiasmo. A imaginação está abatida; o pensamento, debilitado; a voz, decadente; a memória, lassa e infiel. Sobrevivi-me. Promete-me que antes da partida a ninguém revelareis que obtivestes de mim a declamação do discurso. Quem sabe até em que este se parecerá com o desse dia! Nunca decorei palavras; agora muito menos. Aceito as que a hora me traz; as que as circunstâncias me liberalizam; as que me inspira o auditório, que afinal não atua, não domina menos sobre mim, do que eu sobre ele.

Uma congestão cerebral, entretanto, acometeu-o dias antes de apresentar o sermão de 15 de agosto, e, como o compromisso já estava firmado, o frei apresentou-se, mas não com a mesma graça, tampouco com a mesma inspiração de 19 de outubro de 1854. Mas que graça era essa? O que compunha a força das palavras de Monte Alverne? Gonçalves de Magalhães (1882, p.395) assim descreveu o frade numa biografia póstuma:

> Era Francisco de Monte Alverne de alta estatura; de uma organização forte, musculosa e seca, curvava-se um pouco para diante, quando

caminhava, porque bastante míope desde a sua juventude procurava ver onde punha os pés; fora isso se mantinha direito, com a cabeça levantada. Tinha o rosto longo, descarnado, pálido e severo; o que tão bem se moldura no capuz negro do cenobita; muito alta a fronte, que para cima ia se alargando, mal coberta de cabelos, tanto pelo começo da calvície, como pelo circilio que, e que negros tinham sido na mocidade. Grandes, rasgados e bem desenhados os olhos, em que se exprimia o entusiasmo pela força do olhar, e dilatação das pálpebras. Os supercílios contraídos sempre pelo hábito da meditação, e não menos por esse esforço, que fazem os míopes para ver, formavam um profundo rego de alto a baixo sobre a raiz do nariz, que longo e direto se elevava, descrevendo com a linha da base um ângulo ligeiramente obtuso. A boca, ou antes, os lábios muito contornados e móveis deviam ter sido de uma forma grega, e exprimiam, quando parados, desdém e desgosto, talvez pelos trabalhos e monotonia da vida.

A força dos traços era importante, mas, para um orador, ela significava muito menos do que a expressão da voz. Nesse sentido, Monte Alverne também se destacava, pois, segundo Gonçalves de Magalhães (1882, p.394):

> A voz de Francisco de Monte Alverne era forte, prolongada, flexível, cavernosa e um tanto áspera, o que nele, porém, não era defeito, antes lhe aumentava a energia, e dava-lhe uma vibração metálica que retinia no mais vasto templo, e perfeitamente se ouvia nos corredores laterais. Declamava com muita ênfase, como quem tão fortemente sentia o que dizia, acentuando todas as sílabas, que ecoavam de modo tal que uma só não se perdia [...]. Seus movimentos, cuidadosamente estudados, eram sempre precisos, largos e majestosos; e tão sublime dominava o púlpito, que seu olhar inspirado impunha silêncio, e não se pode imaginar mais perfeito modelo de orador sagrado.

Se Monte Alverne era um modelo de orador sagrado, isso significa que havia parâmetros de comportamento para o orador, assim como havia modelos para a retórica e a eloquência, como já pudemos notar. Além de uma postura elegante mais emocionada, séria, porém íntima, o orador sagrado deveria manter uma relação de correspondência entre o que dizia e como agia. Quanto à atitude, "o estilo pomposo da eloquência poderá jamais igualar a linguagem muda, mas ardente do coração".[41] O que queria dizer que, de uma certa forma, o orador sagrado não poderia decidir quando e como seriam seus sucessos no púlpito, pois isso dependia de uma inspiração que estava além de seu controle, uma inspiração que era divina. Por isso, uma das partes mais recorrentes nos discursos da época era a invocação, pela qual o orador solicitava uma ajuda de Deus para continuar sua fala, invocação tal como a de Monte Alverne no Sermão do Senhor Bom Jesus Atado à Coluna, pregado no Convento da Ajuda, no Rio de Janeiro:

> Fogo imortal, e eterno, que acendestes o vulcão de caridade, que abrasou o coração de Jesus Cristo, e o deu a terra em penhor de sua reconciliação e sua liberdade; fazei sentir ao orador a impressão desse calor admirável; e ele saberá anunciar o prodígio mais estupendo de sabedoria, da onipotência e da misericórdia divina.[42]

A invocação poderia, ainda, apresentar-se sob a forma de uma oferta, como Monte Alverne (1858, p.138) procedeu no Primeiro Sermão da Paixão de Nosso Senhor Jesus Cristo, pregado na Capela Imperial do Rio de Janeiro: "Recebe, pois, as minhas adorações e protege o orador, que vem consagrar-se a apoteose da humanidade, que remiste, que enobreceste, que civilizaste". De qualquer forma, essa invocação afirmava o orador sagrado como alguém que estaria dotado dos poderes da Igreja, a fim de legitimar a relação desta com o Estado e de ambos com o povo. O orador sagrado poderia, se não revelar os mistérios do povo, contribuir para a sua civilização, pois era instrumento da revelação divina. Sua fala, então, dava a conhecer a verdade obscurecida. Tarefa que não se escolhia, mas se era escolhido para ela:

> Se jamais o orador cristão houve mister evocar as inspirações do entusiasmo; se em alguma circunstância teve de aceitar da Religião a

---

41 Sermão do Senhor Bom Jesus Atado à Coluna, pregado no Convento da Ajuda desta cidade (Monte Alverne, 1858, p.289).
42 Ibidem (p.282).

chama sagrada, em que se inflamam os fiéis; é sem dúvida quando se propõe revelar os segredos desta economia espantosa, que dilatou os domínios da inteligência humana e deu as comoções dos corações de todo o seu elatério, toda a sua atividade. Escutam-se os rugidos da razão embravecida contra os obstáculos, que a reprimem; o orgulho tem conspirado para quebrar os monumentos, que recomendam à posteridade a mais importante de todas as revoluções; mas seus esforços impotentes justificam sua fraqueza, asseguram ao Reparador uma glória, que parece aumentar-se com os séculos.[43]

Como o orador teve que aceitar da religião a chama sagrada para *revelar os segredos dessa economia espantosa*, sua obrigação era zelar pela linguagem da verdade, afinal:

> Há um quilate moral, que jamais deixa equívoca a linguagem da verdade. Há um toque inofuscável, que manifesta o valor destas emoções que só o sentimento é capaz de produzir. É impossível enganar-se com a manifestação do sentimento. É impossível que os cânticos de um povo, prostrados aos pés dos altares para confessar a importância dos bens, de que o Todo-Poderoso se tem dignado enriquecê-lo, não sejam marcados com o selo da convicção mais profunda. Quando a imaginação antecipa os nossos danos, quando uma extrema sensibilidade parece agravar a situação dos povos ou exagerar a ventura; seus transportes formam apenas o elogio do seu coração. Mas quando males reais são dissipados pela Providência; quando o Eterno, restabelecendo a primeira pedra do edifício social, fechou a voragem, em que um povo inteiro ia desaparecer com todas as suas esperanças; as apoteoses, as ações de graças mais solenes são um tributo pequeno, mas bem sincero e verdadeiro.[44]

---

43 Segundo Panegírico do Senhor Bom Jesus do Calvário, pregado no dia 15 de janeiro de 1832, em que a congregação do mesmo título foi instalada em Ordem Terceira (p.309).

44 Oração recitada na solene ação de graças pelo feliz restabelecimento da saúde de sua majestade o imperador o senhor D. Pedro I, celebrada na capela dos Terceiros de Nossa Senhora do Monte do Carmo, no dia 18 de janeiro de 1830, pelos criados de sua casa (p.303).

Falar a respeito das *revelações* a que tinha acesso com a *linguagem da verdade* era, portanto, a *missão* do orador sagrado, e, para isso, não bastava que esse orador treinasse, ele deveria ser escolhido por Deus para interceder pelas vontades do povo junto ao monarca e, nesse ensejo, agir com humildade, como fazia Monte Alverne (1858, p.326) na oração em ação de graças recitada no dia 25 de março de 1831, por ocasião do aniversário do solene juramento da Constituição, celebrada na Igreja de São Francisco de Paula e encomendada pelo povo fluminense:

> O orador não pretende hoje alguma auréola. No meio do contentamento universal, quando ressoam as mais ardentes aclamações, os primores do estilo perdem toda a sua influência. Acreditai-me, senhores; é do vosso peito que rompem as chamas do entusiasmo, em que abrasa o coração do orador, este coração que só bate por uma pátria querida, que se reanima com o calor desta liberdade que não aqueceu os ossos de nossos pais! Deus onipotente, que descobristes ao homem o segredo de sua origem, e a altura, que lhe destinais na imensa escada dos seres, ouvi os hinos de um povo, que na embriaguez do seu júbilo reconhece a mão, que o salvou da voragem, em que ia sumir-se para sempre sua consideração, e seu nome. Se nós apreciamos estes dons, que tantas nações em vão forcejam para obter; se gozamos destes frutos, que mais da metade do gênero humano ainda não pôde saborear; nós o recebemos de vossa liberalidade. Pois que são vossos esses dons, nós os depositamos sobre o vosso altar.

Destarte, o orador deveria estar destinado a seguir o caminho da religião, uma missão à qual não poderia furtar-se, afinal "não está no poder do homem sufocar as emoções do entusiasmo. A mais fria indiferença não pode gelar esta lava abrasadora, que o patriotismo faz transbordar do coração".[45] Esse sentimento em relação à pátria estaria presente em praticamente todas as falas de Alverne não como a projeção de um tema a ser pensado, e sim como a *revelação* de uma *missão* a ser

---

45 Oração recitada na solene ação de graças pelo feliz restabelecimento da saúde de sua majestade imperial o senhor D. Pedro II, celebrada pelo primeiro batalhão da Guarda Nacional, na Igreja Paroquial do Santíssimo Sacramento, no dia 3 de novembro de 1833 (p.314).

cumprida: civilizar a nação para que ela perceba esse sentimento *com o selo da convicção mais profunda*. Entretanto, essa missão não cabia apenas aos oradores sagrados, mas aos sábios distintos, aos homens de letras e, inclusive, ao próprio monarca:

> A velocidade do tempo não pode ainda tragar os monumentos que justificam o fervor com que as nações vos têm aclamado seu advogado e seu amigo. Centenas de personagens se precipitaram no caminho da erudição, guiadas por vosso espírito, escudadas com o vosso gênio. Sábios distintos, homens de letras, oradores eloquentes, espantaram seu século, e deixaram uma posteridade numerosa, emula de seus talentos, rival de sua perseverança. Vós fostes o primeiro mestre, e o mais fecundo pregador d'uma ordem, que nunca faltou a si mesma; e que, depois de seiscentos anos, continua a desempenhar os árduos deveres que lhe foram confiados.[46]

Do mesmo modo que um sermonista era convidado para discursar a respeito deste ou daquele tema e que tal convite era resultado da providência divina, este ou aquele homem era chamado a uma ou outra missão, conforme sua competência e, sobretudo, conforme a vontade de Deus; ser chamado revelaria, nesse homem ou nesse orador, a predestinação que justificava sua presença. Para mais, a nobreza da missão que desempenhava garantiria a sua vitória. Mas como Monte Alverne procedeu para revelar à população do Rio de Janeiro do primeiro quartel do século XIX o seu *patriotismo*?

Para o pregador, o sentimento de patriotismo havia sido guardado no peito dos brasileiros até então porque "um governo miseravelmente opressor abafava toda a efusão do amor da pátria, comprimia todos os voos do gênio",[47] mas, com a transferência da Corte, era inevitável que o patriotismo brotasse na população brasileira:

---

46 Oração recitada na solene ação de graças pelo feliz restabelecimento da saúde de sua majestade imperial o senhor D. Pedro II, celebrada pelo primeiro batalhão da Guarda Nacional, na Igreja Paroquial do Santíssimo Sacramento, no dia 3 de novembro de 1833 (p.314).

47 Sermão pregado na Capela Imperial do Rio de Janeiro em 1º de dezembro de 1827, aniversário da sagração de S. M. I. o senhor D. Pedro I, e fundação da ordem do cruzeiro (p.292).

O espetáculo majestoso do Brasil mostrando sua cabeça augusta coroada com o diadema imperial gera sensações tão profundas, que não é possível decifrar. Será sempre a partilha dos que tiverem de aparecer neste dia para serem intérpretes dos votos mais ardentes, poderem apenas recordar emoções, que o coração pode sentir, mas que a língua do homem não pode manifestar. (Monte Alverne, 1858, p.284).

As emoções que o *coração pode sentir, mas que a língua do homem não pode revelar*, eram os sentimentos de grandeza que o Brasil inspirava nos brasileiros:

> No Brasil tudo é prodígio, tudo é maravilha. Este sol, que fecunda nossos campos e perpetua nossa primavera, escalda a imaginação de seus filhos e realiza estes portentos de imaginação de seus filhos; e realiza estes portentos de inteligência, fazem dos brasileiros um objeto de admiração e de espanto. (Monte Alverne apud Silveira Bueno, 1968, p.125)

Os brasileiros, no entanto, *objeto de admiração e espanto para os estrangeiros*, ainda não estavam, segundo Alverne, cônscios das grandezas com que eram contemplados:

> Tendo diante de vós esta série imensa de graças, que à porfia vos são prodigalizadas, objeto das vistas paternais do mais benéfico dos príncipes, recebendo de sua munificência favores jamais obtidos por nossos pais, vendo alargar-se o futuro mais risonho, poderíeis recusar as provas mais enérgicas do vosso patriotismo, e do apreço em que tendes a dádiva, que acabais de receber? Nossos destinos gloriosos não podem ser desconhecidos. O Universo admira o lugar eminente, que nós vamos ocupar na ordem política. O grão de importância, que o Brasil vai obter por sua elevação à categoria de reino, não deve escapar à vossa penetração e à vossa reconhecida inteligência. Uma colônia tão importante por sua posição topográfica, sua vasta extensão e seus imensos recursos; célebre por sua fidelidade viu enfim restabelecida sua reputação, premiados seus serviços, assegurada sua preeminência, por esta distinção, digna de um grande povo. Quem desconhece o que somos, quem ignora o que já éramos, quem não entrevê o que seremos? Quanto é grandioso, quanto é magnífico este quadro! Seu desenho devia ser confiado a um orador, que

reunisse os conhecimentos mais profundos e o mais subido patriotismo. Aceitarei, senhores, as inspirações do vosso entusiasmo; e subjugado pela emoção, de que sois tão vivamente possuídos, forcejarei por falar-vos com dignidade e escolha. Amor sublime da pátria renova os prodígios, de que tu só és capaz. Inunda meu peito, abrasa minha alma; e teus fogos imortais ministrarão ideias, suprirão talentos.[48]

Como *orador inspirado pelo entusiasmo patriótico*, Monte Alverne, a fim de referendar esse sentimento, ressaltaria a distinção do Brasil de várias formas, comparando, por exemplo, a sua grandeza com a de outras nações da América:

> Não nos preocupemos do que seria hoje o império brasileiro, se ele tivesse antecipado aos Estados Unidos, quando no reinado de D. José, o marquês de Pombal projetou transferir para a sede da monarquia; ou se D. João IV, sucumbido à luta majestosa em que estava empenhado para reconquistar a nação portuguesa, se tivesse lançado nos braços desses mesmos brasileiros, que tão afoitamente havia rechaçado o predomínio da França e da Holanda; contentemo-nos de reconhecer os portentos com que Deus tem assinalado sua predileção para o Brasil. Um só vínculo, um só sentimento deve unir entre si e prender ao soberano esses intrépidos cooperadores da salvação da pátria, que no dia do perigo, na crise mais assustadora não conheceram o medo, nem recearam a morte. Na grande época do Brasil não se podia desprezar os emblemas do heroísmo. As revelações sublimes, que associavam aos arroubos do coração, deviam produzir o estabelecimento de uma ordem, que recordando a fundação do império austral levasse à posteridade a glória destes filhos, que não amesquinharam seus talentos e seu valor. O Brasil atroando o Universo com as suas aclamações e levantando sobre seu escudo o príncipe, que proclamara sua independência, não podia desconhecer aqueles que tiveram parte em seus revezes e afrontaram com o seu imperador azares imprevistos.[49]

---

48 Oração em ação de graças pela elevação do Brasil a reino, pregada na Vila de Itu, província de São Paulo, no dia 4 de fevereiro de 1866 (p.272-3).
49 Sermão pregado na Capela Imperial do Rio de Janeiro em 1º de dezembro de 1827, aniversário da sagração de S. M. I. o senhor D. Pedro I e fundação da ordem do cruzeiro (p. 291).

Ou exaltando a maneira como assegurou a sua independência em relação a Portugal:

> A luta em que o Brasil está empenhado contra as pretensões de uma metrópole ciosa de seus direitos, e vê com impaciência secar-se uma fonte inesgotável de riquezas, os projetos sanguinários da democracia, os assomos da inveja para quem nunca será indiferente nosso engrandecimento, dão bem a sentir o valor de uma dádiva tão singular. Qual será o brasileiro que duvide lançar hoje um grão de incenso no turíbulo aceso pelo amor da pátria?[50]

Ou saudando o país pela paz que acompanhou seus processos políticos de mudança:

> Que país viu jamais sua independência reconhecida em menos de três anos, sem aparecer contra ele uma só declaração de guerra, sem que suas costas fossem assoladas por esquadras inimigas e a metrópole esgotasse todos os seus recursos, para sustentar direitos fortificados pelos séculos?[51]

Ou, ainda, destacando a solidez de seu sistema governamental:

> Forte como uma monarquia, livre como uma república, o Brasil, defendido por uma constituição e sustentado em um trono hereditário, zombou de todos os desatinos democráticos e obteve um auxílio eficaz para abafar os vulcões ainda mal extintos das sublevações e de desordens domésticas.[52]

---

50 Oração recitada na solene ação de graças pelo feliz restabelecimento da saúde de sua majestade imperial o senhor D. Pedro I, celebrada na Igreja de São Francisco de Paula, no dia 24 de agosto de 1823, pela guarda da honra de S. M. o imperador (p.295).

51 Sermão pregado na Capela Imperial do Rio de Janeiro em 1º de dezembro de 1827, aniversário da sagração de S. M. I. o senhor D. Pedro I e fundação da ordem do cruzeiro (p.290).

52 Oração recitada na solene ação de graças pelo feliz restabelecimento da saúde se sua majestade imperial o senhor D. Pedro II, celebrada pelo primeiro batalhão da Guarda Nacional, na Igreja Paroquial do Santíssimo Sacramento, no dia 3 de novembro de 1833 (p.318).

O patriotismo, para Monte Alverne, já existia nos corações dos brasileiros desde a época em que o Brasil era uma colônia, mas, com sua elevação a reino, que trouxe em seu bojo sucessos e problemas, esse sentimento foi fortalecido, sobretudo por causa dos empenhos da Corte ou, como costumava dizer, da *Casa de Bragança*. Tais esforços suscitavam, como vem escrito na oração recitada na solene ação de graças pelo feliz restabelecimento da saúde de sua majestade imperial o senhor D. Pedro I, celebrada na Igreja de São Francisco de Paula no dia 24 de agosto de 1823, sentimentos de gratidão:

> A gratidão é o mais justo de todos os sentimentos morais; mas quando é despertada pelo infortúnio é a mais patriótica de todas as virtudes. Cem vezes a baixeza tem degradado as nações, e insultando a majestade do Senhor; cem vezes a eloquência aviltada pelo despotismo tem consagrado apoteose, que a Religião condena, e que a posteridade ainda se envergonha. Mas quando o coração a penas desassombrado de tantos desastres leva aos pés dos altares a homenagem da sensibilidade: quando ainda se escutam os gemidos da pátria a ponto de ser abismada com o herói, que sustentará seus esforços contra a raiva de seus inimigos, nem a Religião, nem a posteridade ousarão censurar os voos do reconhecimento e os nobres empenhos do patriotismo. (Monte Alverne, 1858, p.294-5)

E os "empenhos do patriotismo" não deveriam ser censurados:

> Eu não temo ver desmedidas as minhas asserções. Eu não receio que os assomos do patriotismo ousem atenuar os sentimentos de gratidão, avivados em todos os brasileiros pela graça mais assinalada. Os cânticos, que ressoam em todo o império, para bendizer o Senhor, jamais serão enfraquecidos pelas presunções de uma segurança, que as nossas rivalidades façam desaparecer. Eu quero acreditar que os gritos do Brasil agonizante reuniriam seus generosos filhos em torno de sua necessidade de conservar nossas instituições cercasse o trono da jovem soberana do Brasil com uma barreira inacessível aos despojos mais criminosos; mas como estimular esta energia, que imprime em todos os espíritos a ideia de um príncipe, que a natureza rodeou de um prestígio [...]?[53]

---

53 Ibidem (p.320).

A virtude, eixo do qual partia Monte Alverne, vinculava o patriotismo à religião, o que era recorrente no período, como assinalou o poeta Castilho (apud Leite, 1921, p.90), ao referir-se a Monte Alverne: "São sempre as ideias dominantes do grande homem – a pátria e o evangelho". Reputado como o mais religioso dos sermonistas,[54] Monte Alverne era conhecido também como o mais sábio entre eles. Tal sabedoria era oriunda de seus supostos conhecimentos filosóficos, que o autorizavam a falar com propriedade dos mais diversos assuntos e mesmo de desvendar parte dos mistérios da fé. Como era um sábio, Monte Alverne podia revelar à população os seus sentimentos mais profundos, como o patriotismo, e, como era um religioso de muito fervor, encarou essa revelação como uma missão. Imbuído de uma missão virtuosa, Alverne supunha, como já mencionamos, que estava fadado à vitória. Esse pressuposto tornava mais enfáticas suas palavras e, consequentemente, mais convincente o seu discurso. Em verdade, essas características eram comuns aos coetâneos de Monte Alverne: religião, virtude, patriotismo, individualismo, senso de mistério, a ideia de libertação e de novidade, sentimento de missão. Porém, elas eram mais acentuadas no frei, o que fazia dele tanto uma figura diferente quanto uma figura comum. Diferente, porque mais célebre, mais notável, mais enfático que os outros sermonistas. Comum, porque célebre, notável ou enfático justamente em razão daquilo que os unia: o acento dado aos sentimentos já elencados. Desse modo é que sua contribuição se deu na cultura do Rio de Janeiro do primeiro quartel do Oitocentos: na invenção de um espaço e de

---

54 E por isso se considerava o mais apto à revelação do patriotismo, pois: "Há uma manifestação de glória que assegura aos grandes homens da Religião a alta categoria, a que a graça elevou. Possuindo a majestade e a grandeza, Deus assinala estes gênios privilegiados, que Ele tem escolhido na sua presciência eterna, para serem o instrumento de seus projetos e o tipo mais brilhante de sua onipotência. As riquezas da sabedoria e elevação dos sentimentos, a magia da nobreza caracterizam estes homens, que se levantam no meio das nações para forçar seu respeito, e sua admiração" (Panegírico de São José, pregado na Capela da Real Quinta da Boa Vista, no dia 19 de março de 1819, p.15).

um perfil para o *pensador brasileiro*. A respeito de sua expressão, o poeta Castilho (apud Freire, 1921, p.92) escreveu ainda:

> Monte Alverne foi mais franco, menos artificioso que os especuladores de nomeada: sentiu e pensou pra fora – Lembraram-lhe os zoilos, exaltava-se; ocorriam-lhe os amigos inteligentes e sérios, trepidava e esmorecia. Parecia contraditório, por isso mesmo que era sempre verdadeiro. Tão religioso no entusiasmo, como no abatimento: humilhava-se sentindo-se pelas suas imperfeições filho do pó; engrandecia-se para exaltação da sua ordem, da sua pátria e daquele de quem só procedem os talentos e as virtudes.

Frei Francisco do Monte Alverne, pregador imperial, esforçou-se para revelar o patriotismo existente nos corações brasileiros da população carioca dos primeiros 25 anos do Oitocentos por meio de seus sermões. Essa tentativa de revelar o patriotismo teve repercussão junto à população local: porque a missa era um dos únicos eventos que contavam com a presença do povo, acostumado a ela, ou mesmo sem outras opções; porque, com a transferência da Corte, a sermonística galgou certo prestígio junto a essa população, em razão do destaque fornecido por D. João VI à oratória sagrada; e porque, na ausência de outros braços e outras vozes, os sermonistas ocuparam um espaço preponderante naquela sociedade.

Se a contribuição de Sousa Caldas e de São Carlos foi a de demarcar o espaço a ser ocupado pela sermonística naquele período, atualizando seus temas e vinculando ao Brasil a ideia de pátria, e a de Sampaio e Januário da Cunha Barboza foi ampliar o campo de ação dos sermonistas, projetando sua importância num âmbito literário, que incluía a participação em jornais, publicações poéticas e discussões políticas, a de frei Francisco do Monte Alverne foi afirmar tanto o espaço a ser ocupado pela sermonística quanto a importância e o perfil dos atores desse espaço.

A contribuição de Monte Alverne deu-se, sobretudo, pela popularidade alcançada por sua oratória, que colaborou para o incremento de uma opinião pública no Rio de Janeiro, disseminou uma linguagem que reunia as tradições religiosas às necessidades locais do período e que, por fim, criou padrões discursivos que seriam tomados como referência[55] pela literatura vindoura. Monte Alverne também colaborou para o estabelecimento de uma postura a ser seguida pelo intelectual que, pautada pela ideia de *virtude*, buscava respaldo numa expressão rebuscada e numa suposta "supererudição". Além disso, em seus sermões, Monte Alverne promoveu a afirmação do vínculo entre a ideia de pátria e o Brasil, mediada por um debate inspirado pela contemporaneidade do romantismo que, ainda em estágio embrionário no Brasil, pôde se valer das ideias vinculadas nos sermões de Alverne como mote para o seu desenvolvimento. O patriotismo presente nos sermões de Monte Alverne era de tal modo incisivo que parecia natural. Dessa natureza, fiaram-se aqueles que procuravam conferir autenticidade, se não confiabilidade, às suas ideias. Assim é que, para além de seus colegas sermonistas, Monte Alverne serviu como um modelo para os beletristas da época. Em resumo, a *intelligentsia* brasileira deve a Monte Alverne os esforços iniciais para a formação de um público consumidor de cultura, de um discurso com características que se reclamavam "brasileiras", de uma postura para o intelectual do país e de um tema a ser por eles debatido.

Frei Francisco do Monte Alverne sofreria uma paralisia no final de agosto de 1856 e, segundo noticiou José Feliciano, o irmão de seu amigo Castilho, em 11 de setembro de 1856:

> Dez ou doze dias depois da tua partida [de Antonio Castilho], foi o nosso Monte Alverne salteado duma paralisia. Recolhia-se de passear, como tinha de uso; a portaria do Convento sente na calva quente um ar frio; com aspecto demudado, a boca a banda, sem fala. Supôs-se que

---

55 Para Gonçalves de Magalhães: "Quanto à forma, isto é, a construção, por assim dizer, material das estrofes, e de cada cântico em particular, nenhuma ordem seguimos; exprimindo as ideias como elas se apresentaram, para não destruir o acento da inspiração; além de que, a igualdade dos versos, a regularidade das rimas, a simetria das estâncias produz em uma tal monotonia e dão certa feição de concertado artifício que jamais podem agradar. Ora, não se compões uma orquestra só com sons doces e flautados; cada paixão requer sua linguagem própria, seus sons imitativos e períodos explicativos" (apud Candido & Castello, 1982a, p.219). Entretanto, a regularidade de seu uso nos atesta justamente o contrário.

morreria apoplético. Acudiram de toda parte, chamados e não chamados, os melhores médicos; salvou-se! Ainda foi, com efeito, recitar o sermão à Glória; mas quão outro de si mesmo! A mim e a todos consternou o vê-lo e ouvi-lo. Quem diria que era aquele o orador de D. Pedro na capela Imperial. (apud Feire, 1921, p.100)

A partir dessa congestão, como o próprio frei Francisco do Monte Alverne assinalaria em carta ao amigo português:

> Já não sou hoje aquele mesmo que presenciastes há seis meses. Os esforços literários que imprudentemente empreendi, o empenho com que me consagrei para corresponder a opinião que se formava de mim, reunidos ao estado vacilante da minha saúde, provocaram um destes ataques mortíferos, dos quais, ou não se escapa, ou é forçoso sofrer longo tempo as horríveis consequências; se vós me tivésseis visto agora, se tivésseis observado a morosidade das minhas reflexões, a tibieza das minhas ideias e a fraqueza da minha voz, sereis forçado a exclamar: – *Quantum mutatus ab illo!* Não vos enganastes quando tivestes a bondade de aplicar-me o que em objetos diferentes Lucano afirmava de César. O espírito não envelhece, é verdade; para prová-lo aqui está o sermão de Nossa Senhora da Glória; mas como vencer o esgotamento do cérebro e esperar a reação dos órgãos quebrados pela energia da vontade e extenuados com a fadiga? Somos incontestavelmente uma inteligência servida por órgãos como sabiamente foi definido o homem pelo barão de Boulad. Seria impossível, por agora, empenhar-me em algum trabalho. (ibidem, p.105)

A respeito de sua saúde, José Feliciano escreveria ainda em 1856:

> Hoje aqui esteve Monte Alverne, a quem entreguei e li a tua carta; depois da leitura, beijou-a, dizendo que a tua recordação era sempre para ele muito grata. O homem jaz numa melancolia horrível, porque o seu deplorável estado se agravou com a quase completa surdez, o que ele já dá por inevitável das ordens monásticas. É notável a vivacidade de espírito que ainda nele sobrevive a tantos contratempos. (p.104)

Tratava-se da morte espreitando Monte Alverne, como assinalou Antonio Castilho (apud Freire, 1921, p.113):

Fora-se Monte Alverne desatando do mundo a pouco e pouco: primeiro, com a profissão; depois, com a velhice; depois, com as malevolências da inveja; depois, com as trevas; depois, com a primeira imposição de mãos do anjo do chamamento; depois, com a surdez; faltava já tão pouco ao fio adelgaçado para que a pomba pudesse voar da pira e sumir-se aos céus!... mas esse pouco podia ser ainda imenso, se ele o abrangesse com a sensibilidade e com o entendimento; pois apague-se o entendimento e perca-se a sensibilidade; não lhe doa já o golpe derradeiro. Está na sua Niterói; está em casa de um amigo seu, dos mais íntimos; está-lhe ditando uma obra literária; está portanto ainda acarinhado das esperanças... quando a súbitas o raio apopléctico o derruba. O amortalhado de 57 anos, e idoso de 74, baqueia-se para nunca mais se levantar. Vegeta, respira ainda três dias. A 2 de dezembro... tudo está concluído. É um mero nome para a história. É uma coroa de loiros sem dono, que vai pendurar-se num cipreste. Que digo tudo está concluído?! Agora é que tudo instantaneamente começou: a venda que tapava os olhos e ouvidos caiu aos pés! Desaparece a velhice! Gemia agrilhoado, estende asas ao infinito; anelava ciência, descortina os mistérios em sua fonte! Suara pela fama, honrinha terrestre, simples sussurro de duas folhas de palma, acha-se engolfado na glória! Pelas estreitezas de um cenóbio, a imensidade dos céus! Pela mortalha, a púrpura! Pela morte, a vida! Pelas dores, enfermidades, misérias... O sumo bem! Assim nos é justo e piedoso acreditá-lo; após a batalha, o triunfo. No fim, como no princípio, Deus.

A doença que atingiu os olhos e a vida de Monte Alverne é chamada de amaurose. A amaurose é o estágio máximo da cegueira, a pessoa não pode ver vultos, ter noção do claro e do escuro ou mesmo de distância. Causada, na maioria das vezes, por problemas neurológicos ou psicológicos, também pode ser contraída congenitamente.[56] Monte Alverne reclamava da falta de lembrança, do cansaço, do nervosismo. Esgotado, dizia não ter forças para falar, para pensar ou mesmo para ouvir. As dificuldades se generalizaram e a doença teve campo para avançar. A dor desses últimos momentos foi minorada pela companhia de um escravo, encarregado de guiá-lo:

---

56 Informações obtidas em: http://www.rafe.com.br/enciclopedia/am_ao.asp. Acessado em: 30 nov. 2003.

Sem ver nem ouvir, continuou o bom do frade o cansado resto da sua jornada para o sepulcro. O escravo negro (escravo e amigo como o jaú) era, pouco ainda, o seu bordão, e a sua lanterna; firmava-lhe e regia-lhe os passos, ao mesmo tempo em que lhe revelava para dentro o cenário, as visualidades, as figuras movediças e passageiras do mundo circunfuso; transmitia-lhe os gozos da vida, e recebia em troca a música daquela voz eloquente, as observações e os pensamentos que ampliam e aviventam o universo material, fria pintura apenas; para quem sabe apenas encará-la. Agora o condutor não era mais que um arrimo; não dava luz. As trevas completavam-se com o silêncio; já dava no rosto a friagem da noite da eternidade; só faltava regelar de todo... e cair. A morte era já então um livramento, uma alforria para dois. (apud Leite, 1921, p.111)

Quando se retirou da cena pública, Monte Alverne vagou por alguns lugares como o Convento Santo Antonio, no Rio de Janeiro, o Convento da Penha, no Espírito Santo, o Convento São Francisco de Assis, em São Paulo, a casa de amigos, em Niterói, onde finalmente teve sua última congestão cerebral, aquela que levaria a sua vida:

Em Niterói se achava, pois, Monte Alverne a tomar-lhe os ares, que era, coitado, tudo quanto lhe podia tomar. Ia celebrar-se ali uma pequena festividade num benéfico asilo de educação de meninas; desejavam todos, ninguém ousava pedir ao solitário que engrandecesse aquele ato de doméstica e simpática simplicidade com um inesperado discurso dos seus, ao cabo de tão largo silêncio. Tomou a si meu irmão ser procurador do geral empenho, e enviar para o bom despacho os direitos da amizade, que ali então lhes era chegada pela convivência já quase a contubérnio; e com tão boas fadas andou na diligência, que na manhã do próprio dia apresentou a súplica, venceu as resistências e reconduziu a cadeira curul da oratória sagrada o antigo triunfador. (ibidem, p.111-2)

O cortejo fúnebre, que foi acompanhado por poucos homens notáveis do período, teve uma oração de Araújo Porto Alegre. Após a sua morte, Monte Alverne recebeu alguns elogios em jornais, mas nada que excedesse o tamanho de pequenas notas. Segundo o amigo Castilho (apud Freire, 1921, p.115): "[...] foi a chave do caixão entregue, para Sua Majestade Imperial, ao seu mordomo". A vida que tanto glorificara o império tinha a chave que a encerrava guardada por seu máximo representante. Os amigos quiseram acreditar que os custos do translado do corpo e do funeral haviam sido pagos pelo próprio imperador, entretanto as anotações da Ordem atestam que os franciscanos custearam ambos. Esse velho pregador imperial já não era tão importante.

A morte de Alverne significou o silêncio dos oradores sacros e o início de uma primeira geração romântica. Novas linguagens e formas vieram colaborar para a construção da cultura brasileira, assim como novas inspirações passaram a mover os seus pensadores. Mas, graças à contribuição de pensadores como os sermonistas, as belas-letras já possuíam alguns traços pelos quais poderiam ser identificadas: o perfil do seu praticante, a sua forma discursiva e o seu tema de eleição. O que pôde ver desse novo Brasil que ajudou a criar parece não ter agradado ao frei Francisco do Monte Alverne, que, na carta derradeira para Castilho (apud Freire, 1921, p.107), comenta:

> O romance, meu caro, meu sábio amigo, que substituiu as obras profundas do décimo oitavo século, estragou a literatura, da mesma sorte que a eloquência deliberativa, a judiciária, matou a eloquência sagrada. Para cúmulo de males, a descrença e o indiferentismo em matérias de religião, fechando o grande teatro da eloquência cristã e aniquilando todos os brios e toda a emulação, apagaram o archote que o entusiasmo e a consideração pública podiam ascender. Mas para que fatigar-nos?

Litografia de frei Francisco do Monte Alverne, assinada por Sousa Gr., sem data, parte do acerco do Museu Imperial, Petrópolis (RJ).

CONSIDERAÇÕES FINAIS

Acerca da importância de frei Francisco do Monte Alverne na contribuição que a sermonística ofereceu ao processo de invenção de um pensamento brasileiro ao longo do primeiro quartel do século XIX no Rio de Janeiro, restam-nos poucas considerações a serem feitas, além da reafirmação das conclusões obtidas ao longo de cada um dos capítulos deste livro.

No primeiro capítulo, acreditamos ter demonstrado como o cotidiano do Rio de Janeiro foi modificado com a chegada da Corte e, a partir de então, como se formulou um novo espaço para as belas-letras que, mais tarde, colaborariam para a composição uma *identidade nacional*. Na formulação desse espaço de cultura, a sermonística destacou-se como elemento preponderante na prática articuladora de ideias e, mais especificamente, de um tema: a pátria.

No segundo capítulo, ao esmiuçar o papel da sermonística do período na formação da identidade brasileira por meio de um estudo mais detalhado dos atores que desenvolveram essa trama, deparamos com as figuras de Sousa Caldas, São Carlos, Sampaio, Januário da Cunha Barboza e frei Francisco do Monte Alverne. Pudemos perceber que Sousa Caldas e São Carlos suscitaram uma redefinição para o papel da sermonística no Rio de Janeiro do primeiro quartel do Oitocentos ao reafirmarem um estilo de linguagem para os sermões, atualizarem seus temas e introduzirem a ideia de pátria como questão preponderante em seus discursos. Vimos também que Januário da Cunha Barboza e Francisco de Santa Teresa Jesus Sampaio afirmaram a importância da sermonística no Rio de Janeiro dos primeiros 25 anos do Oitocentos, como expressão das belas-letras produzidas no e pelo Brasil, ao buscarem uma linguagem brasileira e tentarem definir, por meio de sua própria atuação, um perfil a ser seguido pelo homem de letras, que era entendido como uma *missão*. Ao demarcar as contribuições específicas de cada um dos principais sermonistas do período, ainda nesse capítulo, localizamos a importância de alguns dos atores da formação de um pensamento brasileiro no espaço social reservado à cultura no Rio de Janeiro joanino e concluímos que a sermonística desenvolvida por eles contribuiu para a criação de uma opinião pública, para a definição de um perfil de intelectual e para a popularização de uma linguagem brasileira.

No último capítulo, destacamos frei Francisco do Monte Alverne e observamos que este se esforçou para revelar o patriotismo existente nos corações brasileiros da população carioca dos primeiros 25 anos do Oitocentos por meio de seus sermões. Reputado como o mais sábio e o mais religioso dos sermonistas, Monte Alverne conseguiu reunir todas as qualidades dos demais sermonistas, assim como o sentimento de missão de que estavam imbuídos os homens de letras de sua época, acentuando-as. Tal sentimento fez de sua atuação a mais ordinária e a mais extraordinária dos sermonistas do Rio de Janeiro do primeiro quartel do século XIX. Ordinária porque Monte Alverne não destoou de nenhuma das características afiançadas aos seus companheiros de púlpito. Extraordinária porque a popularidade alcançada pela oratória de Monte Alverne incrementou a formação de uma opinião pública no Rio de Janeiro joanino, reafirmou o perfil do intelectual do período e contribuiu para a popularização de uma linguagem, feitos já esboçados por seus parceiros de oratória, mas de maior alcance com ele. Em razão disso, a *intelligentsia* brasileira desse período deve a Monte Alverne os primeiros sinais da formação de um público, da criação de um discurso, de uma postura para o intelectual e de um tema a ser debatido. A relação do homem de letras com a pátria, na qual o pensador no Brasil deveria ter como sua missão a revelação do patriotismo à população, foi sustentada e divulgada pelo *capuchinho*, responsável pelo surgimento do *pensamento brasileiro*.

A esse público, dotado desse perfil, falando com essa linguagem é que Gonçalves de Magalhães pôde, em 1836, dedicar aquele que seria conhecido como o primeiro poema romântico do Brasil, *Suspiros poéticos e saudades*. A dedicatória guarda consigo as linhas pelas quais a importância de Monte Alverne foi construída e frutificou, e é por isso que encerramos este livro com ela:

> Vai! Nós te enviamos, cheio de amor pela Pátria, de entusiasmo por tudo o que é Grande e de esperanças em Deus, e no Futuro.

REFERÊNCIAS BIBLIOGRÁFICAS

ABDALA JÚNIOR, B. Formação da literatura brasileira: Antonio Candido. In: MOTA, L. D. *Banquete nos trópicos*. São Paulo: Senac, 1999.
ABREU, M. (Org.) *Leitura, história e história da leitura*. São Paulo: Fapesp, Edusp, 1999.
ABREU E LIMA, J. I. *Compêndio da história do Brasil*. Rio de Janeiro: Laemmert, 1840.
ACÍZELO DE SOUZA, R. *O império da eloquência*: retórica e poética no Brasil oitocentista. Rio de Janeiro: Eduerj, Eduff, 1999.
AGUIAR, A. A. da C. C. *O Brasil e os brasileiros*. Rio de Janeiro: Typographia Comercial, 1862.
ALENCAR, J. *Textos escolhidos*. São Paulo: Publifolha, 1995.
ALENCASTRO, L. F. Vida privada e ordem privada no Império. In: _____. (Org.) *História da vida privada no Brasil*. 4.ed. São Paulo: Companhia das Letras, 1999. v.2, p.12-95.
ALGRANTI, L. M. Censura e comércio de livros no período de permanência da corte portuguesa no Rio de Janeiro. *Revista Portuguesa de Historia (Coimbra)*, t.XXXIII, v.II, p.631-63, 1999.
_____. *Livros de devoção, atos de censura*: ensaios de história do livro e da leitura na América Portuguesa (1750-1821). São Paulo: Hucitec, Fapesp, 2004.
ALMEIDA, M. F. de. *A revista O Progresso e a proposta de reformas sociais*. Campinas, 2001. Dissertação (Mestrado em Sociologia) – Instituto de Filosofia e Ciências Humanas, Universidade Estadual de Campinas.

ALVARÁ PELO QUAL VOSSA ALTEZA REAL há por bem determinar, que nas Igrejas das Ordens do Brazil, e domínios ultramarinos, que daqui em diante se proverem, se imponha huma módica pensão para a Fábrica da sua Real Capella. Registrado na Secretaria de Estado dos Negócios do Brasil no Livro I de Leis, Alvarás e Cartas Régias a Fol. 50 X. Rio de Janeiro, 20 ago. 1808.

AMORA, A. S. *História da literatura brasileira*: séculos XVI-XX. São Paulo: Saraiva, 1963.

ANDRES-GALLEGO, J.; MORAN, M. O pregador. In: VILARI, R. (Org.) *O homem barroco*. Lisboa: Presença, 1994. p.117-42.

ANÔNIMO. *Litografia de Monte Alverne*. Petrópolis: Museu de Petrópolis, s. d.

ARANTES, P. E. *O sentimento de dialética na experiência intelectual brasileira*. São Paulo: Paz e Terra, 1992.

ARAÚJO, J. de S. *Perfil do leitor colonial*. Bahia: Uesc, 1999.

ARAÚJO, J. T. N. de. Biographia de frei Francisco de Santa Thereza de Jesus Sampaio. *Revista do Instituto Histórico e Geográfico Brasileiro (Rio de Janeiro)*, t.XXXVI, parte 2ª, 1874.

BANDECCHI, B.; AMARAL, A. B. *O arquivo do marquês de Valença e a Independência do Brasil*. São Paulo: Museu Paulista, 1976.

BARÃO DO RIO BRANCO. *História do Brazil*: esboço escripto para Lê Brésil em 1889. São Paulo: Livraria Teixeira & Irmão, 1894.

BARBOSA FILHO, R. *Tradição e artifício*: iberismo e barroco na formação americana. Belo Horizonte: UFMG; Rio de Janeiro: Iuperj, 2000.

BARBOZA, A. da C. Cônego Januário da Cunha Barboza. Esboço biobibliográfico. *Revista Trimestral do Instituto Histórico e Geográfico Brasileiro (Rio de Janeiro)*, t.LXV, parte II, p.197-285, 1903.

BARBOZA, J. da C. *Sermão de ação de graças pela feliz restauração do reino de Portugal. Pregado na Real capela do Rio de Janeiro na manhã de 19 de dezembro de 1808 por Januário da Cunha Barboza, presbítero secular, pregador régio, e natural do Rio de Janeiro*. Rio de Janeiro: Imprensa Régia, 1809.

BARBOZA, J. da C. *Oração de acção de graças recitada na Capella Real do Rio de Janeiro, celebrando-se o quinto aniversário da chegada de s.a.r. com toda a sua real família a esta cidade... por Januario da Cunha Barbosa*. Rio de Janeiro: Impressa Régia, 1813.

_____. *Oração de acção de graças, que recitou na Real Capella, no dia 26 de fevereiro, solemnizando-se por ordem de s.a.r. o primeiro aniversário do juramento d'El Rei e povo desta corte, a Constituição Lusitana e offerece... o seu author, Januario da Cunha Barbosa...* Rio de Janeiro: Typ. Nacional. 1822.

_____. *Oração funebre que nas exequias de sua Magestade imperial a senhora D. Maria Leopoldina Josepha Carolina archiduquesa d'Austria e primeira imperatriz do Brasil, celebradas na Imperial Capella no dia 26 de janeiro deste anno, recitou Januario da Cunha Barbosa...* Rio de Janeiro: Typ. Imperial e Nacional, 1827.

BARBOSA, J. da C. *Parnaso brasileiro, ou, Coleção das melhores poesias dos poetas do Brasil, tanto inéditas, como já impressas.* Org., edição, notas e apresentação de José Américo Miranda. Belo Horizonte: UFMG, 1999.

BARRETO, L. P. *As três philosophias.* Rio de Janeiro: Laemmert, 1874.

BARRETO, V. *Ideologia e política*: no pensamento de José Bonifácio de Andrada e Silva. Rio de Janeiro: Zahar, 1977.

BASTOS, E. R.; RÊGO, W. D. L. *Intelectuais e política*: a moralidade do compromisso. São Paulo: Olho d'Água, 1999.

BERBEL, M. R. *A nação como artefato*: deputados do Brasil nas cortes portuguesas (1821-1822). São Paulo: Hucitec, Fapesp, 1999.

BICALHO, M. F. *A cidade e o Império*: o Rio de Janeiro no século XVII. Rio de Janeiro: Civilização Brasileira, 2003.

BLOCH, M. *Apologia da história*: ou o ofício do historiador. Rio de Janeiro: Jorge Zahar, 2001.

BOSCHI, C. C. A comercialização dos livros da Directoria Geral dos Estudos para o Brasil: apontamentos para uma investigação histórica. *Revista Portuguesa de História (Coimbra),* v.33, p.601-29, 1999.

BOSSUET, J. B. *Sermões.* Porto: Portuense, 1909.

BOXER, C. *A Igreja e a expansão ibérica (1440-1770)*: problemas de organização. Lisboa: Edições 70, 1981.

BRAGA, T. *Theoria da história da literatura portugueza.* Porto: Chardron, 1896.

BRAUDEL, F. *Escritos sobre a história.* São Paulo: Perspectiva, 1978.

BURKE, P. *A fabricação do rei.* Rio de Janeiro: Zahar, 1991.

_____. *Cultura popular na Idade Moderna.* São Paulo: Companhia das Letras, 2000.

BURMEISTER, H. *Viagem ao Brasil através das províncias do Rio de Janeiro e Minas Gerais*. Trad. Manuel Salvaterra e Hubert Schoenfeldt, notas Augusto Meyer. São Paulo: Martins, [197-].

CAETANO, J. *Lições dramáticas*. Brasília: MEC, 1970.

CANDIDO, A. *Formação da literatura brasileira*. São Paulo: Martins, 1969.

_____. *Literatura e sociedade*. São Paulo: Publifolha, 2000.

CANDIDO, A.; CASTELLO, J. A. *Das origens ao romantismo*. São Paulo: Difel, 1982a.

_____. *Presença da literatura brasileira*. São Paulo: Difel, 1982b.

CARRATO, J. F. *O iluminismo em Portugal e as reformas pombalinas do ensino*. São Paulo: Seção Gráfica da USP, 1980.

CARVALHO, J. M. de. *Teatro de sombras*: a política imperial. Rio de Janeiro: Iuperj, 1988.

_____. Meditação sobre os caminhos da moral na gênese do tradicionalismo luso-brasileiro. *Cultura: Revista de História e Teoria das Ideias (Lisboa)*, v.VIII, 1996.

_____. História intelectual no Brasil: a retórica como chave de leitura. *Topoi (Rio de Janeiro)*, v.1, n.1, set. 2000.

CARVALHO, L. R. de. *A lógica em Monte Alverne*. São Paulo: Universidade de São Paulo, 1946.

CARVALHO, R. *Estudos brasileiros*. Rio de Janeiro: Biblioteca Nacional, 1976.

CASSIRER, E. La conquista del mundo histórico. In: _____. *Filosofía de la ilustración*. México: Fondo de Cultura Económica, 1975.

CASTILHO, J. F. de. Discurso sobre a necessidade de se protegerem as sciencias, as lettras e as artes no Império do Brasil. *Revista do Instituto Histórico e Geográfico Brasileiro (Rio de Janeiro)*, v.2, 1891.

CATÁLOGO DA LIVRARIA GARNIER. Obras principais. Rio de Janeiro, 1879.

CAVALCANTE, B. Itinerários de leitura: a formação de um ilustrado luso-brasileiro. *Revista Portuguesa de História (Coimbra)*, v.33, p.411-38, 1999.

CAVALCANTI, N. *O Rio de Janeiro setecentista*: a vida e a construção da cidade da invasão francesa até a chegada da Corte. Rio de Janeiro: Zahar, 2004.

CHARTIER, R. O mundo como representação. *Revista de Estudos Avançados (São Paulo)*, v.5, n.11, jan./abr. 1991.

CHATEAUBRIAND, F-R. de. *O gênio do cristianismo*. Porto: Chardron de Lello & Irmão, 1928. v.II.

COSTA, S. R. da (Frei) Frei Francisco do Monte Alverne e o plano da reforma para a província da Imaculada Conceição do Brasil. *Revista Vida Franciscana (Rio de Janeiro)*, ano LVII, n.74. 2000.

COUTINHO, A. *Introdução à literatura no Brasil*. Rio de Janeiro: Editora Distribuidora de Livros Escolares, 1975.

_____. A literatura como fator da nacionalização brasileira. *Arquivo Municipal LXXXIV (São Paulo)*, ano XXXV, p.201-20. Separata.

D. JOÃO VI. Alvará que concede a dignidade de Capela Real à Igreja Contígua ao Palácio Real. Rio de Janeiro: 15 de junho de 1808. Registrado nesta Secretaria de Estado dos Negócios do Brasil, no livro I de Leis, Alvarás e Cartas Régias à fol. 20 vers. Rio de Janeiro, 16 de junho de 1808. p.1.

DARTON, R. *O grande massacre de gatos e outros episódios da história cultural francesa*. Rio de Janeiro: Graal, 1986.

DEBRET, J. B. *Viagem pitoresca e histórica ao Brasil*. Trad. Sergio Miliet, notas Rubens Borba de Moraes. São Paulo: Martins; Brasília: INL, 1975. t.I, v.I-II.

DENIS, F. *Brasil*. Pref. Mário Guimarães Ferri, trad. João Etienne Filho e Matta Lima. Belo Horizonte: Itatiaia; São Paulo: Edusp, 1980.

DIAS, M. O. L. da S. Quotidiano e poder. In: _____. *Quotidiano e poder em São Paulo no século XIX*. São Paulo: Brasiliense, 1984. p.11-44.

DURAN, M. R. C. Frei Francisco do Monte Alverne, pregador imperial: roteiro para um novo estudo. *Opsis (Catalão)*, Universidade Federal de Goiás, v.4, p.126-48, 2004.

EBEL, E. *O Rio de Janeiro e seus arredores em 1824*. Trad. e anot. Joaquim de Souza Leão Filho. São Paulo: Brasiliense, 1972.

EGAS, E. (Org.) *Cartas de D. Pedro, Príncipe Regente do Brasil, a seu pai D. João VI, Rei de Portugal (1821-1822)*. São Paulo: Typographia Brasil, 1916.

ELIAS, N. *A sociedade de corte*. Rio de Janeiro: Zahar, 2001.

ELLEBRACHT, S. (Frei) *Religiosos franciscanos da província da Imaculada Conceição do Brasil na colônia e no império*. São Paulo: Vozes, 1989.

EWBANK, T. *Vida no Brasil ou diário de uma visita à terra do cacaueiro e da Palmeira*. São Paulo: Itatiaia, 1976.

FERNANDES PINHEIRO, J. C. *Biografia de Monte Alverne*. Rio de Janeiro: Garnier, RIHGB, 1870. t.XXXIII.

FERREIRA, M. R. *A ideologia política da independência*. São Paulo: Edanee, 1972.

FERREIRA, S. P. *Preleções philosóphicas sobre a theoria do discurso e da liguagem, e esthética, a diceósyna e a cosmologia*. Rio de Janeiro: Imprensa Régia, 1813.

_____. Cartas sobre a revolução do Brazil. *Revista do Instituto Histórico e Geográfico Brasileiro (Rio de Janeiro)*, v.51, 1926.

_____. *Preleções filosóficas*. Intr. Antonio Paim. 2.ed. São Paulo: Grijalbo, Edusp, 1970.

FERREZ, G. *Iconografia do Rio de Janeiro, 1530-1890*: catálogo analítico. Rio de Janeiro: Casa Jorge Editorial, 2000.

FEUCHTERSLEBEN, E. von. *Hygiene da alma*. Lisboa: Livraria de Antonio Maria Pereira, 1888.

FONTANA, J. *História*: análise do passado e projeto social. Trad. Luiz Roncari, rev. Fernando Novais. Bauru: Edusc, 1998.

FORTES, I. F. (Pe.) Breve exame de pregadores, pelo que pertence a arte de retórica, extraído da obra intitulada: *O pregador instruído nas qualidades necessárias para bem exercer o seu ministério*; pelo... Rio de Janeiro: Imprensa Régia, 1818.

FOUCAULT, M. Omnes et singulatium: por uma crítica da "razão Política". *Novos Estudos Cebrap (São Paulo)*, n.26, p.49-76, mar. 1990.

FRANÇA, J. M. C. *Literatura e sociedade no Rio de Janeiro oitocentista*. Lisboa: Casa da Moeda, Imprensa Nacional, 1999.

FRANCISCO, M. Revivendo (chronicas históricas). *Revista do Instituto Histórico e Geográphico de São Paulo* (São Paulo), v.XXXI, p.309-17, 1933-1934.

FREIRE, L. (Dir.) *Estante clássica da Revista de Língua Portuguesa*: Antonio Castilho. Rio de Janeiro: Typographia Fluminense, 1921. v.VI.

FREITAS, A. de A. O *Correio Paulistano* em 1831: conferência realizada na sessão de 20 de outubro de 1915. *Revista do Instituto Histórico e Geográfico de São Paulo*, v.20, 1915-1918.

_____. A Constituição de 25 de março de 1824: discurso proferido na sessão de 20 de março de 1917. *Revista do Instituto Histórico e Geográfico de São Paulo*, v.20, 1915-1918.

FREYRE, G. *Casa grande e senzala*: formação da família brasileira sob o regime de economia patriarcal. Rio de Janeiro: José Olympio, 1954.

_____. *Sobrados e mucambos*. Rio de Janeiro: Record, 2003.

GALVÃO, B. F. R. O púlpito no Brasil. *Revista do Instituto Histórico e Geográfico Brasileiro (Rio de Janeiro)*, v.146, n. 96, p.7-160, 1922.

GAMA, M. do S. L. *Lições de eloquência nacional*. Rio de Janeiro: Typ. Imparcial de F. Paula de Brito, 1846.

GAMBARRA, L. *Monte Alverne, o orador, o pedagogo, o letrado*. Petrópolis: Vozes, 1927.

GARDNER, G. *Viagem ao interior do Brasil*: principalmente nas províncias do norte e nos distritos do ouro e diamante, durante os anos de 1836-1841. São Paulo: Itatiaia, 1975.

GOÉS, F. (Org.) *São Paulo Antigo (1554-1910)*. São Paulo: Conselho Estadual de Cultura, [198-].

GONÇALVES DE MAGALHÃES, D. J. de. Biografia do mestre frei Francisco do Monte Alverne. *Revista do Instituto Histórico e Geográfico Brasileiro (Rio de Janeiro)*, t.XLV, parte II, p.393-405, 1882.

_____. Ensaio sobre a história da literatura no Brasil. *Niterói*, v.I, 1978.

HALLEWELL, L. *O livro no Brasil*. São Paulo: Queiroz, 1985.

HAMILTON, C. *A corte na América*. São Paulo: Ática, 1989.

HOLANDA, S. B. *Raízes do Brasil*. São Paulo: Companhia das Letras, 1991.

HOLANDA, S. B. de. et al. O Brasil monárquico. In: HOLANDA, S. B. de. (Dir.) *História geral da civilização brasileira*. São Paulo: Difel, 1985. t.II, v.3.

INSTITUTO HISTÓRICO E GEOGRÁFICO BRASILEIRO (IHGB). Memória da fundação da Igreja de São Sebastião, primeira matriz que teve a cidade do Rio de Janeiro – o comum catálogo dos prelados administradores da jurisdição eclesiástica, que houverão até o fim do ano em que esta matriz foi elevada à dignidade de Sé episcopal, e dos reverendíssimos bispos que tem havido até o presente. (copiado de um manuscrito da Biblioteca episcopal fluminense). *Revista do Instituto Histórico e Geográfico Brasileiro (Rio de Janeiro)*, t.V, v.2, 1840.

_____. Frei Francisco de Santa Thereza de Jesus Sampaio. *Revista do Instituto Histórico e Geográfico Brasileiro (Rio de Janeiro)*, v.7, 1866.

_____. Mapa da população da corte e províncias do Rio de Janeiro em 1821. *Revista do Instituto Histórico e Geográfico Brasileiro (Rio de Janeiro)*, t.33, parte 1, 1870.

_____. Almanaque do Rio de Janeiro para o ano de 1816. *Revista do Instituto Histórico e Geográfico Brasileiro (Rio de Janeiro)*, v.268, jul./set. 1965.

INSTITUTO HISTÓRICO E GEOGRÁFICO BRASILEIRO (IHGB). Almanaque do Rio de Janeiro para o ano de 1824. *Revista do Instituto Histórico e Geográfico Brasileiro (Rio de Janeiro)*, v.278, jan./mar. 1968.

_____. Várias notas históricas. *Revista do Instituto Histórico e Geográfico de São Paulo (São Paulo)*, v.20, 1915-1918.

IPANEMA, C. Januário da Cunha Barboza: para não esquecer. *Revista do Instituto Histórico e Geográfico Brasileiro (Rio de Janeiro)*, ano 158, n.394, p.195-210, jan./mar. 1997.

KIEMEN, M. *Francisco Monte Alverne's plan for the franciscan Province of Rio de Janeiro, 1833.* Washington: P. O. Box, 1972.

LAVELLE, P. *O espelho distorcido*: imagens do indivíduo no Brasil oitocentista. Belo Horizonte: EDUFMG, 2003.

LEITE, M. L. M. *Livros de viagem (1803-1900)*. Rio de Janeiro: Editora UFRJ, 1997.

LIMA, M. L. N. da S.; ROCHA, M. H. D. Fundamentos básicos para o estudo do pensamento do cônego Januário da Cunha Barbosa. *Revista do Instituto Histórico e Geográfico Brasileiro (Rio de Janeiro)*, v.295, abr./jun. 1972.

LINDLEY, T. *Narrativa de uma viagem ao Brasil.* São Paulo: Brasiliana, [198-].

LOPES, R. (Frei) Para não esquecer Monte Alverne. *Revista Vida Franciscana (São Paulo)*, ano X, n.15, set. 1951.

_____. Um clarão no ocaso. *Revista Vida Franciscana (São Paulo)*, ano X, n.15, set. 1951.

_____. *Monte Alverne: pregador imperial.* Roteiro para um estudo. Petrópolis: Vozes, 1958.

_____. As ideias políticas de Monte Alverne I e II. *O Estado de S. Paulo*, São Paulo, 30 out. e 6 nov. 1965. Suplemento Literário.

_____. *Literatura brasileira.* São Paulo: Filo Júris, 1967.

_____. Oratória sacra no Brasil (do século XVI ao século XIX). *Revista Língua e Literatura (São Paulo)*, n.5, 1976. Separata.

LOPES, R. (Frei) Um romance libelo. *Boletim Bibliográfico da Biblioteca Mario de Andrade (São Paulo)*, v.42, n.1, p.123-31, jan./mar. 1981.

_____. Monte Alverne em São Paulo. *O Estado de S. Paulo*, São Paulo, 4 jun. 1991. Suplemento Literário.

LUCCOCK, J. *Notas sobre o Rio de Janeiro e partes meridionais do Brasil.* Tomadas durante uma estada de 10 anos nesse país (de 1808 a 1818). Trad. Milton da Silva Rodrigues. São Paulo: Martins, [197-].

LYRA, M. de L. V. *A utopia do poderoso Império*: Portugal e Brasil, bastidores da política, 1879-1822. Rio de Janeiro: Sette Letras, 1994.

MACEDO, U. B. A liberdade em Monte Alverne. In: _____. *A ideia de liberdade no século XIX*: o caso brasileiro. São Paulo: Expressão e Cultura, 1997.

MACHADO DE ASSIS, J. M. O velho Senado. In: _____. *Obra completa*. Org. Afrânio Coutinho. Rio de Janeiro: José Aguillar, 1962.

MALATIAN, T. *Os cruzados do Império*. São Paulo, 1988. Tese (Doutorado) – Faculdade de Filosofia, Letras e Ciências Humanas, Universidade de São Paulo, 1988.

MALERBA, J. *O Brasil Imperial (1808-1889)*: panorama da história no Brasil do século XIX. Maringá: EdUEM, 1999.

MARTINS, W. *História da inteligência brasileira (1794-1855)*. São Paulo: Cultrix, 1977.

MATTOS, I. R. de. *O tempo Saquarema*. 5.ed. São Paulo: Hucitec, 2004.

MAURO, F. *O Brasil no tempo de Dom Pedro II*. São Paulo: Companhia das Letras, 2001.

MAWE, J. *Viagens ao interior do Brasil*. Pref. Mário G. Ferri, trad. e notas Clado Ribeiro Lessa e Selena B. Viana. Belo Horizonte: Itatiaia; São Paulo: Edusp, 1978.

MENDES DE ALMEIDA, C. *Atlas do Império do Brasil*. (Notícia literária por F. I. M. Homem de Mello). Rio de Janeiro: Typographia de Quirino & Irmão, 1869.

MENDONÇA, S. *Memórias*. Rio de Janeiro: s.e., 1960.

MENDONÇA, Y. *Frei Francisco do Monte Alverne*: esteta da palavra. Rio de Janeiro: Livraria Antunes, 1942.

MERCADANTE, P. *A consciência conservadora no Brasil*. Rio de Janeiro: Saga, 1965.

MESGRAVIS, L. Os aspectos estamentais da estrutura social do Brasil Colônia. *Revista Estudos Econômicos*, v.13, n. esp., p.799-813, 1983.

_____. A sociedade brasileira e a historiografia colonial. In: FREITAS, M. C. de. (Org.) *Historiografia brasileira em perspectiva*. São Paulo: Contexto, 2000.

MONCORVO, J. D. de A. Memória sobre os acontecimentos dos dias 21 e 22 de abril de 1821 na Praça do Comércio do Rio de Janeiro. Escrita em maio do mesmo anno por uma testemunha presencial. *Revista do Instituto Histórico e Geográfico Brasileiro (Rio de Janeiro)*, t.XXVII, parte 1ª, p.271-91, 1864.

MONTE ALVERNE, F. do. Carta para D. Pedro II. Convento de Santo Antonio. Rio de Janeiro, 1854. (Museu de Petrópolis).

_____. *Obras oratórias*. Rio de Janeiro: Garnier, 1858. 2t.

_____. *Compêndio de philosophia*. Rio de Janeiro: Typografia Nacional, 1859.

_____. *Trabalhos oratórios e literários*. Collegidos por Câmara Raymundo Bittencourt. Rio de Janeiro: Eduardo & Henrique Laemmert, 1863. (Anexas anotações de Monte Alverne, manuscritos e cartas de Roberto Lopes. Encontrados no Convento São Francisco de Assis, em São Paulo).

MORAES, A. J. de M. *Chorographia do Império do Brasil*. 2.ed. Rio de Janeiro: Typographia de Pinheiro & Companhia, 1866.

_____. *Chronica geral e minuciosa do Império do Brazil desde a descoberta do Novo Mundo ou América até o ano de 1879*. Rio de Janeiro: Typographia Editor Dias da Silva Júnior, 1879.

MORSE, R. *O espelho de Próspero*: cultura e ideias nas Américas. São Paulo: Companhia das Letras, 1988.

MÜLLER, D. P. *Ensaio d'um quadro estatístico da província de São Paulo (1836-1837)*. São Paulo: Governo do Estado de São Paulo, 1978

NAXARA, M. *Estrangeiro em sua própria terra*: representações do brasileiro 1870/1920. São Paulo: Annablume, 1998.

NEVES, L. M. B. P. Censura, circulação de ideias e esfera pública de poder no Brasil, 1808-1824. *Revista Portuguesa de História (Lisboa)*, t.XXXIII, 1999.

_____. *Corcundas constitucionais*: cultura e política (1820-1823). Rio de Janeiro: Faperj, 2003.

NEVES, L. M. B. P.; MACHADO, H. F. *O Império do Brasil*. Rio de Janeiro: Nova Fronteira, 1999.

NOVAIS, F. *Portugal e Brasil no antigo sistema colonial*. São Paulo: Hucitec, 1973.

OLIVEIRA, A. R. V. de. A igreja no Brasil. *Revista do Instituto Histórico e Geográfico Brasileiro (Rio de Janeiro)*, t.XXIX, p.159-99, 1866.

OLIVEIRA, C. de. *André da Silva Gomes (1752-1844)*. O mestre de Capela da Sé de São Paulo. São Paulo: Empresa Gráfica Tietê, 1954.

OLIVEIRA, C. H. L. S. *A astúcia liberal*: uma relação de mercado e projetos políticos no Rio de Janeiro (1820-1824). São Paulo, 1986. Tese (Doutorado) – Universidade de São Paulo.

ORTIZ, R. *Cultura brasileira e identidade nacional*. São Paulo: Brasiliense, 1985.

PAIM, A. O ecletismo esclarecido. In: _____. *História das ideias filosóficas no Brasil*. São Paulo: Grijalbo, 1967. p.51-125.

PARANHOS, H. *História do romantismo no Brasil (1830-1850)*. São Paulo: Edições Cultura Brasileira, 1937.

PEREIRA DA SILVA, J. M. *Os varões illustres do Brazil*. Rio de Janeiro: Garnier, 1868.

_____. *Biografia dos brasileiros distintos por armas, letras, virtudes, etc. Frei Francisco São Carlos*. 2.ed. Rio de Janeiro: Instituto Histórico e Geográfico Brasileiro, 1870. t.X.

_____. *História da fundação do império brasileiro*. Rio de Janeiro: Garnier, 1877. t.2.

_____. *Estudos sobre a literatura*. Nitheroy, Revista Braziliense: ciencias, letras e artes. São Paulo: Biblioteca da Academia Paulista de Letras, 1978. t.1.

PIAZZA, W. Portugal e Brasil: o povoamento do Brasil meridional e a fixação da cultura portuguesa. *Revista Portuguesa de História (Lisboa)*, t.XXXIII,1999.

PINASSI, M. O. *Três devotos, uma fé, nenhum milagre*. São Paulo: Editora UNESP, 1998.

PINHEIRO, F. *Episódios da história pátria contados à infância*. Rio de Janeiro: Garnier: 1877.

PINHEIRO, J. C. F. Breves reflexões sobre o sistema de catequese seguido pelos jesuítas no Brasil. *Revista do Instituto Histórico e Geográfico Brasileiro (Rio de Janeiro)*, v.19, n.23, 1856.

_____. Biografia dos brasileiros ilustres, por armas, letras, virtudes, etc. *Revista Trimestral do Instituto Histórico, Geográfico e Etnográfico do Brasil (Rio de Janeiro)*, t.XXXIII, parte primeira, p.149-69, 1870.

PIVA, O. (Frei) Frei Francisco de Monte Alverne (1784-1858). In: SGANZERLA, A. (Org.) *Brasil franciscano*. Petrópolis: Vozes, 1998. p.27-42.

PIZARRO, M. Extrato de memórias sobre o Rio de Janeiro. *Revista do Instituto Histórico e Geográfico Brasileiro (Rio de Janeiro)*, v.5, n.18, jul. 1843.

PORTO ALEGRE, A. et al. *Cartas a Monte Alverne*. Correspondência. São Paulo: Conselho Estadual de Cultura, 1964.

PRADO, M. E. (Org.) *O Estado como vocação*. Rio de Janeiro: Eduerj, 2000.

PRADO JR., C. *Formação do Brasil contemporâneo*. São Paulo: Brasiliense, 1999.

RENAULT, D. *O Rio antigo nos anúncios de jornais*. Rio de Janeiro: José Olympio, 1969.

RIBEIRO, G. *A liberdade em construção*: identidade nacional e conflitos antilusitanos no Primeiro Reinado. Rio de Janeiro: Relume & Dumara, Faperj, 2002.

RICCI, M. *Assombrações de um padre regente*. Campinas: Editora da Unicamp, 2000.

RIZZINI, C. *O livro, o jornal e a tipografia no Brasil (1500-1822)*: com um breve estudo sobre a informação. São Paulo: Imesp, 1988.

RÖWER, B. *O convento de Sto. Antônio do Rio de Janeiro*: sua história, memórias, tradições. Petrópolis: Vozes, 1945.

RUGENDAS, J. M. *Viagem pitoresca através do Brasil*. Trad. Sergio Milliet. 2.ed. São Paulo: Livraria Martins, 1940.

SAINT-HILAIRE, A. *Viagem à província de São Paulo e resumo das viagens ao Brasil, província da Cisplatina e missões do Paraguai*. Trad. e pref. Rubens Borba de Moraes. São Paulo: Livraria Martins, 1903.

_____. *Viagem à província Gerais do Rio de Janeiro e Minas Gerais*. Trad. e notas Clado Ribeiro de Lessa. São Paulo: Brasiliana, 1938. t.1, v.126.

SANTOS, L. Frei Francisco do Monte Alverne. In: _____. *Pantheon fluminense*. Rio de Janeiro: Tipografia Nacional, 1880.

SCHAPOCHINIK, N. *Letras de fundação*: Varnhagen e Alencar – Projetos de narrativa instituinte. São Paulo: Universidade de São Paulo, 1992.

SCHUBERT, G. *A coroação de D. Pedro I*. Rio de Janeiro: Arquivo Nacional, 1973.

_____. 200 anos de Mont'Alverne. *Revista do Instituto Histórico e Geográfico Brasileiro (Rio de Janeiro)*, n.343, abr./jun. 1984.

_____. Cônego Januário da Cunha Barbosa. *Revista do Instituto Histórico e Geográfico Brasileiro (Rio de Janeiro)*, ano 158, n.394, p.193-5, jan./mar. 1997.

SCHUBERT, T. *A coroação de D. Pedro I*. Rio de Janeiro: Arquivo Nacional, 1973.

SCHWARCZ, L. M. *As barbas do imperador*. São Paulo: Companhia das Letras, 1998.
SCHWARCZ, R. *Ao vencedor as batatas*. São Paulo: Duas cidades, 1988.
SERMÃO DE AÇÃO DE GRAÇAS PELA PROSPERIDADE DO BRASIL, pregado a 4 de março de 1822 na Capela Real por Frei Francisco de Sampaio. Seção de Manuscritos, Biblioteca Nacional, 1822.
SILVA, J. B. de A. e. *Documentos [relativos ao processo mandado instaurar por J. Bonifácio, contra Gonçalves Ledo e outros]*. Rio de Janeiro: Typ. R. Ogier. 1832.
SILVA, M. B. N. da. *Silvestre Pinheiro Ferreira*: ideologia e teoria. Lisboa: Livraria Sá da Costa, 1975.
_____. *Cultura e sociedade no Rio de Janeiro (1808-1821)*. São Paulo: Brasiliana, 1978.
_____. *Cultura e sociedade no Rio de Janeiro (1808-1821)*. 2.ed. São Paulo: Companhia Editora Nacional, 1978.
_____. (Org.) *Vida privada e quotidiano no Brasil na época de D. Maria I e D. João VI*. Lisboa: Estampa, 1993.
SILVEIRA BUENO, F. da. *História da literatura luso-brasileira*. São Paulo: Saraiva, 1968.
_____. *Formas de representação política na época da Independência (1820-1823)*. Brasília: Câmara dos Deputados, 1987
SOUSA CALDAS, A. P. Cartas do padre Antonio Pereira de Souza Caldas – carta 48, de 8 de dezembro de 1812. *Revista do Instituto Histórico e Geográfico Brasileiro (Rio de Janeiro)*, n.9, 1841.
_____. Cartas do padre Antonio Pereira de Souza Caldas – carta 47, de 7 de novembro de 1812. *Revista do Instituto Histórico e Geográfico Brasileiro (Rio de Janeiro)*, v.3, 1844.
SOUZA, I. L. C. *Pátria coroada*: o Brasil como corpo político autônomo (1780-1831). São Paulo: Editora UNESP, 1999.
SOUZA, L. de M. e. Aspectos da historiografia da cultura sobre o Brasil colonial. In: FREITAS, M. C. de. (Org.) *Historiografia brasileira em perspectiva*. São Paulo: Contexto, 2000. p.17-39.
SPINELLI, M. O empenho filosófico de Monte Alverne na época do Brasil Imperial: seu valor histórico e interesse filosófico. *Revista Reflexão (São Paulo)*, ano VIII, n.26, maio/ago. 1983.
SPIX, J. B. von; MARTIUS, C. F. P. von. *Viagem pelo Brasil (1817-1820)*. Trad. Lúcia Lahmeyer, rev. Ramiz Galvão e Basílio de Magalhães. São Paulo: Melhoramentos, 1967.

SÜSSEKIND, F. *O Brasil não é longe daqui*: o narrador, a viagem. São Paulo: Companhia das Letras, 1990.

TAUNAY, A. de E. *Histórica colonial da cidade de São Paulo no século XIX*. São Paulo: Departamento de Cultura, 1956.

VERISSIMO, J. *História da literatura brasileira*: de Bento Teixeira (1601) a Machado de Assis (1908). Rio de Janeiro: José Olympio, 1969.

WEHLING, A. *Estado, história, memória*: Varnhagen e a construção da identidade nacional. Rio de Janeiro: Nova Fronteira, 1999.

_____. O funcionário colonial entre a sociedade e o rei. In: PRIORE, M. *Revista do Paraíso*. Rio de Janeiro: UFRJ, 2000.

WILLEKE, V. (Frei) *Missões franciscanas no Brasil*. Petrópolis: Vozes, 1978.

_____. *Os franciscanos e a Independência do Brasil*. Rio de Janeiro, Brasília: IHGB, 1981.

WOLF, F. *O Brasil literário*: história da literatura brasileira. Trad. e pref. Jamil Almansul Haddad Sirú. São Paulo: Companhia Editora Nacional, 1955. v.278.

WOODA, J. R. Classe, credo e cor na administração. In: _____. *Fidalgos e filantropos*: a Santa Casa da Misericórdia da Bahia, 1550-1775. Brasília: Editora UnB, 1981.

ZILBERMAN, R.; LAJOLO, M. *A literatura rarefeita*: livro e literatura no Brasil. São Paulo: Brasiliense, 1991.

SOBRE O LIVRO

Formato: 14 x 21 cm
Mancha: 23,7 x 42,5 paicas
Tipologia: Horley Old Style 10,5/14
Papel: Offset 75 g/m² (miolo)
Cartão Supremo 250 g/m² (capa)
1ª edição: 2010

EQUIPE DE REALIZAÇÃO

Coordenação Geral
Marcos Keith Takahashi

Impressão e acabamento